Bibliografische Information der Deutschen Nationalbibliothek.
Die Deutsche Nationalbibliothek verzeichnet diese Publikation in der Deutschen Nationalbibliografie; detaillierte bibliografische Daten sind im Internet über http://dnb.d-nb.de abrufbar.

Das Buch ist die Neuausgabe des Titels „Gebt eure Stimme nicht ab", erschienen 2019 im intrinsify Verlag.

intrinsify.me GmbH, Schwedter Str. 263, 10119 Berlin
www.intrinsify.de

Autor: Hon.-Prof. Dr.-Ing. Lars Vollmer
www.larsvollmer.com

ISBN 978-3-947886-10-4

Umschlag: Anja Moritz
Layout / Satz: Extract Design
Foto: André Bakker
Druck: Alföldi, Debrecen/Ungarn
Printed in Hungary.

LARS VOLLMER

DER FÜHRERFLUCH

WIE WIR UNSEREN FATALEN HANG ZUM AUTORITÄREN ÜBERWINDEN

INHALT

VORWORT ZUR 2. AUFLAGE

„Es gibt mehr Leute, die kapitulieren, als solche, die scheitern“, sagte Henry Ford. Und weil er damit ganz recht hat, und ich weder zu den einen noch zu den anderen gehören will, gibt es diese zweite Auflage.

Die erste Auflage hatte einen anderen Titel, der hieß „Gebt eure Stimme nicht ab! – Warum unser Land unregierbar geworden ist.“ Drei Sorten von Rückmeldungen habe ich zu diesem Buch bekommen, und zwar in großer Zahl.

Erstens die Rezensionen von den Leuten, die das Buch gelesen haben. Diese inhaltlichen Rückmeldungen haben mich stark beeindruckt, und zwar sowohl die öffentlichen als auch die mir persönlich zugesandten. Der Inhalt des Buches, die darin ausgeführten Thesen und die Ideen zu einer Verantwortungsgesellschaft haben ganz offensichtlich viele Leser tief berührt. Manche sogar wieder ganz neu politisiert. Ich könnte nicht glücklicher sein über diese Rückmeldungen.

Zweitens die Rückmeldungen zum Titel der ersten Auflage, der offensichtlich viele potenzielle Buchkäufer verwirrt und teils auch abgeschreckt hat. Weder hat der Titel ausreichend Aufmerksamkeit für das Buch geschaffen, was seine eigentliche Aufgabe gewesen wäre, noch hat er Klarheit geschaffen, um was es in dem Buch eigentlich geht. Im Gegenteil, er hat Raum für Missverständnisse geschaffen und er hat nicht einmal denjenigen eingeleuchtet, die das Buch gelesen haben. Ich könnte nicht betrübter sein über diese Rückmeldungen.

Und drittens die Rückmeldungen des Marktes in Form von Verkaufszahlen. Ich bin ja schon eine Weile Autor und kann Verkaufszahlen ganz gut einschätzen. Ganz unumwunden: Die erste Auflage war ein Flop, sie hat schlicht zu wenige Leser gefunden, jedenfalls nach meinem Geschmack. Ich könnte mich kaum stärker herausgefordert fühlen von dieser Rückmeldung.

Alle drei Sorten von Rückmeldungen zusammengenommen, haben in mir den Wunsch geweckt, einen Konter zu fahren: Das Buch soll weiter verbreitet werden, und zwar in größeren Zahlen als bislang. Nur wie?

Die Antwort, die ich gefunden habe: Eine Neuauflage desselben Buches mit einem neuen Titel.

Mir einzugestehen, den Titel der ersten Auflage nicht perfekt gewählt zu haben, ist mir gar nicht so leicht gefallen, das dürfen Sie mir glauben. Und das, obwohl die Unvorhersagbarkeit komplexer Systeme – und der Buchmarkt ist ein solches – seit fast 25 Jahren ein Grundmotiv meiner Arbeiten ist. Aber falsche Scham hilft dabei nun wirklich gar nichts.

Also habe ich mich einfach über eine alte Regel aus dem Buchmarkt hinweggesetzt: „Ein Buch ist ein Buch ist ein Buch." – da wird nichts dran geändert, schon gar nicht der Titel!

Ähm, doch, denn genau den habe ich geändert. Auf ein Neues. Und jetzt besser.

Denn dieses Buch ist für mich eine Herzensangelegenheit. Weil mir seine Kernbotschaft so wichtig ist. Die Zeiten sind vorbei, in denen Sie einen Verein, ein Unternehmen oder gar ein ganzes Land führen können, indem Sie voll auf formale Macht setzen. Per Machtausübung regierte Länder und Wirtschaftsunternehmen handeln sich schon jetzt größte grundsätzliche Probleme ein, auch wenn unser Wohlstand noch so groß ist und die Friedenszeiten noch so lange andauern. Es funktioniert einfach nicht mehr. Es braucht etwas Neues.

Seit Jahren befasse ich mich intensiv mit diesem „Neuen" in der Wirtschaft. Nicht nur als Autor, sondern auch als Unternehmer. Es ist wirklich beeindruckend, wieviel Kraft, wieviel Dynamik, wieviel Freude die immer zahlreicheren Unternehmen entfalten, die statt auf den fatalen Hang zum Autoritären auf Selbstorganisation und Verantwortung aller Mitarbeiter setzen. Schon seit einiger Zeit ist mir aber klar geworden, dass diese Bewegung viel mehr umfasst als nur die Wirtschaft. Dieses „Neue“ ist viel zu bedeutsam, um es nur auf Arbeit zu beschränken.

In großen Teilen der Wirtschaft können Führungskräfte bereits heute mit der Anwendung formaler Macht nichts mehr ausrichten. Und das gleiche neue Muster wird sich auch in der gesamten Gesellschaft ausbreiten. Allerdings wohl nicht ohne Rückfälle in alte, autoritäre Muster ...

Ich glaube daran, dass es möglich ist, diese Gesellschaft zu erneuern, ohne dass es dafür zu großen Verwerfungen und zu großem Leid kommen muss. Ich glaube, dass wir alle lernen können, ohne Führer auszukommen. Die Erfahrungen aus der Wirtschaft zeigen: Wir können damit einfach irgendwo anfangen. Ja, wir haben bereits angefangen. Und Sie können daran Anteil nehmen. Das ist der Grund, warum ich dieses Buch neu aufgelegt habe.

Und da Sie dieses Vorwort gelesen haben, hat sich das bereits gelohnt.

Ich lasse Sie jetzt weiterlesen ...

Ihr völlig führerloser
Lars Vollmer

ERSTER TEIL

SIE SOLLEN NICHT DENKEN!

Ich denke, also bin ich.

René Descartes

Lernen ohne zu denken, ist eitel;
denken ohne zu lernen, ist gefährlich.

Konfuzius

Denken ist die schwerste Arbeit, die es gibt.
Das ist wahrscheinlich auch der Grund,
warum sich so wenige Leute damit beschäftigen.

Henry Ford

KAPITEL
EINS

WARUM ZAHLE ICH EIGENTLICH GEZ?

Schauen Sie mit mir gemeinsam bitte einmal durch den ganz großen Weitwinkel: Dieses Objektiv bietet uns nicht nur einen geografischen Überblick über den gesamten Globus, sondern auch den totalen historischen Überblick über die Geschichte der menschlichen Zivilisation. Können Sie schon was erkennen? Gut, dann ziehen wir gleich noch einen soziologischen und einen kybernetischen Polarisationsfilter drauf:

Was wir sehen, sind viele, viele Menschen. Vor allem seit dem Beginn der Landwirtschaft wurden es explosionsartig mehr. Vor 10.000 Jahren, als die ersten Familien sesshaft wurden und begannen, Haustiere zu halten und Nutzpflanzen anzubauen, gab es auf der Erde etwa 5 Millionen Menschen, schätzen Wissenschaftler. Heute sind es mehr als tausendmal mehr. Insgesamt wurden auf diesem Erdenrund bislang schätzungsweise 100 Milliarden Menschen geboren, davon sind heute etwa 7 Prozent am Leben.

All diese Menschen haben nie eine homogene Gruppe gebildet, sie haben sich immer von ganz alleine in Gruppen und Untergruppen zusammengeschlossen: Familien, Dorfgemeinschaften, Zünfte, Armeen, Schiffsmannschaften, Schützenvereine, Kirchengemeinden, Unternehmen, Behörden, Gewerkschaften, Feuerwehrmannschaften, Fußballteams, Chöre, Herrenclubs, Parteien, Schulen, Fürstentümer, Länder, Bünde, Religionen, Staaten und so weiter und so weiter, es gibt eine unüberschaubare Zahl von verschiedensten Gruppen und Organisationen.

Wenn Sie jetzt die Linse scharf stellen und nach Mustern und Gemeinsamkeiten innerhalb dieser Organisationen fahnden, dann entdecken Sie sofort ein Phänomen, das so vertraut wie erstaunlich ist: In so gut wie jeder dieser Organisationen gibt es genau ein Individuum mit einer fest zugeordneten Sonderrolle. Und die heißt: Chef, Leiter, Führer, Meister, Oberhaupt, Direktor,

Kanzler, Präsident, Vorsitzender, Oberbefehlshaber, Premierminister, Kapitän, Papst, Zar, Obmann, Pharao, König, Gott …

Es gibt also einen Herrscher und alle anderen sind die Beherrschten, einen Regierenden und alle anderen sind die Regierten, einen Mächtigen, der entscheidet, und all jene, über deren Wohl und Wehe entschieden wird, einen, der sagt, was die anderen tun sollen. In der Bibel wurde dieses Prinzip in einer bildmächtigen Sprachformel ausgedrückt: »Der Herr ist mein Hirte.«

Und weil dieses Sprachbild immerhin bis an die Anfänge der menschlichen Zivilisation zurückreicht, als der Mensch nämlich damit begann, behütete Herden von Ziegen oder Schafen oder Rindern zu bilden, um zum Nahrungserwerb nicht auf die aufwendige und gefährliche Jagd gehen zu müssen, habe ich diese zutiefst eingängige Rhetorik aufgegriffen und nenne diese uralte, hierarchische Organisationsform: das *Hirten-Prinzip*.

Fast jede dieser zig menschlichen Organisationen konstituiert sich reflexartig nach dem Vorbild einer Herde, die einen Hirten hat. Der Hirte wurde entweder gewählt oder ernannt oder er hat das Amt geerbt oder er wurde von Gott auserwählt (wie man behauptet) oder er hat es sich einfach mit einer List oder dem Recht des Stärkeren angeeignet. Wie auch immer, jedenfalls ist es nicht zu leugnen, dass sich seit vielen Generationen Mitarbeiter, Mitglieder, Bürger, Spieler, Untertanen, Wähler von einem guten Hirten leiten ließen und damit zufrieden waren. Kam einmal ein bösartiger oder unfähiger Hirte an den Stab, gab es natürlich Stress. Bis hin zu Weltkriegen. Aber die Grundkonstellation »Wir Herde – du Hirte« stand im Verlauf der Menschheitsgeschichte kaum je zur Debatte.

Doch das ändert sich gerade!

Denn zwei unaufhaltsame Tendenzen kriechen in unserem Land, auf unserem Kontinent, ganz fies aufeinander zu. Auf der einen Seite werden wir immer liberaler, die Möglichkeiten werden immer größer, die Lebensentwürfe immer individualistischer, die Gesellschaft wird immer komplexer. Ich könnte zusammenfassend sagen: Die individuelle Freiheit nimmt zu, die Macht der Hirten nimmt ab. Auf der anderen Seite greifen die verschiedensten Hirten immer stärker in unser Leben ein. Sie nehmen uns auf pfeilgeraden oder verschlungenen, krummen Pfaden ein immer größeres Quantum unseres selbst verdienten Geldes weg, sie bestimmen sehr genau, wie wir einfachste Tätigkeiten zu tun haben, sie schreiben uns mehr und mehr vor, was wir denken und öffentlich sagen dürfen, sollen und können, sie nehmen auf vielfältigste Weise Einfluss auf unsere Lebensentwürfe und üben in immer mehr Lebensbereichen Macht auf uns aus. Ich könnte zusammenfassend sagen: Die individuelle Freiheit nimmt ab, die Macht der Hirten nimmt zu.

Die individuelle Freiheit nimmt zu. Und sie nimmt ab. Die Macht der Hirten nimmt ab. Und sie nimmt zu. Paradox – beides stimmt! Beides lässt sich belegen und begründen. Keines von beiden kann leugnen, wer einigermaßen bei Sinnen ist. Aber beides auf einmal geht eben nur bis zu einem gewissen Grade gleichzeitig. Ich befürchte, dass das am Ende nicht gut ausgeht. Ja, ich kann das bereits kommen sehen.

Denn ich kenne einen solchen Konflikt sehr genau aus einem anderen Kontext, aus einer anderen Domäne: der Wirtschaft. Nein, nein, ich bin keineswegs so naiv zu glauben, dass ich das, was in der Wirtschaft geschieht, einfach plump auf die Gesellschaft übertragen kann: In der Gesellschaft geschieht nicht das Gleiche wie in der Wirtschaft. Wenn ich aber in der Gesellschaft ein Muster, das mir aus der Wirtschaft vertraut ist, wiedererkenne, dann weckt das in mir zumindest den Anfangsverdacht für eine gewisse Ähnlichkeit der Phänomene. Ja, sogar eine verblüffende Ähnlichkeit: In der Wirtschaft steigt die Individualität unter den Mitarbeitern, die Marktdynamik explodiert und große Veränderungen ereignen sich mit immens hoher Geschwindigkeit – die Unternehmen reagieren mit einer Verstärkung der gewohnten hierarchischen Strukturen – sie setzen das Hirten-Prinzip durch – und geraten damit in massive Probleme: Die Produktivität im Vergleich zu der des Wettbewerbs nimmt ab, die Fähigkeit, schnell auf Veränderungen in den Märkten zu reagieren ebenso – und ausgerechnet jetzt gibt es solche Veränderungen immer häufiger und immer drastischer. Die Organisation ist dafür zu träge, die Mitarbeiter sind zunehmend gestresst, fühlen sich sinnentleert und unzufrieden, sie lassen sich immer schlechter steuern und managen, die besten Mitarbeiter laufen davon, am Ende braucht es nur einen kleinen Innovationssprung eines Wettbewerbers, und schon ist die schöne Laube abgebrannt.

In der Wirtschaft zeichnen sich seit einigen Jahren die Auswege aus diesem Dilemma der zu- und gleichzeitig abnehmenden Freiheit ab. Ich erlebe diese interessante Bewegung hautnah mit und habe darüber auch schon drei Bücher geschrieben. Die Unternehmen entwickeln mit bemerkenswertem Erfolg neue organisatorische Lösungen für den ewigen Gegensatz von Individuum und Kollektiv. Im Großen und Ganzen und hier noch sehr vereinfacht entwickeln sich neue Organisationsformen, die an vielen und fein ausgewählten Stellen auf Hirten gänzlich verzichten. Das verändert die Unternehmen tiefgreifend und funktioniert hervorragend. Deswegen mache ich mir um die Wirtschaft insgesamt keine Sorgen, auch wenn es noch so manche Unternehmen eiskalt erwischen wird, die sich stur gegen diese Denkweise stemmen.

Nun aber sehe ich, wie vergleichbare Muster auf der gesellschaftlichen Ebene ablaufen. Und da können und wollen wir uns ein *eiskaltes Erwischen* von ganzen Bevölkerungsgruppen oder gar ganzen Ländern wie bei den Unternehmen nicht leisten. Ein Mitarbeiter kann einen neuen Job finden, neue Unternehmen lassen sich gründen, das Werden und Vergehen gehört in der Wirtschaft zum ständigen Erneuerungsprozess dazu. Aber Länder, Staaten, Gesellschaften dürfen nicht mit den Schicksalen ihrer Bürger spielen. Nicht mit denen der Erwachsenen und nicht mit denen der Kinder. Wir können nicht warten, bis Staaten zusammenbrechen. Wir können nicht warten, bis wir neue Verfassungen und Gesetze auf den Trümmern von Kriegswüsten errichten, wie wir es in der Vergangenheit immer wieder gemacht haben. Der Preis ist zu hoch. Die Erneuerung und Modernisierung von gesellschaftlichen Strukturen muss auch im laufenden Betrieb möglich sein. Wir können nicht warten!

Die Frage ist nur, wie das gehen soll. Lassen Sie uns das gemeinsam durchdenken. Zunächst finde ich mit Ihnen heraus, was überhaupt das Problem ist und was in dessen Kern schlummert. Und dann lade ich Sie ein, mit mir nach Lösungen zu suchen. Das ist mein Vorschlag.

Das mit dem Vorschlag meine ich ernst: Dieses Buch ist ein Angebot und ich bitte Sie, es auch genau so zu lesen. Ein Angebot, mal aus anderen Perspektiven auf die Strukturen in unserer Gesellschaft zu schauen, aus anderen Perspektiven als denen, die Sie gewohnt sind. Was sich in der Realität verändern soll, muss zuerst neu gedacht werden. Ich appelliere also an Ihre geistige Flexibilität. Das ist, was wir brauchen. Wir können nicht warten!

ARTEN DES WARTENS

Warten ist mindestens unangenehm. Jedenfalls geht's mir so: Wenn ich warten muss, vergehen sinnlos die Lebenssekunden, Lebensminuten, Lebensstunden – und die sind dann weg. Sie sind unwiederbringlich verloren. Derjenige, der mich warten lässt, stiehlt mir ein Stückchen Leben. Und das empfinde ich als einen bitteren Verlust.

Aber manchmal muss man eben warten. Es geht nicht anders. Wenn der Sicherheitscheck der Triebwerke am Flugzeug noch nicht erledigt wurde, kann der Flieger noch nicht losrollen, da beißt die Maus keinen Faden ab. Alle in der Flugkabine müssen warten und sehen das auch ein. Es ist ja auch unmittelbar einleuchtend.

Ein Spezialfall von Wartenmüssen, der anscheinend nicht für jeden so einleuchtend ist, zeigt sich als Kollateralschaden des Interessenausgleichs im Kollektiv: Das Individuum bezahlt zwar einen Lebenszeitpreis, aber es wäre natürlich ungerecht, wenn ein Einzelner diesen Preis auf Kosten aller anderen minimierte. Abstrakt gesprochen.

Konkret: Wenn sich in einem Laden vor den Kassen die Kaufwilligen stauen, weil die Kassenkapazität begrenzt ist, müssen Sie sich wohl oder übel anstellen. Dafür gibt es verschiedene Varianten, abhängig von der Kultur. In meiner Wahlheimat Katalonien sehr häufig ist die amerikanische Art des Anstehens: Mehrere Kassen, aber nur eine Schlange. Wird eine Kasse frei, löst sich der Vorderste aus der Schlange und geht zur freien Kasse. Das ist die fürs Kollektiv beste Variante, gesamtlogistisch betrachtet: das FIFO-Prinzip – first in, first out. Jeder hat dabei im Schnitt die geringste Durchlaufzeit durch den Warteprozess. Das ist für die Zufriedenheit aller besser als das deutsche Supermarktprinzip oder das italienische Mautstationenprinzip mit mehreren Kassen und genauso vielen Schlangen, denn manche Schlangen laufen schnell, weil die junge, fixe Kassiererin mit den flinken Händen rekordverdächtig schnell kassiert, während andere Schlangen hinter einem unfähigen Käufer verzweifeln, der seinen Kredikarten-Pincode vergessen hat. Die Lasten des Wartens sind ungleich verteilt.

In Spanien und in den USA beobachte ich des Öfteren so eine Art *Queuing-Manager*, deren Job es ist, dafür zu sorgen, dass die Schlange funktioniert. Wozu braucht man die? Weil außer in Großbritannien, wo man das disziplinierte Schlangestehen wohl von klein auf lernt, in allen Ländern Schlaumeier auftauchen, die meinen, sie könnten sich auf Kosten der anderen einen Vorteil verschaffen – oder die einfach das System nicht verstehen.

In Katalonien gibt es den oft beobachtbaren Kopfschüttelmoment, wenn ein deutscher Tourist sich an der einen Schlange, die vor allen Kassen steht, vorbeischlängelt, um sich ganz vorne an die frei werdende Kasse zu mogeln. Wahrscheinlich fühlt der sich als Eilauftrag oder denkt, dass die Spanier alle bescheuert sind, sich in die Reihe zu stellen, und er der Einzige, der kapiert, dass vorne eine Kasse frei ist.

Aber gut, natürlich pfeifen ihn die selbstbewussten Spanier inmediatamente zurück oder der Queuing-Manager greift ein.

Dann gibt es noch die amerikanische VIP Lane, wo man extra dafür bezahlen muss, nicht warten zu müssen. Dafür erntet man zwar neidische und manchmal empörende Blicke der Kapitalismusverweigerer aus der Schlange der Billigansteher, aber die oft so gescholtene unsichtbare Hand des Marktes regelt hier die Wartezeit ja durchaus fair: Jeder kann, wenn er will, es ist nur eine Frage des Preises, der sich genau da einpendelt, wo der Vorteil für den Eiligen den höheren Preis rechtfertigt.

Das sind alles Systeme, die darauf abzielen, einen Ausgleich zwischen den Interessen des Individuums und den Bedürfnissen des Kollektivs zu erzielen. Und sie funktionieren. Nur gibt es dann eben auch solche Ausgleichssysteme, die nicht mehr funktionieren. Die ihren Zenit überschritten haben. Die ihren Sinn verloren haben. Die einfach überwunden werden müssen!

DIE MACHT DES RITTERS VOM GOLDENEN VLIES

Diesen Wunsch, ja diesen zunehmenden Drang, ein System zu überwinden, das seinen Nutzen sowohl für den Einzelnen als auch für das Kollektiv verloren hat, verspürte ich im Frühjahr, als ich an einer Straße in meiner Wahlheimatstadt Barcelona warten musste.

An Straßen in Barcelona wartet man als Fußgänger eigentlich nicht. Es gibt zwar Ampeln, aber die haben eher dekorative Funktion. Normalerweise geht der gemeine Fußgänger einfach über die Straße, wenn er eben über die Straße geht. Man hält die Augen offen und wirft sich nicht vor Autos, soviel ist klar, aber ansonsten regelt sich das alles selbst. Und das ist in so einer großen Stadt ja auch nicht dumm. In New York City wollte die Polizei einmal das Überqueren von Straßen bei roter Fußgängerampel unter Strafe stellen, habe ich gelesen. Der Effekt war, dass sich während der Rotphasen so große Menschenmengen an den Kreuzungen stauten, dass die Vordersten auf die Straße geschubst wurden, was zu einigen Unfällen führte, weshalb die strenge Strafverfolgung ganz schnell wieder eingestellt wurde.

In Barcelona jedenfalls gehen Sie als Fußgänger nur dann nicht über die Straße, wenn es einen besonderen Grund gibt: Absperrungen. Zum Beispiel bei sportlichen Großveranstaltungen.

Sport wird hier ja ganz großgeschrieben. In Barcelona gibt es nicht nur den großen Fußballclub *Barça*, sondern auch gefühlt 20 Volksläufe in allen Formen und Farben von 5 km Länge über Marathon bis Ultradistanz. Irgend so ein Lauf fand mal wieder statt, weshalb in und um die Altstadt mehrere Straßen gesperrt waren – und eben nicht nur für den Straßenverkehr, sondern auch für Fußgänger, selbstverständlich. Unten an der Kolumbusstatue mussten die ganzen Läufer durchkommen, wer von der Altstadt zum Hafen hinüber wollte, musste warten, bis der Pulk der Läufer die Stelle passiert hatte. Einer dieser wartenden Fußgänger war ich.

Es gab auch hier einen Queuing-Manager, nämlich einen Ordner mit grellgelber Weste und wichtiger Miene. Er passte gut auf, dass keiner die Straße betrat, um die ordnungsmäßige Durchführung des Volkslaufs zu gewährleisten.

Das ist gut so. Denn das dahergelaufene Individuum kann nun mal nicht abschätzen, ob noch Läufer durchkommen und ob das Überqueren der Straße eine Gefahr wäre, entweder für die Sportler, die nicht umgerempelt werden wollen, oder für die Fußgänger, die unter die Räder der Begleitfahrzeuge zu geraten drohen. Es muss also jemanden geben, der den Überblick hat. Der Anweisungen von oben erteilt. Und dieser junge Mann war sich dieses *Von-obens* augenscheinlich sehr bewusst.

Denn alle Läufer waren durch. Der Besenwagen, also das Fahrzeug, das in bestimmtem Tempo hinter dem Pulk herfährt und alle einsammelt, die dieses Mindesttempo nicht durchhalten, auch dieser Besenwagen war schon durchgefahren. Die Strecke war leer. Der Volkslauf hatte diese Stelle vollständig passiert. Die Absperrung verlor in genau diesem Augenblick seinen Sinn.

Aber der junge Mann mit dem gelben Leibchen und der Macht beharrte auf der Absperrung. Die ersten ungeduldigen Füße tasteten sich schon auf die Straße vor und wollten die Sperre durchbrechen, aber der Ordner ordnete den Rückzug an. Mit drohender Stimme, ausladender Gestik und dominanter Mimik hielt er die Straßensperrung gegen den drängenden Mob aufrecht.

Ich stand mittendrin unter Hunderten und wurde immer unruhiger. Nicht dass ich einen Termin gehabt hätte, aber ich begann mich zu ärgern. Alle standen wie doof rum. Den Läufern nützte es nicht, den Wartenden nützte es nicht. Gab es überhaupt jemanden, der einen Nutzen aus diesem Theater zog?

Ja, natürlich gab es den. Der fuchtelnde Ordnerkasper alleine hatte einen Nutzen davon. Er, der in seinem Leben vielleicht noch nie so viel Macht über andere Menschen hatte wie in diesem Moment. Der vielleicht nie etwas zu sagen hat, sich hier aber nun fühlte wie der Ritter vom Goldenen Vlies. Er verlängerte die ihm sozial zugeschriebene Macht über den Zeitpunkt hinaus, an dem sie begann sinnlos zu werden. Er hielt daran fest. Die einzige Funktion seiner Macht war nun die Erhaltung ihrer selbst geworden: Sie muss erhalten werden, damit sie erhalten bleibt.

Und warum entzog die Menge diesem Ordner nicht einfach die ihm zugeschriebene Macht? Warum liefen die Leute nicht einfach los?

Das ist der Punkt. Ich selbst lief nämlich auch nicht einfach wie selbstverständlich los. Der innere Widerstand, das zu tun, war enorm groß. Ich spürte den Drang loszulaufen und gleichzeitig den irrwitzigen Druck, das sein zu lassen. Denn es ist sehr unangenehm, zurechtgewiesen zu werden. Und das noch vor Hunderten von Menschen, von denen Sie nicht wissen, ob sie Ihnen beipflichten würden oder ob sie sich auf die Seite des Ordners stellen und auf die Unterordnung unter die Macht bestehen würden, alleine schon um ihre eigene Warterei damit vor sich selbst zu rechtfertigen.

Während ich noch mit mir kämpfte und mein Freiheitsdrang langsam die Oberhand über meinen inneren Untertan gewann, nachdem inzwischen gefühlt eine halbe Ewigkeit von etwa 10 Minuten verstrichen war – 600 Menschen mal 10 Minuten Lebenszeit gleich 6000 Lebensminuten gleich hundert sinnlos versiebte Lebensstunden –, entschloss sich der Ordner in einem scheinbar völlig willkürlichen und kafkaesken Moment, die Sperre aus heiterem Himmel aufzuheben. Er winkte die Menschen noch mit bedeutungsschwangerer Miene über die Straße und verschwand.

Das Gefühl der Ohnmacht mit dem Nachgeschmack der Schmach, die Willkür der Obrigkeit erduldet zu haben, brodelte in mir, als ich im Pulk der Untertanen über die Straße ging.

In diesem düsteren Moment wurde mir klar, dass mir dieses bittere Gefühl der Unterordnung unter eine sinnlos gewordene Obrigkeit bekannt vorkommt. Sehr bekannt. Es ist dieses Schraubzwingengefühl: Auf der einen Seite wirkt der starke, individualistische Drang, voranzuschreiten und frei sein zu wollen. Auf der anderen Seite wirkt die starke hemmende Kraft einer autoritären Macht, die vorgibt, das Beste für das Kollektiv zu wollen, während ihre Legitimation spürbar schwindet. Das löst in mir den Impuls aus, Regeln brechen und mir Ärger einhandeln zu wollen, obwohl ich ein harmonieliebender Mensch bin. Dieses unangenehme Gefühl ist wie ein allgegenwärtiger, latent stets vorhandener Hintergrundakkord, der derzeit anschwillt, ein stärker werdendes Gefühl, das sich auf viel mehr bezieht als nur auf eine sinnlos gewordene Straßensperre.

MIT DEM ZWEITEN SIEHT MAN BESSER ...

Zum Beispiel bezieht sich dieses Gefühl auch auf die Rundfunkgebühr. Nur ein Beispiel! Natürlich verstehe ich, was das Ganze mit dem öffentlich-rechtlichen Rundfunk soll: Verschreckt von der frischen Erfahrung, was ein totalitär gesteuerter und gleichgeschalteter Rundfunk in einer Bevölkerung anzurichten vermag, errichteten die Nachkriegsregierungen in Bund und Ländern ein Gegenmodell, ein möglichst regierungsunabhängiges, möglichst pluralistisches Radio- und Fernsehprogramm. Es sollte dennoch irgendwie staatlich, also von der Allgemeinheit getragen werden, um die sehr hohen Infrastrukturkosten zu stemmen. Außerdem sollte es für jedermann zugänglich sein. Der hehre Anspruch der Rundfunkvordenker war es, ein redaktionell buntes Programm zu senden, das ohne Marktdruck vielfältigen Geschmäckern gerecht wird und auch über Nischen berichtet, insbesondere zur politischen und kulturellen Grundbildung beiträgt.

Der Marathonlauf lief und der Rundfunk funktionierte. Jeder zahlte brav seine GEZ-Gebühr der Gebühreneinzugszentrale pro Fernseher oder Radiogerät.

Doch irgendwann waren alle Läufer samt Besenwagen vorbeigelaufen – der Rundfunkmarkt hatte sich verändert. Private Anbieter hatten sich trotz der erdrückenden Marktmacht der von Gewinnstreben befreiten öffentlichen Sender etabliert. In allen Autos waren ab Werk Radios eingebaut. (Fast) jeder Haushalt hatte mindestens einen Fernseher. Und dann kam auch noch das Internet dazu: Plötzlich war jeder Laptop, jedes Smartphone eine Art Rundfunkempfänger. Plötzlich wurde der Markt hochkomplex, weil es Millionen Sendequellen gab und jeder sich seine Inhalte jederzeit selbst zusammenstellen konnte, ohne an die zeitlich unflexiblen Programmschemata der Rundfunksender gebunden zu sein. Mit ARD, ZDF und Deutschlandfunk zu konkurrieren war plötzlich sehr günstig und sehr einfach geworden. Sendungen mit Werbung zu finanzieren, war auf einmal für jeden jederzeit möglich geworden. Und niemand musste mehr »rundfunken« – die Funksender, die Sendefrequenzen, die Sendemasten und all der Funktechnikkram aus vordigitaler Zeit waren obsolet geworden. Das Internet kommt flächendeckend in die kleinste Hütte, das Netz ist einfach da, extra Infrastrukturkosten für Radio und TV gibt es nicht mehr.

Dann könnten wir leicht zu dem Schluss kommen, dass die Zeit für den öffentlich-rechtlichen Rundfunk schlichtweg vorbei ist. Der Marathonlauf dürfte spätestens an dieser Stelle vorüber sein. Die Gründe, aus denen der öffentlich-rechtliche Rundfunk einst aus der Taufe gehoben wurde, sind Vergangenheit. Alle Ziele sind auch so erreicht: Die Vielfalt ist größer denn je, die flächendeckende Informationsfreiheit ist gegeben, die Gleichschaltung durch einen bösen Staat ist nicht mehr denkbar, die Demokratie in Deutschland ist seit 70 Jahren gefestigt und entwickelt sich weiter, die Bürger brauchen keine starren, zentral gelenkten Informations- und Unterhaltungsprogramme mehr. Wir könnten die Straßen freigeben und die Leute laufen lassen.

Aber da ist noch dieser Typ mit der grellgelben Weste, mit der drohenden Stimme, mit der ausladenden Gestik und der dominanten Mimik. Er hält die Straßensperre aufrecht! Er erhält die Macht des öffentlich-rechtlichen Rundfunks um des Machterhalts willen!

Wer ist dieser Typ?

Und wie macht er das?

Nur um gleich hier gar keine Missverständnisse aufkommen zu lassen: Ich zahle für die Wohnung in Deutschland meine Rundfunkgebühr (wenn auch zähneknirschend). Sie ist nicht das wichtigste Problem, an dem wir uns im deutschsprachigen Raum derzeit die Zähne ausbeißen. Und dies ist auch kein Buch für oder gegen den öffentlich-rechtlichen Rundfunk. Aber seine problematische Existenz ist ein interessantes und durchaus beispielhaftes Phänomen unserer Gesellschaft, an dem sich die Wurzeln eines Grundkonflikts ausgraben, anschauen und verstehen lassen. Würden Sie hier darum mit mir einmal einen Schritt zurücktreten und auf das Gesamtbild schauen, bitte?

WAS LEBT, DAS WILL WACHSEN

Zunächst haben sich die Rundfunkanstalten finanziell massiv gestärkt. Wie das? Zum Beispiel dadurch, dass jetzt nicht mehr Gebühren pro Rundfunkempfänger gezahlt werden, was immer das Schlupfloch offen ließ, keinen Fernseher und kein Radio zu besitzen. Nein, heute muss jeder Haushalt zahlen, weil er ein Empfangsgerät besitzen *könnte*. Jedes Unternehmen auch, weil seine Angestellten während der Arbeit Radio und TV konsumieren *könnten*. Und zwar saftig: Ein kleines Unternehmen mit unter 20 Mitarbeitern muss pro Jahr über 200 Euro für die bloße Möglichkeit bezahlen, dass seine Mitarbeiter, die privat bereits Rundfunkgebühr zahlen, auch im Büro Radio hören *könnten*. Und zusätzlich zur Verbreiterung der Zahlerbasis kamen regelmäßig durchgesetzte Gebührenerhöhungen hinzu.

In den fünf Jahrzehnten zwischen 1975 und heute stiegen so die Einnahmen der Sender aus der Rundfunkgebühr von umgerechnet etwa 1,2 Mrd. Euro auf rund 8 Mrd. Euro. Während sich die Sendereinnahmen aus Gebühren also knapp versiebenfachten, stiegen die durchschnittlichen Bruttogehälter in Deutschland laut Statistischem Bundesamt im gleichen Zeitraum von gut 900 Euro auf gut 2700 Euro nur um etwa das Dreifache. Sogar die ebenfalls überproportionale, dem Bruttoinlandsprodukt davonlaufende Steigerung der staatlichen Steuereinnahmen in diesem Zeitraum (nämlich um das Vier- bis Fünffache) wurde durch das Wachstum der Rundfunkfinanzen locker getoppt. Und das will etwas heißen.

Das Verfahren der Beitragsfestsetzung über den Rundfunkfinanzierungsstaatsvertrag scheint also rein empirisch gesehen den öffentlich-rechtlichen Rundfunk immer finanzkräftiger zu machen, weit über das Wachstum der Geldmittel von Staat und Bevölkerung hinaus.

Warum das so ist, können Sie leicht nachvollziehen, wenn Sie sich die personelle und strukturelle Verflechtung der Rundfunkanstalten mit den Regierungsparteien der Bundesländer anschauen. Regierungssprecher werden fröhlich Intendant und Geschäftsführer der ARD, Nachrichtensprecher werden ungehemmt Regierungssprecher und Chef des Bundespresseamts, hui, Bäumchen wechsle dich! Auf die wichtigen Posten hüben wie drüben werden den Regierungsparteien wohlgesinnte Politiker-Journalisten platziert.

Und das mögliche Korrektiv durch die den rundfunklichen Finanzbedarf prüfende KEF – der »Kommission zur Überprüfung und Ermittlung des Finanzbedarfs der Rundfunkanstalten«? Die Mitglieder dieses Clubs werden von den Ministerpräsidenten der Länder berufen. Jedes Bundesland bekommt sein eigenes Mitglied. Sie dürfen davon ausgehen, dass kein Kritiker des öffentlich-rechtlichen Rundfunks jemals Zugang zu diesem Gremium erhalten wird. Auch hier, bei der Prüfung des Finanzbedarfs der Rundfunkanstalten, hat also der Staat das Sagen.

Diese Verflechtungen von Spitzenpolitik und Medien ist merkwürdig, denn eigentlich war doch der durch das Reichsministerium für Volksaufklärung und Propaganda gesteuerte Rundfunk des Dritten Reichs das absolute Antibild. Deswegen sollte doch der öffentlich-rechtliche Rundfunk in der Bundesrepublik möglichst staatsfern betrieben werden.

Und doch ist es so: Wenn die Regierungen in Bund und Ländern wollen, dass der öffentlich-rechtliche Rundfunk finanziell stärker wird, dann wird er das auch, denn sie können durch das Finanzierungsverfahren und die Personalentscheidungen aktiv dafür sorgen. Und da die Finanzen der Rundfunkanstalten ja tatsächlich dauerhaft und kräftig überproportional steigen, haben offenbar die Regierungen ein erhebliches Interesse an einem starken, immer stärkeren öffentlichen Rundfunk.

Und natürlich hat der öffentliche Rundfunk selbst auch ein Interesse an seiner eigenen Existenz. Das kann man ihm nicht vorwerfen. Was lebt, das will wachsen. Und dieses Existenz- und Wachstumsinteresse kann der öffentliche Rundfunk mit diesem merkwürdigen, mit den Regierungen in Bund und Ländern kurzgeschlossenen, von externen Referenzen abgekoppelten Finanzierungsverfahren und mit den personellen Verstrickungen in die Spitzenpolitik offensichtlich auch wunderbar durchsetzen. Jedenfalls stimmt für ihn das Ergebnis.

Mit diesen immer dickeren Geldspeichern kann alleine die ARD heute 23.000 fest angestellte Mitarbeiter, 100 Korrespondenten an 30 Orten der Welt, 11 Fernsehprogramme, 55 Hörfunkprogramme, 16 Orchester und 8 Chöre bezahlen. Wenn sich die Chefs der Rundfunkanstalten und die Regierungen in Bund und Ländern einig sind, dass es noch mehr Angestellte, Programme oder Orchester werden sollen, dann wird in der nächsten Runde eben ein höherer Finanzbedarf angemeldet, der dann – natürlich ein wenig zurechtgeschliffen – von den Landesregierungen genehmigt wird. Und sowohl die Politiker der Regierungsparteien als auch die Angestellten im öffentlichen Rundfunk sind damit sehr, sehr zufrieden. In der Biologie nennt man so ein Verhältnis *symbiotisch*.

Wenn nun die Regierungen in Bund und Ländern über das Finanzierungsverfahren dafür sorgen, dass es den Rundfunkanstalten finanziell blendend geht, worin könnte dann das Interesse der Rundfunkanstalten bestehen, kritisch über die

Regierungen zu berichten? Wer würde schon die Hand beißen, die ihn füttert? Es ist systemisch einfach nur logisch, dass jeder Akteur in den Redaktionen immer mitdenkt, ob er sich mit dem aktuellen Beitrag wirklich gegen die Regierungen stellen will, was ihn im Zweifel zumindest dazu antreibt, die Kritik nicht zu laut werden zu lassen.

Vor Wahlen besonders. Parteien, die sich gegen den Erhalt des Rundfunkbeitrags wenden, werden von den Redaktionen sicher nicht vorrangig behandelt werden. Natürlich wollen sich die Redaktionen einem solchen Vorwurf nicht so gerne aussetzen, aber natürlich setzen sie ihren Gestaltungsspielraum zur Existenzsicherung ein. Sie wären ja auch schön blöd, wenn sie das nicht täten. Jedes soziale System strebt nach Stabilität, um fortzuexistieren.

Dabei gehöre ich gewiss nicht zu denen, die sich die Naivität leisten zu glauben, dass der Rundfunkrat den Intendanten direkt sagt, was er senden soll und was nicht. Das glaube ich nicht. Darum halte ich *Staatsfunk* als Bezeichnung für den öffentlich-rechtlichen Rundfunk auch für reichlich abstrus. Aber die politische Referenz ist in einem solchen System selbstverständlich trotzdem immer da.

Das ist wie in einem Meeting in einem Unternehmen, in dem der Chef mit drin sitzt. Selbstverständlich überlegt sich jeder Mitarbeiter da, was er sagt, weil der Chef ja zuhört. Selbstverständlich entsteht durch diese Referenz eine gewisse Abhängigkeit und eine gewisse Erwartungshaltung, die die Kommunikation beeinflusst. Wer wollte das bestreiten? Nur der Chef.

MACHEN SIE KEINE ANSTALTEN!

Der öffentlich-rechtliche Rundfunk ist also ein System, das in einem Umfeld existiert, das sich so stark verändert hat, dass es im Prinzip und grosso modo mit guten Gründen als obsolet betrachtet werden kann. Sie können anderer Meinung sein.

Ich bin jedoch sicher: In einem freien Normalzustand von Medienmarkt, in dem Tausende private Anbieter via Internet alle Unterhaltungs-, Bildungs- und Informationsnischen in der von den Kunden nachgefragten Qualität füllen, würden wir jedenfalls niemals auf die Idee kommen, einen staatlich per Zwangsabgabe finanzierten öffentlichen Rundfunk in gigantischer Größe zu installieren, der immer weiter hypertrophiert und sich in inniger Verflechtung mit der Spitzenpolitik an seine eigene Existenz klammert. Aus dieser Perspektive eine absurde Idee.

Die Referenzen, die dafür sorgen, dass dieses System heute existiert und sehr stark wächst, stimmen jedenfalls nicht überein mit der ursprünglichen Idee, nämlich Programmvielfalt, Staatsferne und politische Unabhängigkeit.

Hinzu kommt, dass der mittlerweile entstandene freie Medienmarkt durch diesen nicht gewinnorientierten und überfinanzierten Klops einer erheblichen Verzerrung ausgesetzt ist. Wenn die Öffentlich-Rechtlichen einen Privatsender bei Sportrechten überbieten, dann ist dieses Geschäftsfeld für die freie Privatwirtschaft einfach weg. Die öffentlichen Sender treiben die Preise für Lizenzen und für am Markt eingekaufte Leistungen nach oben, und sie können sich das durch die üppige Gebührenfinanzierung auch leisten. Das macht es noch schwerer für die Privaten, sich mit Qualität durchzusetzen, denn Qualität kostet Geld. Die Privaten haben eindeutig einen Nachteil im Markt. Diese Wettbewerbsverzerrung behindert Fortschritte und lähmt die Kreativität der Medienwirtschaft.

Und klar ist auch: Die 8 Milliarden Euro, die der öffentlich-rechtliche Rundfunk jedes Jahr einzieht, stehen den Bürgern nicht zur Verfügung, um sie für andere Medien, für Theaterbesuche, Bücher oder was auch immer auszugeben.

Der entscheidende Punkt für mich ist aber ein individualistischer: Mich interessiert fast nichts von dem, was im TV oder im Radio gesendet wird. Aber ich muss es dennoch bezahlen. Ja, ich schaue gern mal ARD-Dokus in der Mediathek oder Satiresendungen an, »Die Anstalt« zum Beispiel. Das ist zwar nicht meine politische Richtung, aber ich lache bisweilen herzlich, denn ich finde die Sendung wenigstens intelligent gemacht. Das ab und zu mal anzuschauen, dafür wäre ich aber auch bereit, etwas mehr Werbung über mich ergehen zu lassen oder wie bei Amazon Prime für einen guten Woody-Allen-Film vier Euro zu bezahlen. Was mich ärgert, ist dieses Zwangsgefühl, ein Abo für gut 50 Euro im Quartal bezahlen zu müssen, das ich nicht bestellt habe. Dieses Gefühl ist scheußlich. Es ähnelt dem Schraubzwingengefühl, das ich an der Straße in Barcelona hatte, als ich mich dem Typen in der grellgelben Weste unterwarf.

Und ich weiß, dass ich nicht der Einzige bin, dem es so geht. Die öffentlich-rechtlichen TV-Sender richten sich hauptsächlich an ein Publikum mit einem Durchschnittsalter von über 60 Jahren. Und so sind die Sendungen zum größten Teil auch gemacht. Ich bin Ende 40. Für mich ist das in vielen Fällen eine Zumutung. Außerdem fühle ich mich beim Fernsehengucken vielfach intellektuell unterfordert, gerade bei den politischen und den nachrichtlichen Sendungen. Selbst der Tatort kommt nicht mehr ohne politisch-pädagogische Botschaften aus. Das ist doch irre.

Und ständig belehren mich genau diese Medien und die an ihnen interessierten Politiker, dass der öffentlich-rechtliche Rundfunk für die Gesellschaft dringend notwendig und nur das Beste für mich sei. Das Bundesverfassungsgericht bestätigt, dass die Finanzierung per Zwangsgebühr rechtens sei, und alles geht so weiter: Die Kosten tragen alle, den Nutzen trägt aber nur eine Teilmenge der Gesellschaft, eine Wahl gibt es nicht.

Wenn man sich einmal aus gesellschaftlicher Notwendigkeit so ein kollektivistisches System eingefangen hat, dann muss es sich für immer am Leben erhalten. Dann kann man einfach nicht mehr zurück. Koste es, was es wolle. Und je größer die Diskrepanz zwischen erlebtem Nutzen und realen Kosten wird, desto straffer werden die Zügel angezogen, desto autoritärer wird das System verteidigt und desto verbissener wird es ausgebaut. Die Hirten lassen sich die Butter nicht so einfach vom Brot nehmen!

NUR LIEBEN UND SINGEN LÄSST SICH NICHT ZWINGEN

Ich verallgemeinere hier absichtlich, denn es gibt zig weitere Beispiele für diese Entwicklung. Nehmen wir die IHK: Die ärgert mich als Unternehmer wirklich kolossal. Ich muss diese Behörde per Zwangsbeitrag finanzieren, aber die tut einfach nichts für mich. Ich brauche sie nicht, ich will sie nicht in Anspruch nehmen. Sie macht nicht einmal Lobbyarbeit für mich. Ja, sie bietet irgendwelche Kurse an, die sich aber dank der Zwangsfinanzierung nicht auf dem freien Weiterbildungsmarkt behaupten müssen – und die daher, wenig überraschend, nicht interessant für mich sind, auch nicht für meine Mitarbeiter. Wenn ich dann aber doch mal Leistungen beziehen wollte, z.B. Firmenadressen, dann muss ich diese Leistung ja doch bezahlen.

Genauso der immer umfangreichere Verbraucherschutz, der mich ungebeten vor allem schützen will, was nur geht, und den ich über meine Steuern finanzieren muss. Selbst am Stammtisch darf nicht mehr geraucht werden, weil es nicht gut für mich sei.

Weiter: Das staatliche, also durch Steuern finanzierte Bildungssystem im Hochschulbereich, das, angetrieben durch europäische Vereinheitlichungspolitik, immer weiter verschult wird. In der Bologna-Reform ist das Misstrauen gegenüber der Eigenmotivation der Studierenden bereits von vorneherein angelegt: in Form einer Prüfungsflut und der Einführung von Zeiteinheiten als Berechnungsgrundlage für die Studiumsgestaltung – mit dem Effekt, dass so mancher Studiengang nahezu unstudierbar geworden ist. Da zudem neue Professoren anlässlich ihrer Berufung gerne neue Studiengänge für sich aushandeln, die dann speziell für sie um sie herum gebaut werden, entsteht zwar scheinbar eine Vielfalt an Studienmöglichkeiten. In der Realität wird es aber nur noch komplizierter und uniformer.

In meine Vorlesungen kommen Studenten aus vier Fächern. Ob deren Stundenpläne zusammenpassen, ist wie Lotto spielen. Das Ganze ist eine Farce. Dafür immens teuer. Was das Bildungssystem nicht wirklich stört, denn es wird ja mangels Wettbewerb und mangels externer Referenz so oder so finanziert, egal, ob es studierbar bleibt oder nicht. Für das Individuum allerdings nimmt die Freiheit ab, ob es sich um den Steuerzahler handelt oder um den Studenten.

Genauso besteht der Zwang zur kollektivistischen Rentenversicherung, zur kollektivistischen Krankenversicherung, zur kollektivistischen Pflegeversicherung. Durch die demografische Entwicklung und die immer größeren, aber immer kostspieligeren Möglichkeiten der Medizin wird das alles immer teurer. Ich kann mich aber in der ganz normalen gesetzlichen Krankenversicherung nicht individuell auf meine gesundheitlichen Bedürfnisse hin versichern. Ich kann nicht sagen: Ich brauche keine Versicherung für meine Zähne, ich bezahle meine Zahnarztbesuche aus meiner eigenen Tasche. Es sei denn, ich versichere mich privat – der schmale, ungefähr ein Zehntel der Bevölkerung umfassende Markt der privaten Krankenversicherungen ist aber völlig überreguliert, zudem auf die wohlhabendsten Angestellten, Freiberufler und Selbstständigen ausgerichtet – eben auf diejenigen, die nicht in der gesetzlichen Krankenversicherung pflichtversichert sind.

Wer aber als gewöhnlicher Angestellter einen gesunden Lebensstil pflegt und sich wenigen Gefahren aussetzt, sich gesund ernährt und sehr bewusst mit sich und seinem Körper umgeht, hat keinerlei Vorteil davon im Gesundheitssystem.

Er wird verhältnismäßig stark durch die Zwangsabgaben eingeschränkt. Der risikobereite Extremsportler und die faule Couchpotato dagegen profitieren enorm von den anderen Beitragszahlern. Hier findet eine finanzielle Umverteilung von der Vernunft zur Unvernunft statt, von der Verantwortung zur Verantwortungslosigkeit. Wer aber die Verantwortungslosigkeit systematisch subventioniert, kann nicht auf eine immer verantwortlichere Gesellschaft hoffen.

Und falls Ihnen nun ein Gegenargument mit »sozial« oder »Solidarität« im Wortlaut unter den Nägeln brennt: Immer mehr Unverantwortlichkeit auf Kosten anderer als eingebaute Funktion eines Systems kann in meinen Augen niemals sozial sein. Und Solidarität ist im Kern etwas Freiwilliges. Wird sie verordnet durch Gesetz oder durch moralischen Konsens, heißt das nicht mehr Solidarität, sondern Zwang.

Um das Steuersystem und seine Einbahnstraßenentwicklung hin zu immer mehr Steuereinnahmen mache ich hier bewusst einen Bogen, denn ich will hier keine politische Weltanschauungsdebatte anzetteln – falsches Buch. Um das Mammutthema wenigstens zu streifen: Jedem muss klar sein, dass höhere Steuern eine Einschränkung von Freiheit darstellen. Der unbezweifelbare Freiheitsgewinn durch (scheinbar) kostenlose Straßen und Kindergärten usw. ist in der Gesamtbetrachtung so exorbitant teuer, dass ich dankend ablehnen würde. Stattdessen würde ich viele Leistungen einfach gerne dann bezahlen, wenn ich sie nutze. Diese Wahl gibt es aber weit und breit nicht.

Selbstverständlich habe ich nichts dagegen, wenn sich eine Gruppe von Menschen zusammenfindet, um eine gemeinschaftlich finanzierte Kammer zu gründen, eine gemeinschaftlich finanzierte Medienanstalt auf die Beine stellt, einer Krankenversicherung beitritt, in eine Rentenkasse einzahlt und so weiter – ich finde all diese kollektivistischen Organisationen keineswegs abwegig, schlecht oder unnütz. Im Gegenteil. Der Punkt ist: Die

Gruppe von Menschen, die das will, kann es gerne tun, mich stört allerdings, dass diejenigen, die das nicht wollen, zur Teilnahme gezwungen werden, also sowohl zur Finanzierung als auch zum Leistungsbezug. Mit anderen Worten: Macht doch eure IHK, aber lasst mich da raus! Macht eure ARD, aber ohne mich! Finanziert eure Kindergärten gemeinschaftlich, aber macht das unter euch aus! – Lasst mir die Wahl, zwingt mich nicht!

Und gesamtgesellschaftlich betrachtet fehlt mir mit Seitenblick auf die Historie einfach der Glaube, dass der Freiheitsgewinn durch kollektivistische Systeme auch nur annähernd die durch sie verursachte Freiheitsbeschneidung aufwiegen. Denn sonst wäre die Sowjetunion und der Warschauer Pakt die »Freie Welt« gewesen und nicht der Westen.

Ich könnte hier querbeet noch viele Phänomene des modernen Staats aufzählen, Frauenquote, Bankenregulierung, Künstlersozialkasse, das Zensurgesetz NetzDG, Fahrverbote für Diesel und so weiter. Mit einem Satz: Die Ausgleichssysteme zwischen Individuum und Kollektiv werden mehr, sie werden, größer, mächtiger, starrer – und viele von ihnen haben ihren Zenit bereits merklich überschritten, haben ihren Sinn verloren, müssen daher überwunden und durch intelligentere, modernere, fortschrittlichere Systeme ersetzt werden.

So. Jetzt dürfen Sie mich gerne mal unterbrechen: Wieso, Vollmer, willst du überhaupt irgendwas ersetzen? Denn na gut, es ist eben so: Der Einzelne soll ja gar nicht machen dürfen, was er will, sondern gefälligst das, was wir alle wollen. Wo ist eigentlich dein Problem? Uns geht's doch gut damit. Offenbar geht's uns allen immer besser. Uns geht's doch so gut wie noch nie!

Und dann sage ich: Sie reden von »Wir alle« und von »Uns« – Sie schauen mit der *Fünferkettenbrille* auf unsere Gesellschaft. Ziehen Sie doch bitte mal die *Messibrille* auf, damit wir uns besser verstehen!

DER MESSIBLICK

Neulich habe ich einem guten Freund zum 50. Geburtstag ein Spiel im Camp Nou geschenkt – das ist das Stadion des FC Barcelona, der mehr ist als nur ein Fußballclub. Das Camp Nou, das ist ein katalanisches Nationalheiligtum, ein Tempel für die Bürger, ein Theater, eine Oper, ein Versammlungsplatz, ein Circus Maximus, ein Ort der Selbstvergewisserung, eine Kultstätte.

Man spürt all das, wenn man einmal dort war. So wie mein Freund und seine Frau, mit denen ich zum Heimspiel gegen Valencia diesen magischen Ort betrat.

Das Stadion liegt mitten in der Stadt, schon als wir in seine Nähe kommen, wird die Atmosphäre zunehmend flirrend. Wir sind früh dran, es sind aber schon viele Menschen auf den Straßen. In den Bars rings um das Stadion wird es sukzessive lebendiger, je näher der Anpfiff rückt.

In Barcelona gibt es kaum Ultras, keine Hooligans, das Publikum ist bürgerlich. Die Gästefans sind trotz der kurzen Anreise nur wenige, alleine schon wegen der gewaltigen Eintrittspreise und der nach wie vor trostlos hohen Arbeitslosigkeit in Spanien. Gewalterfahrungen muss trotz der riesigen Menschenmengen keiner machen – anders als in Deutschland oder England. Es geht bei aller Vorfreude sehr ruhig zu, fast schon feierlich.

Vor dem Stadion gibt es so gut wie kein Gedränge, durch die 21 Zugänge auf das Gelände und die über 100 Eingangstore kommt jeder schnell und ohne Würdeverlust ins Stadion. Drinnen kann man sich frei bewegen und überall hingehen. Wir gehen runter bis zur Eckfahne, berühren den heiligen Rasen. Während wir atemlos das riesige Rund betrachten und über die schiere Höhe der obersten Ränge staunen, füllt sich das Stadion langsam.

Da bricht Jubel aus, die Anwesenden applaudieren: Die Stars laufen ein, um sich warmzumachen. Jeder will sie sehen. Wir entdecken Neymar, Suarez, Rakitic ... und dann kommt auch er, der Beifall schwillt noch etwas an, der – wenn Sie mich fragen – beste Fußballer des Planeten: Lionel Messi.

Wir lachen über uns selbst, dass wir schon beim Warmlaufen euphorisch werden. Die Vorfreude wird beinahe kindisch albern, als wir bestaunen, wie lässig sich Neymar, Suarez und Messi über 30, 40 Meter hinweg gegenseitig zentimetergenau Flugbälle auf den Fuß spielen.

Dann gehen wir zu unseren Plätzen. Wir sitzen leicht schräg rechts von der Mittellinie im zweiten Rang, ein großartiger Platz. Das Stadion ist voll. Natürlich. Das ist es immer. Knapp 100.000 Menschen. Es wird gesungen, die Vereinshymne.

Das Spiel geht los. Zu Beginn tasten sich die beiden Mannschaften noch vorsichtig ab, der Ball bewegt sich vor allem im Mittelfeld schnell von Spieler zu Spieler. Nach symbolträchtigen 17 Minuten und 14 Sekunden stehen auf einmal alle Katalanen im Stadion, also fast jeder, noch einmal auf und singen die katalanische Hymne, »Els Segadors«. Denn im Jahr 1714 verloren die Katalanen den Krieg gegen die Franzosen, weshalb Katalonien seiner Freiheit verlustig ging und Spanien zugeschlagen wurde. Eine Wunde, die bis heute nicht verheilen konnte.

Das Spiel nimmt Tempo auf. Valencia steht gut. Ich sehe zwei bollwerkartige Abwehrreihen, beide Mannschaften spielen Fünferkette. Das bedeutet: Hat die eigene Mannschaft den Ball, bauen drei Abwehrspieler das Spiel von hinten auf, während die beiden Außenverteidiger weit nach vorne rücken und die Sturmreihen offensiv unterstützen. Hat der Gegner den Ball, rücken die Außenverteidiger in die Abwehrreihe zurück und bilden eine gleichmäßig über die Breite des Spielfelds verteilte Abwehrlinie aus fünf Spielern. Davor rennen drei Mittelfeldspieler dem Ball hinterher und stopfen die Löcher, die sich im Raum vor der Abwehr öffnen. Vorne versuchen zwei Stürmer den Spielaufbau des Gegners zu stören. 5-3-2: Fünferkette.

Barça hat den Ball. Ich sehe extrem schnelles Passspiel über die gesamte Breite des Platzes. Immer flach. Immer schnell. Der Ball bleibt nur sehr kurz bei einem Spieler. Aber weil Valencia seine Spieler sehr gut und stabil verschiebt und die Reihen diszipliniert zusammenbleiben, schafft Barça keinen Raumgewinn.

Barça hat deutlich mehr Ballbesitz. Das Spiel verlagert sich von links nach rechts. Die Mannschaften wirken wie durch Gummibänder miteinander verbunden. Sie folgen dem Ball. Die Abstände zwischen den Spielern bleiben annähernd konstant, die Formationen sind stabil.

Die beiden Kollektive verhalten sich wie zwei Tänzer. Die Mannschaft, die den Ball hat, bestimmt die Bewegungen, hat die Initiative, die andere Mannschaft reagiert, lässt sich führen. Es ist wie ein Tango. Wie eine Einheit aus zwei ineinandergeschlungenen Körpern. Die Mannschaften drücken und schieben sich gegenseitig über das Feld. Sie spielen miteinander, tanzen miteinander. Mal sind die Bewegungen auslandender, wenn der Ball vertikaler gespielt wird und sich der Raum um den ballführenden Spieler verengt. Mal sind die Bewegungen kleiner, feiner, das Spiel scheint sich manchmal um sich selbst zu drehen. Das Bild verändert sich rhythmisch.

Die Ballberührungen scheinen einem unhörbaren Takt zu folgen. Tack. Tack. Tack. Dann eine lautere Note, ein langer Ball, eine Pause. Tack. Der Ball wird gestoppt. Kein Durchkommen, der Ball wird zurückgepasst und mit schnellen Pässen auf die andere Seite verlagert. Tack-tack-tack.

Man kann mit den Blicken dem Ball folgen und dabei den Rhythmus des Spiels wahrnehmen. Man kann aber auch wie mit dem Weitwinkel auf den Tanz der ganzen Formationen schauen und den Eindruck bekommen, als bewegten sich zwei Einzelkörper geschmeidig auf dem Spielfeld hin und her, vor und zurück. Es ist wirklich faszinierend.

Dann können Sie auch auf tiefere Muster schauen und deren spontane Bildung und ihr Verschwinden beobachten: Bei Barça ist es die Dreiecksbildung. Der ballführende Spieler hat immer zwei Anspielmöglichkeiten, weil die zwei ihm am nächsten stehenden Mitspieler mit wenigen, genau getimten Schritten auf ihn zukommen. Oftmals zirkuliert der Ball kurz in diesem Dreieck, dann bilden sich neue. Es folgt Dreieck auf Dreieck, wie von Geisterhand. Wenn man das Muster einmal erkannt hat, entdeckt man es immer wieder.

Das, was ich Ihnen hier beschreibe, ist die eine grundsätzliche Möglichkeit, wie Sie ein Fußballspiel anschauen können. Es ist der Blick auf das Kollektiv, auf die Formation, auf den Spielrhythmus, auf die Muster. Es ist, als wenn Sie eine bestimmte Brille aufsetzen, durch die Sie nur diese kollektiven Strukturen erkennen können.

Doch das ist nur eine von den zwei grundsätzlichen Arten und Weisen, das Spiel zu analysieren. Ich nenne diesen Blick den *Fünferkettenblick*, einfach weil die Abwehrreihe der defensiven Mannschaft die auffälligste konstante Linie im Gesamtbild ist.

So, und jetzt wechseln wir die Brille! Wo ist eigentlich Messi? Wo ist das überraschendste, kreativste, genialste Individuum auf dem Spielfeld? Wo ist der Künstler, der Magier, der Eine?

Mein Freund weist mich darauf hin, was Messi tut. Gerade hat Valencia den Ball und drückt Barça in deren eigene Hälfte. Alle Feldspieler ballen sich um den Strafraum der Heimmannschaft. Bis auf Messi. Er nimmt am Defensivspiel seiner Mannschaft als Einziger gar nicht teil. Er schlurft mit gesenktem Kopf wie teilnahmslos ganz alleine mitten in der gegnerischen Hälfte herum. Keiner könnte ihn jetzt anspielen, denn er steht weit im Abseits, weit hinter dem hintersten Abwehrspieler Valencias, der ungefähr in der Spielfeldmitte steht.

Er hebt den Kopf nicht, schaut nicht nach dem Ball. Es scheint, als ob er das Spiel mehr spüren als sehen würde. Barça gewinnt in der Abwehr, weit weg von Messi, den Ball. Da beginnt er langsam halbrechts in Richtung Mittellinie zurückzuschleichen. Das Spiel kommt nun auf ihn zu. Er lässt sich, ohne sich groß von der Stelle zu bewegen, vom zurückweichenden Körper Valencias verschlucken. Damit steht er nicht mehr im Abseits und kann damit grundsätzlich wieder am Spiel teilnehmen.

Er dreht sich langsam um und nimmt den Kopf hoch. Das ist wie ein körpersprachliches Signal im angreifenden Körper Barcelonas.

Messi setzt sich in Bewegung, noch relativ langsam, aber schon zielstrebiger. Er sucht Räume. Er versucht, sich im Mittelfeld in der Nähe des Balles in Lücken zwischen den gegnerischen Spielern zu schieben. Ab und zu wird er angespielt, dann lässt er den Ball mit dem Rücken zum gegnerischen Tor lässig wieder zurückprallen oder schiebt ihn ganz ruhig im Traben im Dreieck mit einem Kurzpass an den nächsten weiter.

Doch dann geschieht es. Plötzlich legt Messi den Schalter um. Tempowechsel. Messi spielt den Ball nicht weiter, sondern dreht sich mit dem Ball blitzschnell um 180 Grad. Ein Raunen geht durchs Stadion. Messi beschleunigt mit dem Ball am Fuß irrwitzig schnell, schon hat er zwei Gegenspieler umkurvt. Sein Blick ist nach unten auf den Ball gerichtet. Er schaut nicht viel um sich, scheint genau zu wissen, wo er ist, wo die Gegner stehen, wo die Mitspieler stehen. Sein Oberkörper ist nach vorne gelehnt, um den Ball abzuschirmen. Seine kurzen Beine verwischen beinahe, so schnell und so geschmeidig bewegt er sich. Der Ball scheint ihm am Fuß zu kleben.

Der Raumgewinn ist atemberaubend. In nur wenigen Sekunden hat er fünf, sechs Gegenspieler ausgespielt und dringt nun diagonal in den Strafraum ein. Das Publikum brüllt. Die Gegenspieler rennen auf ihn zu, werfen sich ihm in den Weg, versuchen zu retten, was zu retten ist, Messi tanzt sie einfach aus, legt den Ball quer vor sich in den Strafraum, ist schneller dort als alle anderen. Messi schießt. Flach. Der Torwart hechtet in die Ecke. Erreicht den Ball nicht.

Aber der Schuss streift knapp am Pfosten vorbei ins Aus.

Der Torschrei erstirbt in der Luft im Stadion. Dann eine kurze Pause. Beifall brandet auf. Messi-Messi-Messi-Rufe hallen durch das Rund. »La Pulga« wird skandiert, der Spitzname von Lionel Messi: »Der Floh«. Wir schauen uns an: Was war das denn? Das war ein magischer Moment. Wir haben Herzklopfen. Wie hat er das nur gemacht?

Kurz darauf fällt das Tor. Valencia verliert den Ball in Barças Hälfte, der Kroate Rakitic schaltet sofort von Defensive auf Offensive um, passt den Ball schnell und raumgreifend nach vorne in die Sturmreihe auf Messi, der mit einem kurzen Antritt genau zwischen zwei Verteidiger anspielbereit war. Messi, Suarez und Neymar starten im Vollsprint und separieren damit die drei zentralen, zurückweichenden Abwehrspieler Valencias vom Rest der Mannschaft. Messi treibt den Ball, schickt den pfeilschnellen Neymar steil, der kämpft sich auf dem Flügel durch, schiebt den Ball nach rechts quer zu Suarez, der spielt ihn direkt flach weiter in die Mitte, wo durch die koordinierte Scherenbewegung von Neymar und Suarez ein großer freier Raum zwischen den hilflosen Abwehrspielern aufgegangen ist. Der Ball rollt in diesen Raum. Genau auf den Punkt zu, wo er hin muss.

Ich schaue die ganze Zeit nur auf Messi. Nach seinem Steilpass aus dem Mittelfeld heraus läuft er in einer geraden Linie in vollem Tempo genau auf diesen Punkt zu. Er weiß genau, wo der Ball hinkommen muss. Er weiß genau, wann er kommt. Er sprintet genau auf diesen Punkt zu. Der Ball kommt, Messi ist da. Er trifft den Ball sauber mit der Innenseite und schiebt ihn über die heranfliegenden Verteidiger und am Torwart vorbei ins Tor.

Das Stadion explodiert.

Wir springen mit allen zusammen hoch und jubeln mit.

Hast du das gesehen?

Was für ein fantastischer Konter!
Hast du den Weg gesehen, wie Messi gelaufen ist?
Hast du das gesehen?
Das ist Kunst.

MIT BEIDEN SÄHE MAN BESSER

So sieht ein Spiel aus, wenn Sie es mit dem *Messiblick* anschauen.

Die eine Sicht, der kollektivistische *Fünferkettenblick*, sieht Fußball als Mannschaftssport. *Elf Freunde sollt ihr sein*, lautet die moralische Maxime. Das Kollektiv bewegt sich als Organismus. Alle sind voneinander abhängig, alle sind aufeinander angewiesen. Jeder bringt sich gemäß seinen Fähigkeiten in genau definierten Rollen ein. Die Gesamtleistung ergibt sich aus der Passung der Spieler zueinander. Der Star ist die Mannschaft.

Die andere Sicht, der individualistische *Messiblick*, sieht Fußball als Ergebnis individueller Fähigkeiten, Entscheidungen und Handlungen. Es ist wie wenn man einen Western anschaut, Sie sehen Clint Eastwood alleine durch die Prärie reiten, und er macht sein Ding. Er schaut nur auf sich, schert sich nicht um die anderen. Fast schon ein wenig trotzig. Aber er bekommt es hin, er schafft es, er gewinnt.

Mit beiden Blicken können Sie auf jedes komplexe Geschehen schauen. Also auch auf ein Unternehmen, auf die ganze Wirtschaft oder auf eine komplette Gesellschaft. Beide Blicke sind gut und richtig, keiner von beiden ist besser als der andere, beide sind notwendig, um das Ganze zu verstehen.

Wenn ich mit dem Messiblick auf eine komplexe Situation schaue, dann sehe ich nicht die Passung zum Rest, dann sehe ich das Zusammenspiel aller nicht, dann sehe ich die großen Bewegungen des Kollektivkörpers nicht. Dann sehe ich nur das Vorangehen, nie das Folgen.

Wenn ich mit dem *Fünferkettenblick* daraufschaue, dann sehe ich nicht die einzelne Idee, die Genialität des Individuums, das Risiko des Einzelnen, die Verantwortung, die einer übernimmt, die Impulse, die er den anderen gibt. Dann sehe ich nur das Folgen. Nie das Vorangehen.

Ich finde beide Blicke gleichermaßen faszinierend. Nicht nur beim Fußball. Mich faszinieren Individuen, ihre individuelle Klasse, ihre Kreativität und Genialität, die individuellen Potenziale, die persönliche Entwicklung von Menschen. Und mich faszinieren genauso Kollektive, die sich wie gemeinschaftliche Lebewesen verhalten, ihre Stimmigkeit und Koordination, der gemeinsame Erfolg, der so groß ist, wie ihn kein Einzelner jemals erreichen könnte.

Um Komplexes zu verstehen, braucht es meines Erachtens immer beide Blicke. Individuum und Kollektiv sind zwei Seiten einer Medaille. Der Mensch ist beides: Einzelner und Gruppentier.

Und nun löst sich auch der scheinbare Widerspruch auf, den ich zu Beginn des Kapitels zusammengebaut habe: Die individuelle Freiheit nimmt gleichzeitig zu und ab, habe ich postuliert. Ja, sie nimmt zu, wenn Sie mit dem *Fünferkettenblick* darauf schauen: Im Wesentlichen bietet der technologische Fortschritt den Menschen vor Kurzem noch unglaubliche Freiheiten an: Mobilität, Kommunikation, Flexibilität, Multioptionalität. Und durch die technologisch getriebene allgemein zunehmende Produktivität auch immer mehr Zeit abseits der Arbeit, um die Freiheiten auch zu nutzen.

Wenn ich aber nun mit dem Messiblick auf die um sich greifende Vergemeinschaftung von Kosten, Risiko und Verantwortung schaue, dann fühlt sich das beklemmend an. Denn dann gewinne ich den Eindruck, dass die einzelne Idee, die Bereitschaft des Einzelnen, Verantwortung zu übernehmen, die Genialität des Individuums überhaupt nicht mehr zum Tragen kommt. Dass sie keinen Freiraum mehr hat, ja, dass sie nicht mehr geschätzt und nicht mehr gewollt wird. Dass nur noch gefolgt wird und keiner mehr vorangehen darf.

So kann eine Gesellschaft nichts mehr ausprobieren. So kann ein Volk nichts mehr dazulernen. So erstarrt ein Land. So wird gesellschaftlicher Fortschritt immer unwahrscheinlicher. So wird die Gesellschaft monotoner, gleichförmiger, überraschungsärmer. Die triumphale Freude des kindlichen Geistes, der etwas entdeckt hat, was andere nicht gesehen haben, geht verloren. Selbstvertrauen geht verloren.

Wenn Sie mich fragen: Die Balance hat sich in den letzten Jahren unmerklich verschoben und verschiebt sich weiter. Das Kollektiv und ihre Norm wird mächtiger, das Individuum wird ohnmächtiger. Sie erkennen das aber nur, wenn Sie nicht dauernd nur mit dem *Fünferkettenblick* auf die Gesellschaft schauen, sondern auch hin und wieder mit dem *Messiblick*.

Daher rührt ja mein missmutiges, bitteres Schraubzwingengefühl. Ich schaue mit dem Messiblick auf Politik und Gesellschaft und ärgere mich! Und zwar nicht nur so, wie ich mich ärgerte, wenn ich ins Camp Nou ginge und Messi nicht beim Spielen zuschauen dürfte. Es geht nicht nur um meine persönliche Freude am Individualismus, die ich mir nicht nehmen lassen möchte, sondern ich ärgere mich auch insbesondere darüber, dass auf diese Weise nichts mehr vorangeht. Diese ständige Auseinandersetzung über interne, selbst gesetzte Normen und gewünschte Verhaltensweisen, die aus dem Übergewicht des Kollektivs resultieren, diese ständig enger aufeinander zurückenden Leitplanken des politisch Korrekten, des noch Denk- und Sagbaren, diese kollektive Selbstbespiegelung, das alles geht mir gigantisch auf die Nerven. Weil all das keine Spielräume mehr lässt für neue Ideen, für gesellschaftlichen, wirtschaftlichen, gesundheitlichen Fortschritt.

Gemeinsam könnten wir viel mehr schaffen, wenn wir nicht ständig an diesem »Gemeinsam« herumlaborieren würden, es nicht ständig so überbetonen würden, es nicht ständig übertreiben würden mit dem Kollektivismus. Es ist wie ein Team das ständig über die gemeinsame Arbeit redet, anstatt zu arbeiten.

Und zum Voranschreiten gehört es nun mal, individuell scheitern zu dürfen. Ich möchte gefälligst auf die Schnauze fallen dürfen! Ich möchte die Freiheit haben, Unvernünftiges zu tun! Ich möchte mich ausbeuten dürfen!

Alles, was das Kollektiv als »schlecht« betrachtet, darf ich nicht. Dabei könnte aus dem vermeintlich »Schlechten« doch Gutes, ja, aus dem bewussten Konventionsbruch kann Großartiges erwachsen. Warum? Weil es schon immer so war, in der Menschheitsgeschichte! Genau daraus entspringt nun mal der Fortschritt!

Und jetzt frage ich mich, wie wir davon abgekommen sind. Wie kam es, dass dieser zwischen Messi und Fünferkette hin und her wechselnde Blick, diese eine gute Zeit lang schön austarierte Balance zwischen Individuum und Kollektiv abhandengekommen ist. Wie war denn das mit der individuellen Freiheit? Wie hat der Deal zwischen dem Einzelnen und dem Ganzen bislang funktioniert und wo stehen wir jetzt?

KAPITEL ZWEI

FREIWILLIG UNFREI

Der Deal zwischen Individuum und Kollektiv ist uralt. Genauso alt wie die Menschheit. Die Sippe in der Höhle überlebt, weil der Einzelne den Hirsch aufspürt und damit für die nächsten drei Wochen für Essen gesorgt ist. Der Einzelne überlebt, weil die Sippe aushilft, wenn der Einzelne mal krank ist und Schutz vor dem Überfall der aggressiven Bewohner der nächsten Höhle bietet, die nicht nur den Hirsch, sondern gleich die ganze Höhle haben möchten.

Der Staat als Akteur in diesem Deal kam allerdings erst spät dazu, denn die Unterscheidung zwischen Staat und Gesellschaft ist ein ziemlich neues Ding. Noch im Mittelalter war das eins.

Lassen Sie mich ruhig mal ganz unwissenschaftlich in die Geschichte eintauchen und begleiten Sie mich auf einem zügigen Durchflug mit besonderem Fokus auf die Freiheit des Individuums. Ich weiß sehr gut, dass die Geschichtswissenschaft ein wesentlich komplexeres Bild entwirft als ich. Das Erringen individueller Freiheit gegenüber dem staatlichen Zwang ist ein langer, verwickelter Prozess mit etlichen Konflikten: Zwischen Staat und Kirche, zwischen Adel und König, zwischen Katholiken und Protestanten, zwischen Aristokratie und Monarchie, zwischen Adel und Bürgertum. Es geht dabei zum Schluss um liberale Verfassungen, Gewaltenteilung, Menschenrechte und Wahlrecht. Schon klar. Aber ich will hier gar keinen wissenschaftlichen Kriterien genügenden Abriss der Geschichte der individuellen Freiheit abliefern. Mit genügt, wenn Sie am Ende mit mir mit dem *Messiblick* darauf schauen und feststellen, dass sich überraschenderweise am Verhältnis zwischen Hirten und Herden über die Jahrhunderte hinweg eigentlich im Grunde überhaupt nichts geändert hat.

Wohlan, ab ins Mittelalter! Mit dem *Messiblick* betrachtet waren Sie damals nicht Staatsbürger, sondern eben einfach Bürger, das heißt, Sie hatten das Recht, innerhalb der Stadtmauern zu leben und von den Mauern des Fürsten und dessen Truppen geschützt zu werden. Im Gegenzug waren Sie Untertan. So etwas wie politische Freiheit war noch nicht ausdifferenziert. Stattdessen war der Preis für ein Stück Sicherheit einfach ein Stück persönliche Freiheit. Das war und ist immer der grundsätzliche Deal.

Der Bauer bekam vom Fürsten eine Fläche zugewiesen. Was er da anbaut und wie er sein Feld bestellt, war ihm überlassen, aber die Größe der Fläche und die Höhe der Zwangsabgabe, des *Zehnten*, war vorgegeben. Auf der einen Seite war der Bauer sicher, denn niemand durfte ihm etwas wegnehmen, er stand unter dem Schutz seines Herrn. Und im Falle eines Angriffs von Feinden durfte er mit seiner Familie Schutz innerhalb der Stadtmauern oder innerhalb der Burgmauern suchen. Daher rührte ja das Wort Bürger.

Aber auf der anderen Seite war er an seine Scholle gefesselt.
Bei Reisen über Land war jeder auf sich gestellt. Zwischen den Einflusssphären der Fürsten gab es viel Landschaft: Das Herrschaftsgebiet der Räuberbanden. Noch bis ins 18. Jahrhundert hinein konnte niemand gefahrlos durch die großen deutschen Wälder reisen. Jede Reise mit Pferd, Ochsenkarren oder Kutsche war ein Risiko. Innere Sicherheit wie in einem modernen Staat konnte niemand garantieren. Eine Eskorte aus Rittern war nur für die Fürsten selbst erschwinglich.

Auf seiner eigenen Scholle dagegen war nicht nur die Sicherheit, sondern auch die individuelle Freiheit ziemlich groß. Ja, gut, das Bekenntnis zur Religion des Fürsten war natürlich verpflichtend, mitsamt allen kirchlichen Ritualen, die dazugehören. Andersgläubig zu sein, war in den meisten Fällen nicht gestattet. Das gehörte schlicht zum bürgerlichen Leben dazu. Und wer ansonsten nicht an den lokalen Bräuchen und Traditionen teilnahm, wurde zum Außenseiter und hatte Repressalien der Gemeinschaft zu erdulden. So etwas abstrus Neuzeitliches wie offen gelebte Homosexualität, ein individueller Kleidungsstil oder sonstige Spleens wären lebensgefährlich gewesen. Männer und Frauen, deren Wissensstand, Gewohnheiten oder Glauben vom ziemlich engen »bürgerlichen« Rahmen abwichen, fanden sich mitunter an einen großen Stein gebunden im Dorfteich oder auf dem Scheiterhaufen zur Hexenprobe wieder.

Wie kam es, dass das heute zum bürgerlichen Leben gar nicht mehr dazugehört?

UNBESCHOLTEN ODER VOGELFREI

Freiheit ist nichts Absolutes, sondern eine Frage der Zeit, in der man lebt. In der Perspektive von damals war Freiheit ein Leben als anerkannter Bauer oder Handwerker, als Bürger, frei in seiner wirtschaftlichen Existenz. Der Beruf und dessen Ausgestaltung war zwar weitgehend durch den Beruf des Vaters und das Erbe vorgegeben, aber als Bürger war niemand Sklave oder Leibeigener. Die Einschränkungen der individuellen Freiheit, die man zu akzeptieren hatte, waren gekoppelt an einen notwendigen Standard an individueller Sicherheit. Und zwar nicht nur die Sicherheit von Leib und Leben im Diesseits, sondern auch die Sicherheit vor dem Teufel bzw. der Hölle im Jenseits.

Die Handwerker taten sich in Zünften zusammen. Auch die waren ziemlich repressiv und machten ihren Mitgliedern aus heutiger Sicht harsche Vorschriften, aber sie ermöglichten auch wirtschaftliche Kraft und schützten den einzelnen Berufstätigen vor existenzbedrohender Konkurrenz. Man half sich aus. Sie konnten als Gildenmitglied die benötigten Rohmaterialien gemeinsam besser, zuverlässiger und kostengünstiger besorgen. Gemeinsam waren Sie stärker. Um aber die Mitgliedschaft in den Zünften und Gilden zu behalten, mussten Sie nach den strengen Regeln spielen. Wer sich nicht fügte, wurde mindestens verprügelt.

Die Gemeinschaft, die Sie zugleich unfrei machte und im Gegenzug Sicherheit bot, war in der mittelalterlichen Gesellschaft genauso existenziell wie in der Steinzeit, nur eben schon deutlich komplexer ausgestaltet. Zu allen Zeiten war darum die Höchststrafe nicht etwa der Tod, sondern der Ausschluss aus der Gemeinschaft. Wer die Bürgerrechte entzogen bekam und als »vogelfrei« galt, der hatte nicht nur seinen gesamten Besitz verloren, seinen Beruf, seine Familie und den Schutz der beiden Herren – des Herrn im Himmel und des Herrn in der Burg. Er hatte nicht nur mit großer Wahrscheinlichkeit sein Leben verloren. Sondern auch seine Ehre und sein Seelenheil. Als Landstreicher und Tagedieb blieb ihm nicht viel anderes übrig, als zu versuchen, sich einer Bande von gottlosen Viehdieben, Wilderern oder Räubern anzuschließen. Die maximal denkbare Freiheit war also so ziemlich das Schlimmste, was sich ein ehrbarer Bürger vorstellen konnte.

Die Gesellschaft war stratosphär aufgebaut, in konzentrischen Schichten. Es gab vor Renaissance und Aufklärung noch keinen Unterschied zwischen Rechtssystem und Religion. Beides zusammen waren die Lebensvorschriften, deren Befolgung das Zusammenleben im Kollektiv überhaupt ermöglichte.

Es gab auch keine Gewaltenteilung, wie wir sie heute mehr oder weniger gut funktionierend im modernen Nationalstaat kennen. Sie ist dazu da, die Herrschaftsgewalt einzuschränken, um das Individuum vor Willkür und Missbrauch zu schützen. Im Umkehrschluss mussten die mittelalterlichen Bürger natürlich Willkür und Missbrauch erdulden, je nachdem, wie »gerecht« ihr Herrscher gerade zufällig war. Es gab jedenfalls keine verbrieften individuellen Schutz- und Abwehrrechte gegenüber der Obrigkeit, wie sie heute im modernen Rechtsstaat die Grundrechte garantieren (meistens jedenfalls).

Jeder mittelalterliche Bürger wusste, dass er sich niemals gegen die Kirche oder den weltlichen Herrscher stellen durfte. Denn ansonsten hatte man sein Recht verwirkt. Nur als »unbescholtener« Bürger durfte man hoffen, bei Streitereien mit anderen Bürgern vor Gericht zu seinem Recht zu kommen. Der Blick war also immer auf das Kollektiv gerichtet. Die Autobahn des Lebens war gegenüber den Urzeiten zwar von einspurig auf zweispurig deutlich ausgebaut worden, aber links und rechts gab es immer noch unüberwindliche kollektivistische Leitplanken unter Starkstrom und mit NATO-Draht und Selbstschussanlage.

DURCH DIESE HOHLE GASSE MUSS ER KOMMEN!

Mit dem *Fünferkettenblick* betrachtet war die mittelalterliche Gesellschaft ein gut koordiniertes, relativ starres Gebilde, in dem alle füreinander und miteinander leisteten: Der eine war Bauer und sorgte für die Grundnahrungsmittel. Der nächste war Müller und mahlte das Mehl. Der dritte war Bäcker und buk das Brot. Der vierte war Schmied und aß Brot, während er Waffen, Pferdegeschirre und Schürhaken schmiedete, mit der Kohle im Schmiedefeuer, die der fünfte, der Köhler, am Waldrand brannte. Das Pferdegeschirr wiederum brauchte der Bauer.

Die Gesellschaft war ausdifferenziert, es gab ganze Wertschöpfungsketten und geschlossene lokale Wirtschaftskreise – bis heute die Quelle jedes nachhaltigen Wohlstands. Die Menschen waren interdependent, also aufeinander angewiesen – was für einen ausgesprochen starken Gemeinschaftsgeist sorgte. Diese Gemeinschaft musste auch so stark sein, weil die Bedrohungen allgegenwärtig waren. Überhaupt bestand das Leben zu einem großen Teil aus Schutz vor Gefahren: Vor Raubüberfällen, vor marodierenden Heeren, vor Eroberern, vor Krankheit und Seuchen, vor Kälte, vor Regen, vor Hunger, vor Dürre, vor Naturkatastrophen aller Art, vor Blutfehden, vor den Schergen des Fürsten, vor den brutalen Steuereintreibern, vor Flüchen, Geistern, Göttern und Dämonen.

Und die Gesellschaft entwickelte sich weiter. Aus den individuellen Freiheiten erwuchsen Privilegien, Vorrechte, zum Teil an Berufe gebunden. Die Sache wurde komplizierter, die Rechtswissenschaften lösten sich von der Religion, das Recht des Individuums bekam immer mehr Bedeutung. Aber auch das aufklärerische Freiheitsideal des 18. Jahrhunderts, in dem die individuelle Freiheit in einer Rechts- und Staatsordnung garantiert wurde, war noch immer wie im Mittelalter an eine adelige Herrschaft gebunden – an Hirten, die Schutz im Austausch gegen Freiheit gewähren.

Der Deal war wirklich ein Deal, ein Vertrag auf Gegenseitigkeit. Dort, wo der Deal für das Volk nicht stimmte, setzten sie selbstbewusst ihre Herrscher ab. Die Schweizer befreiten sich schon im 13. Jahrhundert von der habsburgischen Territorialherrschaft, denn die hohen Herren waren ihrer Schutzverpflichtung nicht nachgekommen und hatten stattdessen Vögte eingesetzt, die die Schweizer tyrannisierten. Auf der Rütliwiese am Vierwaldstättersee, so die Legende, schworen sich drei Männer aus den sogenannten Waldstätten Uri, Schwyz und Unterwalden, die unter der Willkürherrschaft der Vögte besonders zu leiden gehabt hatten, die Treue und besiegelten mit ihrem Eid einen Bund gegen die Habsburger. Friedrich Schiller machte daraus später dann folgende Verse:

Wir wollen sein ein einzig Volk von Brüdern,
in keiner Not uns trennen und Gefahr.
Wir wollen frei sein, wie die Väter waren,
eher den Tod, als in der Knechtschaft leben.
Wir wollen trauen auf den höchsten Gott
und uns nicht fürchten vor der Macht der Menschen.

In jeder dieser eindrucksvollen Zeilen können Sie die Spannung zwischen Sicherheit durch Gemeinschaft einerseits und Freiheit durch den Einsatz des individuellen Lebens andererseits vibrieren spüren.

Als diese drei Männer in ihren Heimattälern Anhänger im Volk gewannen, mündete dieser Bund geradewegs in einen Aufstand, der eskalierte, nachdem Wilhelm Tell den habsburgischen Vogt Gessler ermordet hatte. Die Schweizer hatten einfach die Nase voll von den Herrschaften. König Friedrich der Schöne wollte dann 1315 den Aufstand der aufmüpfigen Schweizer Bauern niederschlagen und schickte seinen jüngeren Bruder Herzog Leopold, zusammen mit einem ziemlich großen Herr von 7000 Fußleuten und 2000 schwer gepanzerten Rittern samt Gefolge in die Zentralschweiz, um dort eine Strafaktion durchzuführen, also vielleicht ein paar Dörfer niederzubrennen und ein wenig Angst und Schrecken zu verbreiten. Die Ritter gingen nach zeitgenössischer Auffassung davon aus, dass die einfachen Schweizer Bauern ohnehin kein Recht darauf hatten zu kämpfen. Denn dazu hätten sie ja von einem

Adeligen als Fußvolk in ein Heer eingezogen werden müssen.

Sie rechneten aber nicht damit, dass die Schweizer erstens gut vorbereitet waren, zweitens sich mit erfahrenen Söldnern verstärkt hatten und drittens so wütend waren, dass sie darauf pfiffen, ob sie nun eigentlich kämpfen durften oder nicht.

Das Ritterheer wurde schließlich am Morgarten in eine *hohle Gasse* gelockt. Zwischen Sumpf und Hang waren die in einer langen Kolonne vorausreitenden Ritter ein leichtes Ziel und wurden von ungefähr 1500 Schweizern mit einer neuartigen Waffe angegriffen: mit *Hellebarden*, langen Spießen mit seitlichen großen, scharfen Klingen an der Spitze. Die Ritter fielen von den Pferden oder wurden in den Sumpf gejagt oder in Stücke gehauen. Das Fußvolk des habsburgischen Heers floh zusammen mit den überlebenden Rittern. Am Ende erlitten die Habsburger Verluste von 2000 Mann, davon die meisten edle Ritter, während auf Schweizer Seite nur 12 Mann ums Leben gekommen sein sollen. Mit anderen Worten: Die Eidgenossen hatten ihre Peiniger vernichtend geschlagen und hatten sich damit ihre Freiheit erkämpft, mit dem Vorsatz, sich künftig lieber selbst gegenseitig Sicherheit zu garantieren. Und das hat eindrucksvoll geklappt: Seit damals bis heute besteht der Mythos der schweizerischen Unbesiegbarkeit und der Uneinnehmbarkeit der Alpen.

THE ART OF THE DEAL

Und diese Geschichten rund um den Rütlischwur, die Tat Wilhelm Tells und die Schlacht am Morgarten bilden auch den Gründungsmythos der so erfolgreichen schweizerischen Demokratie. Was damals schon deutlich wurde: Der Deal zwischen Individuum und Kollektiv, der aus einem Tausch von Sicherheit gegen Freiheit besteht, muss für alle Seiten Vorteile bringen, sonst bricht er früher oder später. Außerdem verändert der Fortschritt das Spiel permanent – und zwar sowohl gesellschaftlicher Fortschritt (ohne Adel kämpfende Bauern!) als auch technologischer Fortschritt (Hellebarden!).

Auch als dann schließlich die im alten Athen geborene Demokratie in ganz Europa ihre Wiedergeburt erlebte und die Menschen es Anfang des 20. Jahrhunderts den Schweizern und Engländern gleichtaten, als sie nämlich das Joch ihrer Könige und Kaiser abwarfen, dann ebendeshalb, weil der Deal Sicherheit gegen Freiheit für sie nicht mehr stimmte. Weil nämlich ihre Hirten es schlicht versäumt hatten zu begreifen, dass das Volk ein neues Sicherheitsbedürfnis hatte: soziale Sicherheit. Der gesellschaftliche Fortschritt war über die Fürstengeschlechter hinweggefegt. Sie verloren ihre Macht wie der ins holländische Exil geflohene deutsche Hohenzollernkaiser Wilhelm II. oder zudem noch ihr Leben wie die russische Zarenfamilie, die in die Fänge der kommunistischen Bolschewisten geriet und ermordet wurde.

Aber egal, ob die Schweizer mit ihrer direkten, kantonalen Demokratie, die Briten mit ihrer parlamentarischen Monarchie, die Amerikaner mit ihrem freiheitlichen und föderalen Verfassungsstaat, die Sozialisten mit ihren Parteidiktaturen oder die Bundesrepublik Deutschland mit ihrem Mix aus all diesen Zutaten – in jedem Falle wurde die Macht des Hirten im modernen Nationalstaat lediglich auf mehrere neue Hirten aufgeteilt und unterschiedlich ausgewogen. Ja, die Hirten werden heute gewählt, statt durch Familiendynastien in ihr Amt geboren zu werden, aber es waren und sind immer noch Hirten, die sich der gleichen Herrschafts- und Regierungsinstrumente bedienen wie ihre feudalen und absolutistischen Vorgänger: Gewaltmonopol – das heißt, die Hirten haben die Waffen. Steuern – das heißt, die Hirten haben Zugriff auf die Finanzmittel der Bürger. Und Recht – das heißt, die Hirten bestimmen die Regeln. Sie müssen weniger Aufstände fürchten als vielmehr Abwahl am Wahltag, aber an den wesentlichen Grundlagen des Deals von Individuum und Kollektiv hat sich nichts geändert: Einschränkung von Freiheit durch die Hirten, Garantie von Sicherheit durch die Hirten.

Der moderne Nationalstaat ist somit nichts grundlegend Neues, sondern Ergebnis einer evolutionären Entwicklung, wobei die Technik so einiges möglich gemacht hat, insbesondere durch die individuelle Mobilität und neuerdings durch die Telekommunikation und das Internet. Das alles ermöglichte immer wieder veränderte Deals in immer mehr Teilbereichen der Gesellschaft zwischen Individuum und Kollektiv. Parallel dazu wuchs der Wohlstand aller Menschen innerhalb der Nationalstaaten stark an. Derzeit können wir dieses Phänomen weltweit live und in Farbe beobachten. Die verblüffend schnelle Befreiung vieler Menschen aus der Armut auf der ganzen Welt gerade in den letzten Jahrzehnten ist eine beeindruckende Erfolgsstory der Menschheit. Sie bleibt übrigens auch dann noch beeindruckend, wenn zwei Drittel der Menschen irrtümlich annehmen, die Armut nähme weiter zu, wie Umfragen erstaunlicherweise belegen.

Wir haben uns mit dem modernen Nationalstaat jedenfalls ein offensichtlich gut funktionierendes Bündel aus Deals zwischen Individuum und Kollektiv eingehandelt, mit dem wir eigentlich erst mal ziemlich zufrieden sein könnten.

Dabei ist die Situation des Individuums, betrachtet mit dem *Messiblick,* aber trotz aller Veränderungen nach wie vor gekennzeichnet durch eine Art Schieberegler: Der Einzelne positioniert sich selbst irgendwo zwischen den beiden Polen Freiheit und Sicherheit. Je mehr individuelle Freiheit, desto unsicherer ist die individuelle Existenz. Und umgekehrt. Will ich mehr Sicherheit, zum Beispiel die Sicherheit vor Hunger und Armut, dann muss ich auch im modernen Sozialstaat Einschränkungen der Freiheit akzeptieren, nämlich zum Beispiel massive Steuern und Abgaben.

Die Geschichte hat gezeigt: Wenn Gesellschaften großen Gefahren ausgesetzt sind, dann lässt bei der Bevölkerung insgesamt der Wunsch nach Freiheit nach und sie suchen Schutz. Sicherheit ist tendenziell einfach wichtiger, ist im Bedürfniskanon auf existenzieller Ebene verankert. Freiheit dagegen ist für viele (nicht alle) Menschen eine Option, die dann wichtig wird, wenn Sicherheit gegeben ist. Wenn also mal wieder große gefühlte Gefahr aufzieht, zum Beispiel eine Kernschmelze in einem Atomkraftwerk oder das Entgleisen des Weltklimas oder eine drohende Völkerwanderung durch die afrikanische Bevölkerungsexplosion, dann scheint die Bevölkerung insgesamt sofort und gerne bereit zu sein, Einschränkungen ihrer Freiheiten hinzunehmen, wenn dadurch nur ihr Sicherheitsgefühl wieder steigt. Natürlich gibt es gerade in solchen Zeiten auch immer Mahner, die das Banner der Freiheit hochhalten und eben gerade auch dann keine weiteren Einschränkungen wollen, nur ist es für sie in solchen Phasen schwer, Gehör zu finden. Fühlen sich die Menschen dagegen überwiegend sicher, dann spielen individuelle Freiheiten in der Breite der Gesellschaft wieder eine größere Rolle.

Daraus lässt sich natürlich ganz logisch eine Strategie ableiten: Wenn Hirten ihre Macht über das Kollektiv verstärken und die Freiheit des Individuums einschränken möchten, um ihre Machtbasis zu sichern, müssen sie nur für eine konstante, gefühlte Bedrohungssituation sorgen. Entweder, indem sie den Bürgern Bedrohungen einreden oder indem sie sie durch politische Maßnahmen selbst schaffen. Dazu braucht niemand Verschwörungstheorien bemühen oder den großartigen Spielfilm »Wag the Dog« aus dem Jahr 1997 mit Dustin Hoffmann und Robert De Niro überbewerten, denn in Regierungskreisen und unter Historikern sind solche Strategien ein alter Hut: Aus keinem anderen Grund haben Herrscher zu allen Zeiten außenpolitische Krisen und Kriege vom Zaun gebrochen, wenn ihre Macht im Innern ins Wanken geriet.

DIE FREIHEIT ÜBERRASCHUNGSEIER ZU SAMMELN

Wo also stehen wir heute? In welchen Formen ermöglichen uns die Hirten heute gnädigerweise Freiheit? – Lassen Sie mich ruhig mal ein wenig auflisten, denn das ist schon beeindruckend.

Fangen wir an mit der Gretchenfrage: Die ist heute kein Thema mehr. Die Richtung der persönlichen Spiritualität bzw. das Bekenntnis, die Religion sind heute frei wählbar. Ob Mitglied in den großen Kirchen, Konvertierung zum Buddhismus, Mitglied bei Scientology oder ganz weg von allen Kirchen und Sekten – Sie können das aus Sicht der modernen Staaten in der westlichen Welt jederzeit und ohne Repressalien tun. Na, in Ordnung, vielleicht werden Sie in Niederbayern auf dem Land schief angeschaut, wenn Sie die Dorfkirche und die Marienprozession links liegen lassen. Und in manchen Verträgen müssen Sie immer noch ausschließen, dass Sie was mit Scientology zu tun haben – warum genau, weiß vermutlich auch keiner mehr. Aber außer in traditionsfesten islamischen Kreisen herrscht überall im ganzen Land Religionsfreiheit.

Dann haben Sie die Freiheit, Ihren Bildungsweg und Ihren Beruf zu wählen. Sie können in Deutschland sogar problemlos wählen, gar nicht zu arbeiten – dann muss das Kollektiv Sie ernähren. Ansonsten müssen Sie dem Vater nicht nachfolgen, um seinen Betrieb zu übernehmen. Es gibt auch überhaupt eine immer größere Vielfalt von Berufen. Diese wächst so schnell, dass der Staat mit seinem Bildungssystem überhaupt nicht mehr hinterherkommt. Die meisten Kinder und Jugendlichen in den Schulen werden einmal in Berufen arbeiten, die es heute noch gar nicht gibt.

Sie müssen auch gar nicht hierbleiben und das Otto-Normalbürger-Leben führen, mit Vollzeit und Sozialversicherungspflicht. Sie können auch auswandern und aussteigen, Schafe in Neuseeland hüten oder Netze flicken an einem karibischen Strand.

Auch die Hobbys sind so zahlreich und abstrus wie noch nie in der Menschheitsgeschichte. Beispielsweise könnten Sie auf die Idee verfallen, Überraschungseier zu sammeln oder Karaoke-Videos im Internet hochzuladen, ohne im Dorfteich versenkt oder auf dem Scheiterhaufen verbrannt zu werden. Ja, und Sie haben sogar die erforderliche Zeit für die ganzen Hobbys. Die Menschen haben so viel Zeit neben dem Erarbeiten ihres Lebensunterhalts wie noch nie in der Menschheitsgeschichte. Wie das? It's the economy, stupid!

Weiter: Sie haben die Freiheit, Ihre sexuelle Orientierung nicht nur zu wählen, sich auszuprobieren, sondern ihre Vorlieben auch frei und offen zu leben, solange sie damit keine Straftaten begehen.

Sie können überall hinreisen, wohin Sie wollen – nur Nordkorea macht es Ihnen noch etwas schwer – und Sie können dazu auch noch Ihr Vehikel frei wählen.

Sie haben die Freiheit zu publizieren, so wie ich hier gerade, und öffentlich wahrgenommen zu werden. Das Internet hat die Möglichkeiten dazu für Sie verzigfacht. Sie können auch lesen, was Sie wollen, niemand bestimmt, was Sie lesen dürfen und was nicht, obwohl es bei dieser Freiheit in den westlichen Staaten gerade in letzter Zeit leider herbe Einbrüche gegeben hat.

Die Schulart können Sie noch nicht gänzlich frei wählen und die Qualität der Schulbildung auch nur eingeschränkt, das wird staatlich vorgegeben, aber immerhin können Sie in der weiterführenden Schule den Grad der Schulbildung auswählen, Sie können sich fürs Studium qualifizieren und studieren, was Sie wollen. Sie können sogar ausgemachten Unsinn studieren, der Ihnen nie im Leben helfen wird, auch nur einen Cent zu verdienen.

Sie können nicht nur wählen, welche Musik Sie hören wollen (und haben dabei eine Auswahl an Musikstilen wie nie zuvor), Sie können Musik auch selber machen.

Sie können Sport machen oder es sein lassen. Und wenn Sie Sport machen, dann haben Sie einen unglaublichen Strauß von Wahlmöglichkeiten und Varianten, von lebensverlängernden bis lebensverkürzenden.

Sie können Land erwerben, wenn Sie wollen, Sie müssen nur das nötige Kapital dafür aufbringen. In weiten Bereichen der Gesellschaft (nicht in allen) können Sie Verträge weitgehend frei gestalten. Überall, wo das der Fall ist, entstehen Chancen für Unternehmertum und Selbstständigkeit, was eine große Freiheit ist, die viele gar nicht erkennen.

Sie können eine Partei wählen oder einer Partei beitreten und damit politisch aktiv werden. Gut, Sie dürfen derzeit nicht gleichzeitig Mitglied des Fußballclubs Eintracht Frankfurt und Wähler der AfD sein, weil der Präsident von Eintracht Frankfurt etwas gegen diese Partei und seine Millionen von Wählern hat. Aber lassen wir das, denn das führt nur zu Missverständnissen.

Auch wenn das nicht die Freiheit der politischen Debatte ist, die ich mir wünsche, ist diese Einschränkung jedenfalls noch lange nicht so schlimm, wie es schon oft genug in der Geschichte war. Und, na ja, diese Berührungsängste gehören wohl schon immer dazu, wenn eine neue Partei auftaucht. Das war weiland bei der SPD so, das war bei den Grünen so und jetzt ist es bei der AfD so. Was hier in diesem Zusammenhang bleibt: Sie haben sogar die Freiheit, eine Partei zu gründen und im politischen Geschäft gegen Widerstände zu etablieren, wenn Sie denn Wähler finden und sich nicht offen gegen die Verfassung stellen.

Und weiter: In immer mehr Unternehmen herrscht Vertrauensarbeitszeit: Sie können dort frei wählen, wann Sie zur Arbeit kommen und wann Sie wieder gehen. Sie übernehmen selbst die Verantwortung dafür, dass Sie vertragsgemäß ausreichend viel arbeiten. Das verändert sich derzeit so rasant, dass der gesetzgebende Staat mit seinen Arbeitsgesetzen und -vorschriften schon wieder meilenweit hinterher ist.

Auch sonst im Alltag nehmen die Optionen immer weiter zu: Sie haben zig Möglichkeiten, sich zu ernähren, die Auswahl ist riesig, die Qualität ist im geschichtlichen Maßstab unglaublich hoch.

Wenn also die Anzahl der Optionen, die Sie in Ihrem Leben haben, Gradmesser für die Freiheit sein sollten, dann haben Sie eine immense, historisch beispiellose Freiheit. Das ist unbestritten.

Und Ihre persönliche Sicherheit vor zig Gefahren ist zweifellos ebenfalls beinahe unglaublich hoch, wenn Sie die letzten paar Jahrhunderte zum Maßstab nehmen. Das lässt sich ja alleine schon statistisch an der Rekordlebenserwartung in den westlichen Ländern ablesen.

Freiheit hoch, Sicherheit hoch ... der Deal scheint ein guter Deal zu sein.

Aber Moment ...

DER HERR IST MEIN HIRTE

Sind das alles wirklich Deals? Auf individueller Ebene, also mit dem *Messiblick* betrachtet, ist ein Deal nur dann ein Deal, wenn Sie ihn freiwillig und einvernehmlich abschließen. Die Definition eines Handels liegt so gesehen in der beiderseitigen Freiwilligkeit eines Tausches, nicht darin, ob er gut oder schlecht für Sie ist. Auch ein Tausch, der hart ist, keinen Spaß macht und frustriert, kann ein freiwilliger Handel sein. Und wenn Sie etwas machen müssen, das zwar gut für Sie ist, Sie aber keine Wahl haben, ist das mit Sicherheit kein freiwilliger Tausch, kein Deal, sondern schlichtweg Zwang.

Ich habe mich selbst einmal auf eine Arbeit eingelassen, die meine individuelle Freiheit reichlich eingeschränkt hat und die mir so zuwider war, wie eine Ameisenstraße in der Küche. Es ging um einen Job an der Uni im Institut meines Doktorvaters. Dort hatte er rund 20 wissenschaftliche Mitarbeiter und zwei oder drei Verwaltungsangestellte unter sich. Über sich hatte er nur den blauen Himmel und den lieben Gott. Mit anderen Worten: Er konnte tun und lassen, was er will. Und genau das tat er auch.

Mir bot er folgenden Deal an: Du, Lars, widmest dich mindestens vier Jahre lang jeder Tätigkeit, die im Institut anfällt, auch wenn sie weit unter dem Anspruch eines diplomierten Ingenieurs sein sollte, und zwar ausschließlich zum Zweck, meinen, des Professors Ruhm zu mehren: Personalsachen, Anträge für Forschungsaufträge schreiben, Anträge prüfen, Geld einwerben, Beratungsprojekte zur Einwerbung von Drittmitteln organisieren, Ausschüsse an der Uni am Laufen halten, Behördenkram, Symposien organisieren, Einladungen schreiben, Teilnehmerlisten führen, Essen bestellen, Blumensträuße übergeben. Das Institut muss laufen und wenn am Ende dazugehört, die Tische zu putzen, dann machst du auch das.

Und was bekomme ich dafür?

Die Möglichkeit zur Promotion natürlich! Und ein Gehalt, das zum Leben reicht, im Vergleich zu anderen Absolventen aber etwas mickrig ausfällt.

Und so lief das dann auch. Nebenher schrieb ich die Doktorarbeit und ansonsten erlebte ich so manche Frustmomente, in denen ich mich fragte, was ich da eigentlich machte. Na, klar, natürlich habe ich mich zurechtgefunden, es gab auch großartige Momente und viel gelernt habe ich sowieso. Aber dennoch: Der Deal war sonnenklar, ich ging ihn freiwillig ein und würde ihn auch in der Rückschau sofort wieder eingehen. Ein vernünftiger Mensch tut nämlich auch Dinge, die ihm keinen Spaß machen und seine Freiheit einschränken. Warum? Weil er etwas dafür bekommt, das es ihm wert ist. »Lehrjahre sind keine Herrenjahre«, spricht der Volksmund dazu. Das ist einfach der Preis, der zu entrichten ist. Und man geht einen solchen Handel ja nur ein, wenn man das Verhältnis des Preises zum Nutzen für sich als günstig einschätzt. Wenn also die Vorteile die Nachteile des Gesamtgeschäfts überwiegen. Jeder echte Deal funktioniert so. Auch jeder Deal, der Sicherheit gegen Freiheit tauscht. Die Einschränkungen der Freiheit werden bewusst und freiwillig in Kauf genommen. Sie haben die Wahl, ob Sie das tun wollen oder nicht.

Das Problem ist nur: Auf gesellschaftlicher Ebene gibt es eben diese Freiwilligkeit nicht! Ja, Sie haben die Freiheit, in welchem Land Sie leben wollen. Wenn Sie den Freiheitspreis nicht bezahlen wollen, müssen Sie gehen und Ihre Heimat verlassen. Höchststrafe für viele! Aber selbst dort, im Gastland, müssen Sie sich dann den dortigen Bedingungen unterordnen und haben keineswegs eine Wahl. Egal wo, die Hirten geben vor, wie es zu laufen hat, Sie gehorchen und bezahlen außerdem dafür, sonst landen Sie im Knast. So einfach. Seit Tausenden von Jahren. Von wegen »Deal«!

Dieses uralte Prinzip in unserer Welt wird sehr schön im berühmten Psalm 23 erklärt, einem der bekanntesten und wirkungsmächtigsten Texte der Bibel überhaupt. Schauen Sie sich diese sechs kunstvollen Verse mal genauer an, bitte:

> *Der HERR ist mein Hirte, mir wird nichts mangeln.*
> *Er weidet mich auf einer grünen Aue und führet mich zum frischen Wasser.*
> *Er erquicket meine Seele. Er führet mich auf rechter Straße um seines Namens willen.*
> *Und ob ich schon wanderte im finstern Tal, fürchte ich kein Unglück; denn du bist bei mir, dein Stecken und Stab trösten mich.*
> *Du bereitest vor mir einen Tisch im Angesicht meiner Feinde. Du salbest mein Haupt mit Öl und schenkest mir voll ein.*
> *Gutes und Barmherzigkeit werden mir folgen mein Leben lang, und ich werde bleiben im Hause des HERRN immerdar.*

Wie schön der Psalm gemacht ist: Ganz am Anfang und ganz am Ende bildet die Anrufung des Herrn einen Rahmen. Dazwischen ist eine ständige Bewegung der Situation konstruiert: Zuerst geht es drei Verse lang um die Beziehung des Er zum Ich: *Er weidet mich. Er erquicket mich. Er führet mich.* Dann die Beziehung vom Ich zum Du: *Ich wanderte – dein Stecken.* Dann die Beziehung vom Du zum Ich: *Du salbest – mein Haupt.* Und schließlich die Beziehung vom Ich zum Er: *Ich werde bleiben – im Hause des Herrn.*

Diese Beziehungen bilden eine Kreuzstruktur: er-ich, ich-du, du-ich, ich-er. Und das Kreuz ist das Symbol der Christen. Wow!

Aber abgesehen von der kunstvollen Machart, zu der noch einiges zu sagen wäre, gibt der Psalm auch Einblick in das Grundverständnis des Hirtenprinzips, das die Menschheitsgeschichte durchwirkt. Gehen wir's mal durch. Und ich ersetze dabei frecherweise für die gegenwärtige Epoche einfach den

Hirten mit dem Staat (in vergangenen Jahrhunderten hätten Sie das auch mit Fürsten, Königen und Kaisern tun können).

Angesichts der Sensibilität des Gegenstands bitte ich aber vorauseilend um Vergebung: Mir ist klar, dass der Psalm Ausdruck des persönlichen Verhältnisses eines Gläubigen zu seinem Gott ist und eine Übertragung auf das Verhältnis des Individuums zur Obrigkeit unzulässig, unzutreffend und gotteslästernd ist. Sie können sicher sein, dass ich religiöse Gefühle jederzeit achte und der einzige Grund für diese Untat die Analogie, also der abgeleitete Erkenntnisgewinn ist, den ich Ihnen nicht vorenthalten will:

Der Herr ist mein Hirte: Hier geht es offensichtlich um eine persönliche Beziehung, denn der Hirte ist eine konkrete Person. Also nicht etwas Imaginäres oder Abstraktes oder ein Ergebnis. Also: Nicht was der Staat tut, ist gut, sondern Vater Staat selbst ist gut! Darum geht's. Und demzufolge ist der Staat lobzupreisen. Zum Beispiel durch Ihr Bekenntnis zum Grundgesetz bzw. zur freiheitlich-demokratischen Grundordnung.

Mir wird nichts mangeln: Ah, das bedingungslose Vertrauen! Es ist gewiss und absolut sicher, dass kein Mangel auftritt, egal, was kommt. Der Staat wird in jedem Falle für Sie sorgen. Und dieses Vertrauen zu haben, wird schlicht von Ihnen verlangt. Sie sind ja schließlich kein Verschwörungstheoretiker, oder?

Er weidet mich auf einer grünen Aue und führet mich zum frischen Wasser: Sie sind voller Zuversicht, dass der Staat für Ihre Zufriedenheit und Sättigung und Sicherheit sorgt. Die Aue ist grün und nicht etwa verdorrt. Das Wasser ist frisch und nicht etwa verdorben. Auch wenn Sie selbst die Aue und das Wasser nicht gefunden hätten, der Staat hat's für Sie geregelt, er wird's immer für Sie regeln, seien Sie sich da ganz sicher! Das ist das Wohlstandsversprechen. Erinnern Sie sich noch an Helmut Kohl, wie er in Bezug auf die neuen Bundesländer von den »blühenden Landschaften, in denen es sich zu leben und zu arbeiten lohnt« gesprochen hat?

Er erquicket meine Seele. Er führet mich auf rechter Straße um seines Namens willen: Die Welt ist schlecht und verdorben und mit Leiden versehen. Es ist schwierig. Im Osten lauert der böse Putin und neuerdings sogar im Westen der böse Trump, im Süden der böse Assad und der böse Erdogan. Viele Länder sind keine so verlässlichen Partner wie Ihr zutiefst guter Staat, und da sind überall Krisen und das Weltklima und überhaupt. Aber die wirtschaftliche Kraft Ihres Staates, seine verlässlichen Institutionen, das heilige Prinzip der Demokratie und seine Rituale sorgen in dieser schlimmen Welt für Erfrischung und Erholung. Unser Staat führet uns auf rechter Straße, nicht auf Abwegen, er lässt uns sicher sein: Wir sind die Guten!

Und ob ich schon wanderte im finstern Tal, fürchte ich kein Unglück: Und wenn Sie mal Pech haben und es mal richtig schlecht läuft für Sie in dieser dunklen Welt – vielleicht werden Sie krank oder verlieren Ihren Job oder werden betrogen oder bauen selbst richtig Mist. Die Welt ist schließlich voller Gefahren und moralischer Verführungen. Sie können aber sicher sein, dass der Staat zu Ihnen hält. Er verspricht Ihnen körperliche, moralische und finanzielle Unversehrtheit. Sie sind SICHER. Am Ende wird alles gut.

Denn du bist bei mir, dein Stecken und Stab trösten mich: Im Staat haben Sie eine starke Gemeinschaft – und die hat Hilfsmittel zur Hand, um Ihnen beizustehen, Instrumente, die Sie schützen. Da ist die staatliche Justiz, sodass Sie zu Ihrem Recht kommen. Da ist die Polizei, da sind die Ämter, die Institutionen, die Ihnen helfen, Ihre Freunde und Helfer.

Du bereitest vor mir einen Tisch im Angesicht meiner Feinde: Tafel und Tisch sind Ritual und Symbol der Gemeinschaft. Das ist der Fünferkettenblick: Die Gemeinschaft durch den Staat ist so gefestigt, dass es niemanden gibt, der sie von außen oder innen zerbrechen kann. Ist es nicht genau das, was Sie wollen, nämlich Teil einer unzerbrechlichen Gemeinschaft zu sein?

Du salbest mein Haupt mit Öl und schenkest mir voll ein: Der Staat verspricht Ihnen himmlische Segnungen über den Tod hinaus. Selbst im Angesicht des Todes, wenn es an die letzte Ölung geht, können Sie Ihren Kindern mit gutem Gewissen gegenübertreten, denn Sie waren ja immer ein treuer Bürger, waren somit immer auf der richtigen Seite, haben nichts grundlegend falsch gemacht und haben so Ihren Nachfahren gegenüber keine Schuld auf sich geladen. Sie sind doch ein treuer Bürger, oder? Besser wär's!

Gutes und Barmherzigkeit werden mir folgen mein Leben lang, und ich werde bleiben im Hause des HERRN immerdar: Der Staat sorgt dafür, dass sich die Verhältnisse nicht jeden Tag ändern, wenn mal einer meckert. Darin liegt ein Versprechen von Stabilität, ein Zukunftsversprechen, eine Ewigkeitsgarantie. Das Einzige, was Sie dazu beitragen müssen: Eisern festhalten an den vorgegebenen Werten Ihrer Gesellschaft.

Na, ist das nicht eine gute Sache? Sie haben zwar keine Wahl, aber der Hirte versichert Ihnen, dass Sie bei ihm in besten Händen sind. Also, seien Sie zufrieden, denn alles ist gut!

SCHWERTER STATT AIRBAG

Es liegt auf der Hand, warum gerade dieser Psalm so beliebt ist. Zum einen ist es ein Text, der viele Bilder enthält. Das macht den Inhalt enorm plastisch und greifbar, sogar kindgerecht. Der Inhalt hat mit seiner tröstenden und beruhigenden, Zuversicht verbreitenden Botschaft einen hohen Nutzwert, spricht insbesondere das Grundbedürfnis der Sicherheit an und ist bei aller Kunst keineswegs kompliziert. Nein, der Psalm ist sehr einfach, greifbar, hilfreich, volkstümlich. Ein regelrechter Schlager.

Durch den Ritus, diese Zeilen millionenfach zu wiederholen, prägen sich seine Muster in die Kultur, in das kollektive Gedächtnis ein. Und dieser Inhalt steht sinnbildlich für unser

Verhältnis zum Staat als Kollektiv. Das Verhältnis zwischen dem Ich im Psalm und seinem Herrn, dem Hirten, ist wie das zwischen Bürger und Staat. Die Haltung dahinter wird durch die Verse plastisch greifbar, deutlich sichtbar und spürbar.

Zur Erinnerung: ich will keineswegs irgendetwas Blasphemisches damit anstellen, keineswegs den Staat mit Gott gleichsetzen oder Ähnliches. Möge sich bitte niemand in seinen religiösen Gefühlen verletzt fühlen, weil ich den Psalm weltlich interpretiert habe! Nein, die Kirche hat definitiv nicht beschrieben, wie ein moderner Staat agieren soll. Das ist nicht der Punkt. Vielmehr legt der Psalm offen, wie der Mensch als Kollektivwesen funktioniert. Das Verhältnis zwischen Individuum und Kollektiv, das er beschreibt, entspricht absolut dem, wie wir durch unseren sozialen Kontext von Kindesbeinen an geprägt sind. Der Mensch ist auf diese Weise zivilisiert.

Ob das ein Wunsch oder eine Feststellung ist, spielt keine Rolle. Der Psalm 23 beschreibt in jedem Falle eine menschliche Haltung, er beschreibt das Hirtenprinzip – und das erkenne ich auf der politisch-gesellschaftlichen Seite wieder.

Im Kern besagt dieses Prinzip: Der Herr (der König, der Kaiser, der Staat) weiß besser als die Herde, was für die Herde gut ist! Also füge dich! Das ist die Kernaussage des Paternalismus.

Paternalismus ist eine vormundschaftliche Beziehung zwischen Herrscher und Beherrschtem. Der Hirte glaubt also nicht nur, am besten zu wissen, was für das Kollektiv, die Herde, am besten ist, sondern mehr noch: Er macht klipp und klar, dass er am besten weiß, was für Sie, das Individuum das Beste ist. Diese Rechnung geht aber nur dann auf, wenn Sie mit dem *Fünferkettenblick* auf das Ganze schauen. Dann können Sie sagen: Einer muss ja den Laden zusammenhalten! Die Einzelnen müssen sich unterordnen, es kann schließlich nicht jeder machen, was er will. Das ist zum Besten jedes Einzelnen. Und zum Besten fürs Ganze.

Sobald Sie aber mit dem *Messiblick* auf den Einzelnen schauen, tritt der Konflikt zutage. Das Individuum wird zur Schachfigur. Zur bloßen Nummer. Es bewegt sich nur noch in Planquadraten. Es ist für die Hirten uninteressant, was gerade dieses Individuum zum Ganzen beitragen könnte. Was es verändern könnte. Dass es Risiken eingeht, Entscheidungen trifft und Verantwortung übernimmt, stört nur und ist überhaupt nicht erwünscht!

Und das lässt der Hirte seine Schafe spüren. Die Obrigkeit spielt ihre Macht aus: Ich habe dir doch gesagt, dass der öffentlich-rechtliche Rundfunk nur zu deinem Besten ist! Dass es nur zu deinem Besten ist, die Hälfte deines Einkommens ans Finanzamt abzugeben! Dass es nur zu deinem Besten ist, ein Jahr Wehrdienst zu leisten! Dass es nur zu deinem Besten ist, Entwicklungshilfe, Klimaschutz, Verbraucherschutz, Handelskammern, Rundfunkorchester, Rente, Hartz IV, Flüchtlingshilfe, Kindergeld, Künstlersozialkasse, die EU und so weiter zu finanzieren! Wenn du mit einem Teil davon nicht einverstanden bist, ist das völlig egal! Du hast gefälligst bei allem mitzumachen, was dein Hirte nur zu deinem Besten vorgibt, und wenn du jetzt noch weiter aufmuckst und womöglich die Zwangsabgaben nicht überweist, dann landest du im Gefängnis!

Sieglinde Baumert aus Thüringen verweigerte die Zahlung der Rundfunkgebühr, weil sie sie für verfassungswidrig hält. Der MDR, eine Anstalt der ARD, ließ nach längerem Rechtsstreit schließlich Anfang 2016 einen Haftbefehl vollstrecken, weil die Verweigerin nicht klein beigab. Baumert ging in den Bau. Nachdem der Medienrummel und die Empörung in den sozialen Netzwerken immer größer wurden, entschied sich der MDR dann, den Antrag auf Erlass eines Haftbefehls zurückzuziehen. Nach 61 Tagen Erzwingungshaft wurde sie wieder auf freien Fuß gesetzt. Der MDR hat nun rechtlich 30 Jahre lang die Möglichkeit, das Geld anderweitig einzutreiben. Die Frau verlor ihre Arbeit und muss jederzeit damit rechnen, wieder inhaftiert zu werden.

Dabei erklärte ein Sprecher des sogenannten Beitragsservice: »Weder ARD noch ZDF, Deutschlandradio oder der Beitragsservice lassen Menschen wegen nicht gezahlter Rundfunkbeiträge verhaften.«

Dennoch erhielt auch der Selbstständige Andreas Möschl aus Lübeck einen Haftbefehl, weil er sich weigert, die Rundfunkgebühr zu bezahlen, die er für unangemessen hoch hält. Sein Geschäftskonto wurde gepfändet. Doch er weigerte sich weiterhin und räumte sein Geschäftskonto leer, als im März 2017 die nächste Pfändung anstand. Eine Vermögensauskunft verweigerte er der Vollstreckungsbehörde. Prompt kam der Haftbefehl.

Glauben Sie also nicht, dass die Hirten sich gegen Sie nicht mit Gewalt durchsetzen, wenn Sie den vorgegebenen Rahmen versuchen zu verlassen. Die Obrigkeit wird zur Not ihre Macht ausspielen, ob sie nun von Gott oder mittels demokratischer Wahlen legitimiert wurde. Der paternalistische Staat ist also nicht etwa wie der nette Onkel, der Sie freundlich tadelt, wenn Sie nicht das Richtige tun. Nein, er ist, wenn es hart auf hart kommt, schwer bewaffnet und hat die Gefängnisse.

Und Sie werden im Normalfall eine Mehrheit in der Bevölkerung finden, die durch den *Fünferkettenblick* darauf schaut und sagt: »Und das ist ja auch gut so! Ich zahle ja auch meine Rundfunkgebühr, dann sollen diese paar Unvernünftigen eben auch dazu gezwungen werden!« – Aber wehe, wenn diese Mehrheit und damit die Legitimation des Staates schwindet … Wehe, wenn die Mehrheit das Menschenbild, das hinter dem Paternalismus steckt, nicht mehr teilt.

Dieses paternalistische Menschenbild ist immer: Du, Schaf, bist zu doof, um selbst zu wissen, was für dich und andere richtig ist. Also gebe ich, der Hirte, es dir vor. Du darfst dein Geld nicht anlegen, wo du willst, sondern nur dort, wo ich es dir erlaube.

Du darfst nicht die Rauschmittel nehmen, die du willst, sondern nur diejenigen, die ich genehmigt habe. Das Gleiche gilt für Medikamente. Im Auto hast du dich anzuschnallen – du hast nicht etwa die Wahl, das zu tun, weil du es für vernünftig hältst, nein, es herrscht Anschnallpflicht, bei Strafe. Du musst bestimmte Versicherungen abschließen, die ich dir vorschreibe. Du darfst auch nicht über dein ganzes Geld verfügen, um damit unternehmerisch tätig zu werden. Du darfst das höchstens mit der Hälfte deines Geldes, über den Rest verfüge ich, dein Hirte, der besser weiß als du, wo es zu investieren ist.

Und so weiter.

Auch Unternehmen können paternalistisch agieren und tun das in vielen Fällen auch: Du, dummer Angestellter, darfst für die Arbeit nicht die Verkehrsmittel verwenden, die am geeignetsten sind, sondern musst dich an die Reisekostenvorschriften halten, die ich, dein Hirte, erlassen habe. Und wenn du eine Idee hast, wie es im Einzelfall besser wäre, dann schreib es auf – ich werde es lesen und zu gegebener Zeit entscheiden, ob es wirklich eine Verbesserung darstellt. Du darfst dich auch nicht einfach so weiterentwickeln hinsichtlich deiner Fähigkeiten, nein, sondern du musst die dir in den Personalentwicklungs- und Jahresgesprächen vorgelegten Entwicklungspläne deines dir von mir vorgesetzten Chefs und der Personalabteilung realisieren. Du kannst in deiner Abteilung auch nicht einfach investieren, wie du das für richtig hältst, sondern du musst dich dem ausgehandelten Budget und seiner genehmigten Verwendung unterwerfen.

Für das alles gibt es jeweils immer gute Argumente mit Blick auf das Kollektiv, keine Frage. Aber der Paternalismus hat eben auch seine Schattenseiten. Im Wesentlichen: Er verhindert Lernen!

Der Systemforscher Frederic Vester hat, wenn ich mich recht erinnere, einmal sinngemäß gesagt, dass aus dem Lenkrad im

Falle eines Unfalls kein Airbag, sondern Schwerter herauskommen müssten, damit die Autofahrer lernen, verantwortlich Auto zu fahren. Darin steckt Weisheit: Wie soll ein Mensch Verantwortung lernen, wenn ein Hirte ihm die Verantwortung zwangsweise abnimmt?

Und wer lernen will, muss ausprobieren dürfen. Wer weiß, vielleicht wurde aufgrund des Paternalismus in Staat und Wirtschaft bereits erfolgreich verhindert, dass der Warp-Antrieb oder das Beamen erfunden wurde. Weniger überspitzt gesagt: Der technologische Fortschritt und die Steigerung des allgemeinen Wohlstands wird systematisch gehemmt, wenn den Menschen teilweise oder ganz die Freiheit zum Ausprobieren, Forschen, Investieren und eben auch zum Scheitern genommen wird.

Das ist eben nicht nur für den Einzelnen schade, sondern der ganzen Mannschaft entgeht der Sieg. Die Herde steht im Endeffekt schlechter da, nicht besser.

MAN KANN'S AUCH ÜBERTREIBEN!

Als der US-Präsident Ronald Reagan 1981 seine erste Amtszeit antrat, krümmte sich die Wirtschaft seines Landes in Schmerzen. Seine Vorgänger Nixon, Ford und Carter hatten ganz nach den Lehren des Ökonomen John Maynard Keynes bei hohen Steuersätzen und einer expansiven Geldpolitik, also einer deutlichen Erhöhung der Geldmenge bei niedrigen Leitzinsen, eine sogenannte *nachfrageorientierte* Wirtschaftspolitik betrieben – ganz ähnlich wie heute in Europa.

Ob das der richtige Weg in der Wirtschaftspolitik ist, da scheiden sich bis heute die Geister. Der amerikanische Keynesianismus der 1970er-Jahre jedenfalls mündete in einer deftigen Inflation von 10 bis 15 Prozent. Das heißt, den Bürgern zerrann das sauer verdiente Geld zwischen den Fingern. Gleichzeitig gerieten die Unternehmen in Schwierigkeiten, die Wirtschaft stagnierte, viele Angestellte mussten entlassen werden, die Arbeitslosigkeit war hoch und stieg weiter. Dieses gefährliche Phänomen von Stillstand des Wirtschaftswachstums (Stagnation) bei gleichzeitiger Geldentwertung (Inflation) nennen die Ökonomen *Stagflation*.

Ronald Reagan übernahm also einen ziemlichen Scherbenhaufen und machte gottlob nicht einfach so weiter. Stattdessen senkte er die Steuern deutlich und startete eine völlig andere Wirtschaftspolitik, die später *Reagonomics* genannt wurde. In einer Phase, in der die Steuereinnahmen aufgrund der schwachen Unternehmensgewinne ohnehin nicht sprudelten, kappte er die Staatseinnahmen also noch weiter. Er nahm damit dem Staat komplett den Spielraum, irgendetwas zur Ankurbelung der Wirtschaft oder noch mehr Soziales zu tun. Die keynesianischen Wirtschaftspolitiker der linken Demokraten waren entsetzt.

Reagan begründete sein Vorgehen mit der *Laffer-Kurve*. Und die ist im Zusammenhang mit der Frage dieses Kapitels, was es denn nun mit dem Handel zwischen Freiheit und Sicherheit auf sich hat, bedeutsam.

Der Ökonom Arthur B. Laffer soll einer modernen Legende nach im Jahre 1974 mit einigen Politikern der Republikaner bei einem Abendessen ins Diskutieren gekommen sein. Schon damals war er vehement gegen die nachfrageorientierte Wirtschaftspolitik der Demokraten. Er nahm eine Serviette und malte mit einem Kuli zwei Achsen und eine Kurve auf. Die Kurve sah einfach aus wie die Flugkurve eines Balles, also eine Parabel, die links unten auf Nullniveau begann, in der Mitte ihr Maximum hatte und rechts unten wieder im Erdboden verschwand. Was er da aufgemalt hatte, waren schlicht die Steuereinnahmen. Und auf der horizontalen x-Achse waren die Steuersätze aufgetragen.

Seine Theorie besagte also mit einfachen Worten: Links und rechts ist die Kurve logischerweise bei null. Wenn der Steuersatz bei 0 Prozent ist, dann herrscht zwar in Bezug auf die Steuern maximale wirtschaftliche Freiheit, lupenreiner Kapitalismus, aber dann liegen auch die Steuereinnahmen bei null und der Staat ist handlungsunfähig. Erhebt der Staat 100 Prozent Steuern, nimmt also den Unternehmen und Bürgern einfach alles weg, dann herrscht lupenreiner Sozialismus, die Unternehmen können nicht mehr arbeiten, die Wirtschaft kommt zum Erliegen und die Steuereinnahmen des Staates landen wieder bei null. Es geschieht also das, was die englische Premierministerin Margaret Thatcher als das Kernproblem des Sozialismus benannte: »Irgendwann geht den Sozialisten immer das Geld anderer Leute aus.«

So weit, so gut. Zwischen diesen beiden Polen allerdings wird es interessant: Die Laffer-Kurve hat irgendwo ein Maximum. Erhöht der Staat allmählich die Steuersätze, nehmen die Steuereinnahmen immer weiter zu. Irgendwann allerdings sind die Steuern des Guten zu viel, die Unternehmen und die Bürger sind zu stark belastet, die Wirtschaftskraft schwindet, die Steuerbasis schrumpft und die Kurve senkt sich wieder, bis sie schließlich am rechten Pol bei null landet. Die Quintessenz der *Laffer-Kurve* ist also: Man kann es mit den Steuern auch übertreiben!

Die Idee ist vergleichbar mit der Wirkung eines parasitären Organismus, der seinem Wirt zu viel Blut oder Pflanzensaft abzapft, damit die Gesundheit seines Wirts ruiniert und davon selbst am Ende immer weniger hat, bis er gemeinsam mit seinem Wirt dahinscheidet. Ein überlebensfitter Parasit ärgert seinen Wirt zwar und lässt ihn vielleicht ein wenig kränkeln, bringt ihn aber nicht um. Das beherrschen Flöhe, Läuse, Würmer, Stechmücken, Bettwanzen, Hyänen oder der Kuckuck hervorragend.

Die Frage ist nur: Wo ist dieses Maximum? Und natürlich wird ein Staat wie jedes System aus Selbsterhaltungstrieb früher oder später immer versuchen, das Maximum an Geldmitteln aus den Bürgern herauszuholen. Machen wir uns nichts vor. Geld ist Macht und Macht ist im politischen Geschäft gleichbedeutend mit Existenz. Zu verlangen, dass die Hirten ihre eigene Existenz angreifen, ist illusorisch.

So ist auch die Reaktion der politischen Gegner von Ronald Reagan zu verstehen: Die nackte Angst ging um im politischen Establishment, dass ein Verrückter den politischen Sumpf trockenlegen würde. Wie verblüffend ähnlich sich Geschichte doch bisweilen wiederholt ...

Aber Reagan wollte keineswegs den Staat schwächen. Im Gegenteil. Er glaubte nur, dass die Administrationen vor ihm es übertrieben hatten und zu weit nach rechts auf der Laffer-Kurve gerutscht waren. Alles, was er wollte, war, wieder zum Maximum zurückzukehren. Also senkte er die Steuern und betrieb damit eine angebotsorientierte Politik. Und siehe da: Die Wirtschaft erholte sich nach wenigen Jahren, die Unternehmensgewinne stiegen wieder, die Arbeitslosigkeit und die Inflation sanken. Zwar sank die Staatsverschuldung keineswegs, das lag aber weniger an den Steuereinnahmen, die tatsächlich wieder stiegen, sondern an den immensen Militärausgaben, mit denen Reagan die Sowjetunion in eine letztlich unbezahlbar teure Rüstungsspirale verwickelte und diese damit schließlich gegen Ende seiner zweiten Amtszeit in die Knie zwang.

Ich will die Laffer-Kurve nicht naiv auf andere Felder ausweiten und übertragen. Sie ist ja auch zu simpel und die Welt ist wie immer deutlich komplexer. Aber eine Lehre daraus lässt sich meines Erachtens durchaus ziehen: Wenn ein Hirte es übertreibt mit der Einschränkung von Freiheit, dann steigt die Sicherheit für das Gesamtsystem irgendwann nicht mehr an, sondern sinkt wieder ab. Und irgendwann ist dann auch die Sicherheit des Hirten selbst gefährdet, wenn die Massen sich nämlich wütend auflehnen.

Sie wissen nie, wo das Optimum ist, wo der Scheitelpunkt der Kurve ist. Meine unbeweisbare Hypothese für Deutschland am Ende des zweiten Jahrzehnts des 21. Jahrhunderts aber ist:

Wir sind in vielen Teilbereichen bereits rechts des Maximums. Die Hirten sind im Begriff, es insgesamt zu übertreiben. Und ihnen fehlt die Einsicht, es übertrieben zu haben. Außerdem scheint es keinen eingebauten Stabilisierungsmechanismus im politischen System zu geben, der das System automatisch wieder nach links auf der Kurve rückt.

Wie gesagt, ich kann es nicht beweisen, aber belegen schon: Ein Alarmzeichen sehe ich darin, dass Deutschland in der aktuellen OECD-Studie weltweit Spitze bei Steuern und Abgaben ist: Normalverdiener müssen durchschnittlich 49,7 Prozent ihres Einkommens in Form von Steuern und Abgaben an den Staat abtreten. Tendenz weiter steigend. Zum Vergleich: Der Durchschnitt in den OECD-Ländern liegt weit darunter bei 35,9 Prozent, Tendenz fallend! In der Schweiz muss der durchschnittliche Normalverdiener nur 21,8 Prozent seines Einkommens an den Staat überweisen.

Und das Argument, das läge daran, dass das deutsche Steuersystem eben besonders sozial sei, zieht einfach nicht: Alleinerziehende mit zwei Kindern und 2/3 des Durchschnittslohns bezahlen in Deutschland immer noch 31,5 Prozent Steuern und Abgaben, während es im OECD-Durchschnitt nur 15,3 Prozent sind. Überlegen Sie mal, was das eigentlich bedeutet. Mir wird dabei schwindelig.

Gut, dann gibt es da noch das in verschiedenen Variationen häufig gehörte Argument, die sozialen Leistungen und der Lebensstandard seien in Deutschland eben besser. Auch dieses Argument ist wacklig. Schauen Sie einfach nur mit offenen Augen in die Schweiz oder nach Dänemark, wenn Sie einen wirklich hohen Lebensstandard sehen wollen.

Andere Alarmzeichen sind wachsende Auswanderungsraten von Höchstleistern und High Potentials sowie vergleichsweise geringe Einwanderungsraten von Top-Arbeitskräften. Das ist ja auch logisch. Wenn Sie ein weltweit umworbener Spezialist wären, dann würden Sie auch einen Bogen um Deutschland machen und lieber in einem Land arbeiten, das Ihnen mehr von Ihrem Einkommen übrig lässt.

Insgesamt nimmt die Anzahl der Nettosteuerzahler in Deutschland besorgniserregend ab. Darauf wies der bekannte deutsche Journalist Gabor Steingart bereits vor anderthalb Jahrzehnten mit seinem Bestseller »Deutschland – Der Abstieg eines Superstars« hin.

Und ich höre von immer mehr Spitzenkräften, die sagen, dass es sich aufgrund der verrückt hohen Steuern und Abgaben eigentlich nicht mehr lohnt, die Karriere weiterzutreiben, und sie darum lieber ihre Freizeit optimieren, also auf Teilzeit umschalten.

Die Steuereinnahmen des Staates stiegen seit 2005 um mehr als 60 Prozent, weit stärker als das Bruttoinlandsprodukt, und kennen nur eine Richtung: Immer höher, immer höher, immer höher.

Und das sind ja nur die Steuern. Auch sonst haben es die Hirten wohl übertrieben, in vielen Teilbereichen. Sei es der Schilderwald, der es mittlerweile prinzipiell unmöglich macht, jede Vorschrift im Straßenverkehr zu beachten. Seien es die überall herumstehenden Blitzer und die ständigen Verkehrskontrollen, die viele Bürger, insbesondere berufliche Vielfahrer mittlerweile als Gängelung und Wegelagerei empfinden. Seien es die alles überregulierenden Gesetze, Verordnungen und Vorschriften, bei denen kaum mehr jemand durchblickt, die sich längst zum Teil gegenseitig widersprechen und die in verschiedensten Gebieten der Wirtschaft die Investitionstätigkeit hemmen, am schlimmsten vielleicht im Wohnungsbau. Die Deutschen gelten als Gesetzgebungsweltmeister. Nirgendwo auf der Welt scheint es so viele Vorschriften zu geben. Und die hypertrophierenden EU-Regeln und -Verordnungen kommen dann noch obendrauf.

Die Gegenargumente, die versuchen, diese Alarmzeichen zu entkräften, sind vorhersehbar: Willst du zurück ins Mittelalter? Da ist doch das viele Unrecht, gegen das wir ankämpfen müssen! Wir müssen doch die Gehälter der Topmanager eindämmen! Es leben so viele Menschen in Armut! Die Kinder! Gegen die Straßenschilder zu wettern ist wohlfeil, aber wenn dein Kind im Straßenverkehr stirbt, denkst du anders darüber! Mag ja alles sein, aber uns geht's doch gut! Ich weiß nicht, was du willst, es funktioniert doch alles, never change a running system! Die Menschen wollen das alles eben so, sie wollen mehr Sicherheit und weniger Freiheit, deshalb wählen sie ja SPD und CDU! Oder glaubst du vielleicht, dass die Wähler zu blöd sind, zu wissen, was für sie gut ist?

Oh, stimmt, mit Letzterem haben Sie recht. Nein, das glaube ich nicht.

Das war's dann wohl.

Ende.

SCHÄFCHEN IM TROCKENEN

Nein, nein, mir fällt darauf schon noch was ein. Schauen Sie, wir haben uns mit der Bundesrepublik Deutschland ein politisches System eingehandelt, das solche Entwicklungen logisch und zwingend nach sich zieht. Selbst wenn viele anderer Meinung wären als derzeit, das System würde kein anderes Ergebnis liefern als eine stetige Verstärkung des Paternalismus.

Ich meine damit nicht die Demokratie generell. Die Schweiz und die USA zeigen ja, dass eine Demokratie Hunderte Jahre existieren kann, ohne im Sozialismus zu kollabieren. Aber die Ausgestaltung der Demokratie in unserem speziellen politischen System determiniert immer und überall, dass der Staat immer weiter wächst und die erzwungenen Sicherheits-»Deals« immer weiter zunehmen. Die Bundesrepublik kennt anscheinend auf der Laffer-ähnlichen Sicherheits-Freiheits-Kurve nur eine Richtung: Immer weiter Richtung rechten Pol.

Warum? Weil das System es für die Hirten opportun macht, Wohltaten zu verteilen, um dafür gewählt zu werden. Der einzige Politiker in den letzten Jahrzehnten, der mir einfällt, der es gewagt hat, Einschränkungen an den Wohltaten anstatt an der Freiheit vorzunehmen, ist Gerhard Schröder. Und der ist dafür prompt abgewählt worden.

Wir müssen uns wohl eingestehen, dass wir eine Hydra geschaffen haben, die uns aufzufressen droht. Und jetzt kommt eine ähnlich gestrickte EU noch obendrauf. Wir müssen nun höllisch aufpassen. Die Gefahr besteht, dass die »Deals«, die die Hirten mit uns erzwingen, in den nächsten Jahren für uns alle immer schlechter werden. Für Einzelne sind sie das schon jetzt. Ja, es besteht die Gefahr, und das meine ich ernst, dass der deutsche Staat im Verbund mit dem entstehenden Superstaat der Vereinigten Staaten von Europa aus einer inneren Eigendynamik heraus ein immer autoritäreres, dem Einfluss des Bürgers sich immer weiter entziehendes, am Ende totalitäres System wird. Doch, ich meine das ernst.

Dabei ist es sinnlos, sich gegen ein solches System zu stellen. Oder gar das Gegenteil zu wollen. Ich bin nämlich überhaupt nicht gegen die Bundesrepublik oder gegen die EU, schon gar nicht gegen Demokratie. Aber gegen das, was sich da am Horizont abzeichnet, bin ich schon. Ich halte das politische System in seiner gegenwärtigen Form für nicht zukunftsfähig und dringend reformbedürftig.

Ich weiß, dass das ein Tabubruch ist. Der Herr ist mein Hirte und das Grundgesetz ist sakrosankt. Aber das stimmt nicht. Das Grundgesetz ist vielmehr in einem gesellschaftlichen und internationalen Kontext entstanden, der dem heutigen nicht mehr entspricht. Der Parlamentarische Rat hat in äußerst schwieriger Lage eine bewundernswert gute Arbeit geleistet, die meines Erachtens in Politik und Gesellschaft sogar zu wenig gewürdigt wird. Dass dieses unter der Besatzung der Alliierten zustande gekommene Provisorium bis heute überdauern konnte, ist fast schon ein Wunder. Aber irgendwann kommt der Punkt, an dem jedes Haus renoviert, jedes Auto repariert und jedes Betriebssystem geupdatet gehört. Die Anforderungen durch die großen gesellschaftlichen und technologischen Entwicklungen der letzten Jahrzehnte sind so deutlich anders als die Anforderungen Ende der 1940er, dass es nur logisch erscheint, das Betriebssystem dieser Gesellschaft einer Generalüberholung zu unterziehen, wenigstens in Teilbereichen. Oder andersherum: Wie können wir uns nur so sicher sein, dass unsere politische Grundordnung heute noch immer die richtige ist?

Glauben wir wirklich dem Ewigkeitsversprechen wie im Psalm 23?

Ich oute mich: Ich glaube diesem Versprechen nicht. Jedenfalls nicht blind.

Oder liege ich mit dieser kühnen Diagnose völlig daneben und die gegenwärtigen Probleme rühren nur daher, dass es einzelne Hirten einfach versemmelt haben? Müssen einfach nur die Personen ausgetauscht werden, aber das System soll besser einfach so weiterlaufen?

Ist es einfach die Machtgier der handelnden Akteure, der Egoismus der Partei-Apparatschiks, der Opportunismus der Schäfchen ins Trockene bringenden Funktionäre, die Prinzipienlosigkeit der Spitzenpolitiker? Müssen die einfach weg und neue müssen her?

Oder wie?

KAPITEL DREI

DER ZÄUNREFLEX

Um es gleich vorweg zu sagen: Den Hirten Egoismus vorzuwerfen ist wohlfeil und mir zu einfach. Allzu einfach. Genauso einfach, wie einzelgängerischen Herdenmitgliedern per Egoismus-Vorwurf die Moralkeule übers Haupt zu zimmern, um ihren Selbstbestimmungsdrang zu unterbinden. Die ganze Sache mit dem Ego ist deutlich komplexer.

Freunde kollektivistischer Lösungen werfen den sie mit ihrem Freiheitstrieb störenden Individualisten ja äußerst gerne Egoismus vor: ‚Du Einzelmensch, du willst dein Ding machen und darunter müssen dann viele leiden!' Aber dieser Vorwurf ist in den meisten Fällen zu pauschal, zu wenig differenziert. Es gibt nämlich einen Unterschied zwischen Egoismus und Egozentrik. Und der ist wichtig.

Egoismus ist in der Tat verbunden mit dem Fokus auf die eigene Sache. Auf ein Projekt. Auf eine Initiative. Dieser Fokus will diese Sache vor Ablenkungen beschützen, um es durchzuziehen, um ein Ergebnis zu erreichen. Aber eben nicht mit dem Vorsatz, anderen zu schaden. Nicht mal unter Inkaufnahme des Schadens anderer. Wenn das Vorhaben gelingt, profitieren meistens auch andere davon, manchmal sogar so gut wie alle anderen. Die Philosophie nennt das *gesunden Egoismus*. Er sorgt dafür, dass Erfindungen, Innovationen, Fortschritt in die Welt kommen.

Natürlich tritt der Individualist dabei mal versehentlich anderen auf die Füße. Und natürlich wirft er manchmal mit dem Hintern um, was er mit den Händen aufgebaut hatte. Aber das ist ja keine Absicht. Er sagt dann: »Huch! Entschuldigung! Ich wusste ja nicht, dass das jemandem schadet. Tut mir leid. Natürlich komme ich für den Schaden auf.«

Der Vorsatz spielt nämlich durchaus eine Rolle. Nicht umsonst bestimmt er in der Justiz ganz wesentlich das Strafmaß. Und ein Egoist hat beim Versuch, »sein Ding zu machen« keineswegs den

Vorsatz gefasst, jemandem zu schaden. Dieser häufige Vorwurf ist in den meisten Fällen aus der Luft gegriffen.

Es sei denn, es handelte sich um einen *Egozentriker*. Der ist ein anderes Kaliber. Der zieht ebenfalls sein Ding durch, aber um jeden Preis, und sei es auch auf Kosten anderer. Er nimmt billigend in Kauf, anderen zu schaden. Manchmal entsteht sein Nutzen sogar erst aus dem Schaden der anderen. Egozentriker handeln oft vorsätzlich gemeinschädlich. Sie räumen sich ein Vorrecht ein, empfinden sich als Zentrum des Universums und leben aus dieser Position heraus ganz ohne schlechtes Gewissen auf Kosten anderer, sie bauen ihre Existenz auf dem Schaden vieler anderer Menschen auf.

Mein Punkt ist, dass mir viel zu häufig Egoisten und Egozentriker in einen Topf geworfen werden, vor allem von jenen, die in Rotweingesprächen die Realität versimpeln und den Altruismus, also das Leben zum Nutzen anderer, als einzig moralisch legitime Lebensform propagieren. Ob der zur Schau gestellte Altruismus nicht eine raffinierte Form der Egozentrik ist, wäre nämlich noch zu klären, aber dieses Fass mache ich jetzt und hier nicht auf.

Jetzt und hier will ich Ihnen zeigen, was typischerweise passiert, wenn Individualisten in einer kollektivistischen Umgebung ein gesund egoistisches Vorhaben durchziehen wollen. Wohlgemerkt ein egoistisches Vorhaben, von dem nebenbei Millionen von Menschen profitieren würden …

RAPSÖLLASTER

Mein Schulfreund Dirk holte mich in sein neu gegründetes Unternehmen als Berater dazu, weil ihn der Erfolg zu überrollen drohte. Und das war schon eine ganz besondere Erfolgsgeschichte.

Wenn Geschäftsleute mit Technologieleuten zusammenkommen, kann ja bisweilen Großartiges entstehen. Die deutsche Wirtschaft ist voll von Beispielen dafür. Dirks Unternehmen war ein weiteres von dieser Sorte: Dirk ist Vertriebler und er kannte einen genialen Ingenieur namens Dietbert. Dieser war damals schon ein alter Recke. Als ich dazukam, war er bereits 71. Seine Erfindung hatte er ganz egoistisch während seines Berufslebens nebenher entwickelt. Er hatte nie irgendetwas Großes damit vorgehabt. Er war einfach nur fasziniert von der Idee und perfektionierte sie nach und nach.

Die Idee war einfach: Dieselkraftstoff ist aufwendig herzustellen, sein Rohstoff Erdöl ist endlich und unterliegt auch aus politischen Gründen starken Preisschwankungen. Es müsste eigentlich viel kostengünstiger sein, Pflanzenöl als Kraftstoff in Verbrennungsmotoren einzusetzen. Warum tut man das nicht schon lange? Vordergründig gesehen, weil Pflanzenöl nicht so sauber verbrennt wie Diesel und die Ablagerungen große Probleme bereiten. Das Verhalten bei unterschiedlichen Temperaturen ist ein weiteres Problem. Diesel ist technisch gesehen der klar bessere Kraftstoff.

Das ist auch der Grund, warum Rudolf Diesel bei der Entwicklung des nach ihm benannten Motors nach einigem Experimentieren mit anderen Substanzen bei seinem ersten funktionierenden Prototypen 1893 Mineralöl benutzte. Aber schon bei der Pariser Weltausstellung im Jahre 1900 lief der von der Kölner Firma Deutz präsentierte Dieselmotor mit Erdnussöl. Und zwar problemlos.

Bis in die 1940er-Jahre hinein war weltweit kein standardisierter Dieselkraftstoff verfügbar. Zuvor liefen die Motoren mit allem möglichen Zeugs. Der geniale Dieselmotor ist da ziemlich tolerant. Nach dem Krieg war dann hochqualitativer, sauberer Dieselkraftstoff gleichbleibender Qualität verfügbar. Das ermöglichte es den Ingenieuren, technisch immer mehr aus den Motoren herauszuholen. Der ohnehin schon relativ hohe Wirkungsgrad des Dieselmotors wurde noch weiter erhöht, die schädlichen Abgase wurden reduziert, die Zuverlässigkeit der Motoren vor allem bei kalten Außentemperaturen wurde gesteigert. So ein moderner Dieselmotor ist allen Skandalen zum

Trotz ein technisches Wunderwerk, aber mittlerweile eben auch ziemlich kompliziert. Und er läuft nur noch mit mineralischem, aus Erdöl raffiniertem, hochreinem und teurem Dieselkraftstoff.

Aber wie man diesen hochgezüchteten Motoren das Verbrennen von Pflanzenöl wieder beibringt, das ist ja auch nur ein technisches Problem. Und technische Probleme lassen sich lösen, dachte sich Dietbert und machte sich an die Arbeit: Wie muss ich einen modernen Dieselmotor umrüsten, damit er schadlos und alltagstauglich Rapsöl verbrennen kann?

Er löste das Problem. Seine Lösung ist genial. Und technisch anspruchsvoll. Er entwickelte einen Bausatz, baute den in seinen Privatwagen ein und der lief seitdem mit Rapsöl. Dietbert sparte enorm Spritkosten und freute sich.

Dann kam Dirk ins Spiel. Die technische Meisterleistung sah durch seine Augen aus wie ein gutes Geschäft. Er rechnete: Wenn der Bausatz 8000 Euro kostet, können Speditionen, die ihn in ihren Lkw verbauen, die Investition schon in weniger als einem Jahr amortisieren. Die Preisdifferenz zwischen Rapsöl und Dieselkraftstoff ist so hoch, dass es sich kräftig lohnt. Nach einem Jahr würden die Speditionen ordentlich Gewinn machen. Ein gutes Geschäft für alle.

Er überzeugte Dietbert von seiner Geschäftsidee und die beiden legten los. Sie bauten eine Zweitanklösung, die von Diesel auf Rapsöl umschalten konnte. Zuerst passte der Bausatz in Traktoren und Mähdrescher, davon verkauften sie im ersten Jahr schon 800 Stück. Dann nahmen sie sich Lkw-Bausätze vor.

44,9 CENT PRO LITER

Die zu lösenden technischen Probleme lagen darin, die Bausätze sehr zuverlässig zu machen, sie platz- und gewichtsparend zu konstruieren und sie sauber einbauen zu können. Es gab natürlich reichlich Rückschläge, Qualitätsprobleme und

Fehlentwicklungen, aber die bekamen sie nach und nach in den Griff und konnten liefern. Sie suchten sich Fachwerkstätten und schulten die Mechaniker. Und dann kam der Durchbruch: Sie gewannen Volvo und Daimler als Partner!

Die als egoistische Lösung für den eigenen Pkw entwickelte technische Glanzleistung entpuppte sich nämlich als Killerapplikation für eine ganze Branche. Die Vertriebsgesellschaft von Daimler hielt den Bausatz für eine glänzende Idee, denn so konnte sie ihren großen Kunden, den Spediteuren, etwas Zusätzliches anbieten, von dem alle profitierten. Die Umweltthematik mit dem nachhaltigen, nachwachsenden Rohstoff war ein populärer Zusatznutzen.

Allerdings musste nach der Vertriebsgesellschaft auch noch der Hersteller Daimler überzeugt werden. Den Managern dort passte es nämlich nicht, dass sie die Hoheit über den kompletten Antriebsstrang verloren. Sie sahen auch eine Haftungsproblematik: Wer soll zahlen, wenn der Bausatz einen Motorschaden verursacht?

Und auch dieses Problem ließ sich lösen. Dirk schloss eine Maschinenbruchversicherung ab, die bei Motorschäden einspringen würde. So lösten sie ein Teilproblem nach dem anderen. MAN, Scania und Iveco konnten sie auf Anhieb zwar nicht überzeugen, aber die Kooperationen mit Volvo und Daimler brachten sie so weit, dass sie die Hoffnung hatten, den Rest des Marktes später noch zu erschließen.

Und der Erfolg war auch jetzt schon überwältigend: Auf einen Schlag hatten sie 304 Vertriebsstellen. Sie verfünffachten von jetzt auf gleich ihren Absatz. Das drohte sie zu überrollen, denn nun mussten sie eine passende Produktionsorganisation aufstellen. Dafür kam ich ins Spiel, das war mein Metier.

Wir kamen ziemlich weit. Und dann passierte etwas völlig Unvorhergesehenes. Etwas Unvorstellbares. Etwas sehr, sehr Dummes. Und kurz darauf musste das Unternehmen von Dirk und Dietbert Insolvenz anmelden und der ganze egoistische Traum, von dem die ganze Welt profitiert hätte, wurde wie eine Fliege an der Wand mit einer kollektivistischen Fliegenklatsche zerquetscht.

Das kam so: Das Kabinett *Merkel I* erließ im Jahre 2006 ein neues Energiesteuergesetz, das das alte Mineralölsteuergesetz ablöste. Auslöser für dieses Bundesgesetz war die berühmt berüchtigte Energiesteuerrichtlinie der EU, die auch Deutschland umsetzen musste. Die Richtlinie sollte die Funktionsfähigkeit des EU-Binnenmarktes für Energie sicherstellen und Wettbewerbsverzerrungen durch unterschiedliche Steuersysteme vermeiden.

Die Bundesregierung zog es vor, die Richtlinie so umzusetzen, dass Kraftstoff aus Pflanzenöl plötzlich besteuert wurde. Bis zum 1. Januar 2008 lag die Nettobesteuerung bei null Cent pro Liter, ab dann bei 8,15 Cent, ab 2009 bei 16,55 Cent und seit 2013 bei 44,9 Cent pro Liter.

Das bewog nahezu alle Kunden von Dirk und Dietbert dazu, ihre Fahrzeuge 2008 wieder auf normalen Diesel umzurüsten,
da der Preisvorteil von Rapsöl dann zu klein wurde.

Die Bundesregierung hat also mit ihrer Besteuerung dieses Geschäft, das ein Milliardengeschäft hätte werden können, einfach komplett zerstört. Natürlich hatte die Bundesregierung dabei irgendwelche kollektivistischen Motive im *Fünferkettenblick*, so etwas wie die Harmonisierung der Besteuerung im europäischen Raum und dergleichen. Und selbstverständlich hatte die Regierung nicht im Sinn, ein Unternehmen zu zerstören oder den kosten- und umweltfreundlichen Betrieb von Lastwagen zu verhindern. Aber genau das geschah.

Später, als die Bundesregierung zumindest ein wenig darüber nachdachte, die Pflanzenölbesteuerung wieder zurückzunehmen, weil sie offenbar bemerkt hatte, was für ein Mist das war, war die Erde bereits verbrannt. Die Spediteure hatten ihr Vertrauen in die Energiegesetzgebung verloren und dachten nicht wieder daran, auf Pflanzenöl umzurüsten.

Und nun rätsele ich, warum die Regierung das nur gemacht hat.

Warum? Es gab doch am Ende nur Verlierer. Daimler verlor, die Spediteure verloren, Dirk und Dietbert und ihre Mitarbeiter verloren, die Bürger verloren, die Umwelt verlor, die ganze Wirtschaft verlor. Wer gewann eigentlich? Cui bono?

ES IST BESSER SO FÜR ALLE

So und das ist der Clou an der ganzen Geschichte. Denn natürlich gab es Gewinner: Da ist zum einen ganz offensichtlich die Erdöl-Industrie. Aber die taugen bei näherem Hinsehen nicht wirklich zum Buhmann. Denn der Shell-Konzern oder die BP hätten ja problemlos auch ins Pflanzenöl-Business investieren können, was sie im Übrigen kurz danach auch im großen Maßstab taten. Die Manager dieser Konzerne sind ja nicht dumm. Auch die wissen, dass das Erdöl knapp werden wird (wenn auch später als noch vor ein paar Jahrzehnten gedacht) und sie rechtzeitig Alternativen aufbauen müssen. Da wäre das Unternehmen von Dirk und Dietbert eher interessant als bedrohlich gewesen.

Nein, die eigentlichen Gewinner der Zerstörungsaktion waren die EU-Bürokratie und die maßgebenden Politiker in der Regierung *Merkel I*. Die Hirten gewannen. Es ist nur nicht so ganz leicht zu durchschauen, warum und wieso und wodurch sie gewannen. Und was genau sie dabei gewannen.

Das Ganze ist ein Reiz-Reaktions-Muster: Da bricht einer aus dem Schema aus und macht etwas Neues, etwas Anderes als das, was bisher vorgesehen war. Das ist der Reiz. Für den Hirten fühlt sich das so an wie ein einzelnes Schaf, das sich nicht mehr mit der Herde bewegt, sondern sich aus der Herde löst und von ihr wegbewegt. Das löst im Hirten Stress aus. Das stört ihn. Das untergräbt seine Autorität. Da wird Pflanzenöl als Kraftstoff verwendet. Da wird eine Kryptowährung als Zahlungsmittel verwendet. Da bestimmen Mitarbeiter selbst, wann sie arbeiten und wann sie freihaben. Da schreibt und liest ja in diesem *Internetz*, oder wie das heißt, jeder einfach, was er will. Habe ich das etwa erlaubt? Wie stehe ich jetzt denn da! Das sieht ja so aus, als hätte ich die Herde nicht im Griff!

Die Aufmerksamkeit des Hirten geht weg von der zu behütenden Herde und wird von dem einzelnen Schaf magisch angezogen. Sein Problem ist gar nicht das einzelne Schaf. Wenn es durch seinen Ausflug besseres Gras findet als die anderen, hat ja keiner einen Schaden davon. Aber wie soll der Hirte so seinen Job machen? Er kann die Herde nur beschützen, wenn sie beieinanderbleibt. Würde jeder so auf eigenen Pfaden wandeln wie dieses eine Schaf, dann würde die Herde ja wild auseinanderstreben und der Hirte könnte nichts mehr für sie tun. Er wäre auf einen Schlag überflüssig und die Schafe wären alle einzeln auf sich alleine gestellt. Der Hirte hätte seinen Job verloren. Die Reaktion des Hirten auf diesen existenzbedrohenden Reiz ist: Das darf nicht sein! Ich muss einen Zaun bauen! – Das ist der Reflex, den ich *Zäunreflex* nenne.

Mit dem Zaun kann der Hirte genau kontrollieren, wo die Herde sich aufhält. Er bestimmt damit: Dieses Gras ist Weideland, das andere Gras da drüben ist verbotenes Land. Die Grenze wird meistens willkürlich gesetzt, wichtig ist für den Hirten, dass es eine Grenze überhaupt gibt und dass er sie gesetzt hat. Solche begrenzenden Zäune sind in der Politik Verbote, aber auch solche Regelungen wie Steuern, die finanzielle Hürden errichten.

Und wenn einzelne Schafe dann vorwurfsvoll blöken, weil das Gras außerhalb des Zauns viel saftiger aussieht, und wenn ein zufällig vorbeikommender Kollege nachfragt, warum der Hirte denn die Schafe davon abhält, das schöne saftige Gras jenseits des Zauns zu erreichen, dann verkauft der Hirte seinen Zäunreflex natürlich mit Argumenten: Aus Sicherheitsgründen! Zum Schutz! Das eingezäunte ist das sicherste Gelände. Es ist besser so für alle.

Also: Warum handeln Hirten so? Aus einem Reflex der Selbsterhaltung heraus. Was hat die Herde davon? Nachteile.

Was haben die Hirten davon? Sie behalten ihren Job. Sie geben ihr Herrschaftsgebiet nicht preis. Sie wahren ihre Autorität. Sie behalten die Meinungsführerschaft. Sie behalten die Kontrolle über ihre Reputation. Was wird eingeschränkt? Freiheit. Mit welchem Argument verkauft der Hirte das? Sicherheit.

Und was passiert, wenn ein individualistisches Schaf durch den Zaun schlüpft, weil der nicht gut gebaut war und ein Schlupfloch offen ließ? Dann schickt der Hirte seine Hunde los … Mit anderen Worten: Er nutzt sein Gewaltmonopol. Dem ausgebüxten Schaf fügt er ordentlich Schmerzen zu, Pleite, Geldstrafe, Gefängnis. Dadurch sollen die anderen Schafe Angst bekommen, es dem Individualisten gleichzutun. »Bestrafe einen, erziehe hundert«, nannte Mao das. Außerdem wird der Zaun ausgebessert und erhöht, damit das nicht wieder passiert. Die Schafe sollen endlich ausnahmslos akzeptieren, wer bestimmt, wer die Macht hat, wer der Herr ist: *Der Herr ist mein Hirte!*

Abgesehen von dem Schaden, den der Einzelne hat, der von den Hirten gegängelt wird: Das Problem bei diesem ganzen Vorgang ist, dass das Gesamtsystem aus Herde und Hirten durch den Zäunereflex einen Schaden erleidet. Und um den geht es mir im Besonderen.

Natürlich war die ganze Sache sehr schlimm für Dirk und Dietbert. Aber in meinen Augen ist der durch die widersinnige Besteuerung von Pflanzenöl als Kraftstoff entstandene Schaden für die ganze Menschheit um ganze Dimensionen größer. Und dieser Schaden für das Gesamtsystem wird in gesellschaftlichen Diskussionen um den Sinn oder Unsinn von einzelnen Zäunen meistens unterschätzt oder ganz übersehen.

»ICH LIEBE DOCH ALLE MENSCHEN!«

Um den Gesamtschaden und sein Zustandekommen durch den Zäunreflex zu illustrieren, könnte ich hier viele weitere Beispiele aufführen, aber eines der eindrucksvollsten ist die DDR.

Es gibt eine hübsche Anekdote, die meines Wissens Albert Einstein zugeschrieben wird. Als er auf Nachfrage eines Regierungsbeamten auf die Funktionsweise des Telegrafierens angesprochen wurde, soll er doziert haben: »Stellen Sie sich einen riesigen Hund vor, der auf dem europäischen Kontinent steht, mit dem Schwanz nach England, mit der Schnauze nach Russland. Wenn Sie nun von London nach Moskau telegrafieren wollen, dann ziehen Sie einfach rhythmisch am Schwanz und vorne bellt der Hund. So, und genau das, nur ohne Hund, das ist Telegrafie.« Und so sage ich: Die Geschichte der DDR, nur ohne Beton, das ist der Zäunreflex.

Die Begründung der Hirten in der von der Sowjetunion besetzten Zone für den Bau der Mauer samt Todesstreifen, Stacheldraht, Selbstschussanlagen, und mit Gewehren bestückten Wachttürmen war: Die Mauer ist zu eurem Schutz da! Sie schützt euch vor dem bösen Imperialismus des Westens. Es geht um eure Sicherheit! Und Erich Mielke, der von 1957 bis 1989 Minister für Staatssicherheit (sic!) war, glaubte sich selbst, als er am 13. November 1989, kurz vor seiner Verhaftung, vor der ihn auslachenden Volkskammer sagte: »Ich liebe – Ich liebe doch alle – alle Menschen – Na ich liebe doch – Ich setze mich doch dafür ein.«

Mielke sah sich selbst als Humanist. 1982 wurde eine Aussage von ihm während einer geheimen Stasi-Konferenz auf Tonband mitgeschnitten. Das Band wurde nach der Wende öffentlich. Thema der Konferenz war die geplante Ermordung des in den Westen geflohenen DDR-Agenten Werner Stiller. Mielke sagte: »Lieber Millionen Menschen vor'm Tode retten als wie einen Banditen leben lassen, der also uns dann also die Toten bringt.«

Ja, es ging ihm mit dem Aufbau des ganzen Staatssicherheitsapparats und dem Bau der Mauer wirklich um den Schutz und die Rettung der Menschen. Was aus der Perspektive der Hirten aussah wie eine Heldentat, sah natürlich aus der Perspektive der Herde so aus: Du, Bürger, darfst auf keinen Fall irgendwo auf der Welt dein Glück versuchen. Zu deiner eigenen Sicherheit und zur »Staatssicherheit«, also der Sicherheit aller, bleibst du gefälligst hier. Und wenn einige dann immer noch versuchen, auszubrechen, dann knallen wir sie ab und bauen die Grenzschutzanlagen weiter aus.

Der eine sagt: Ich schütze euch! Die Geschützten sagen: Du sperrst uns ein! – Das ist wie mit der Henkeltasse, die zwischen zwei Personen auf dem Tisch steht. Beide haben Papier und Bleistift und zeichnen die Tasse, anschließend schaut eine dritte Person die Zeichnungen an. Haben die beiden die gleiche Tasse gemalt? Nein, denn auf der einen Zeichnung weist der Henkel nach links, auf der anderen weist er nach rechts.

Mit anderen Worten: Von oben betrachtet ging es bei der Mauer weder darum, Menschen zu schützen, noch darum, Menschen einzusperren, sondern eben um Systemerhalt. Das System der DDR erzeugte sozusagen die Mauer. Hätte es Mielke nicht gegeben, dann hätte ein anderer die Stasi geleitet. Hätte es Honecker nicht gegeben, wäre ein anderer Generalsekretär des Zentralkomitees der Sozialistischen Einheitspartei Deutschlands geworden. Wären andere Individuen die Akteure in dem Weltgeschichtstheaterstück »DDR« gewesen, die Mauer hätte es trotzdem gegeben. Das System erzeugte die Ämter, die Ämter wurden von Menschen besetzt, die das taten, was ihres Amtes war. Hätten sie das nicht getan, dann wären sie vom System ausgetauscht worden und jemand anderes hätte »getan, was getan werden musste«.

Ich will damit keinen der Personen von irgendetwas freisprechen. Weder die der DDR noch irgendwelche anderen handelnden Akteure der Geschichte und der Gegenwart. Erich Mielke war ein Mörder und ist spät als ein solcher verurteilt worden. Der Punkt ist: Wenn vordergründig die Hirten gewinnen, indem sie mit einem Zäunreflex ihre Macht erhalten oder festigen, dann gewinnt im eigentlichen Sinne nicht der jeweilige Hirte als Person, sondern das *Hirtensystem*!

Die ausführenden Personen sind immer nur Teil des Spiels. An ihnen kleben Erwartungen. Ganze Bündel von Erwartungen. Und wenn das Spiel sich selbst erhalten will und wenn der Akteur seine Rolle behalten will, dann muss er seine Rolle gemäß den Erwartungen mitspielen. Wenn er sich aus dem Toleranzbereich des Erwartungsbündels herausbewegt, aktiviert er den Immunapparat des Systems und er wird von selbigem in seine Schranken verwiesen. Sprich: Er fliegt raus und ein anderer tut das, was zur Erhaltung des Systems notwendig ist. Die Systeme sind wirkungsstärker als der Einzelne. Man könnte auch sagen: Die Hirten werden vom Hirtensystem instrumentalisiert, denn das System will wie jedes System vornehmlich sich selbst erhalten.

Darum machen Sie es sich zu einfach, wenn Sie sagen: Die da oben sind egoistisch, gierig, blöd, machtgeil und überhaupt schlechte Menschen und müssen ausgetauscht werden. Es ist trivialisierend, zu fordern: »Merkel muss weg!«. Es bringt nichts, wenn Sie den Abgas-Manipulations-Skandal dadurch lösen wollen, dass Sie einzelne Topmanager von Automobilherstellern einsperren. Allein das Führungspersonal auszutauschen, ändert das System nicht, in dem das Führungspersonal seine Rolle ausgefüllt hat.

Warum? Weil jeder Mensch, auch Sie und ich, gemäß dem Kontext handeln, in dem wir uns befinden. Und wenn Ihr Kontext Bundeskanzler oder Staatsratsvorsitzender oder Konzernchef oder Papst wäre, dann würden Sie handeln wie ein Bundeskanzler, ein Staatsratsvorsitzender, ein Konzernchef oder ein Papst. Natürlich, Sie wären in den Augen der Beobachter ein besserer oder schlechterer Bundeskanzler, Staatsratsvorsitzender, Konzernchef oder Papst. Sie wären vielleicht eloquenter oder tollpatschiger, vielleicht hingebungsvoller oder intellektueller, vielleicht volksnäher oder spleeniger. Nur: Im Großen und Ganzen würden Sie auch die wesentlichen Muster reproduzieren, die mit der Rolle verknüpft sind. Unabdingbarer Teil dieser Rollen wäre der Erhalt der Rolle und vor allem der Erhalt des Systems. Auch Sie und ich würden, einmal dort oben angelangt, versuchen, im Sattel zu bleiben. Und auch an Sie und mich würden so viele und kraftvolle Erwartungen geknüpft werden, die Sie und mich veranlassen würden, das System, das uns so weit gebracht hat, zu erhalten. Sie würden nicht freiwillig den Ast absägen, auf dem Sie sitzen. Und selbst wenn Sie es wollten, würde das System Sie vom Sägen abhalten, in dem es Sie selbst absägt. Und diesen Erhaltungswillen würde ich Ihnen nicht vorwerfen können. Wären Sie gut darin, Ihren Posten und das System zu erhalten, dann würden die Geschichtsschreiber Sie dafür vermutlich loben.

Wenn ich also hier über die Hirten meckere, dann meckere ich eigentlich über das Hirtensystem, nicht über schlechte, inkompetente, korrumpierte Menschen.

Sollten Sie mich jetzt des Fatalismus verdächtigen, also nach dem Motto: »Wollen Sie damit sagen, dass man überhaupt nichts tun kann und man jetzt einfach alles lassen soll, wie es ist?« – Nein, das ist nicht meine Meinung. Darum schreibe ich ja dieses Buch. Und wir sind hier erst im dritten Kapitel. Der Punkt, den ich an dieser Stelle machen will, ist folgender: Die ewigen Hader mit »denen da oben« sind ermüdend und über den Augenblick hinaus wirkungslos. Der Glaube, es würde sich etwas ändern, sobald man die handelnden Akteure austauschte, ist eben nur ein Glaube. Ich habe diesem Glauben entsagt. Wenn das System geändert werden muss, dann bringt es nichts, die Menschen ändern zu wollen.

Ich habe meinen Frieden mit den Menschen, die in der Hirtenrolle sind, mittlerweile gemacht. Ich habe aufgehört, ihnen die Schuld zuzuweisen. Und ich kann Ihnen sagen: Das ist sehr, sehr entlastend. Und macht den Blick frei für andere Lösungen.

Spätestens als ich gemerkt habe, dass ich selbst so ein Hirtengehabe an den Tag lege, wenn es zum Beispiel um Kindererziehung geht – und natürlich auch hier aus den besten Absichten …

ZU IHRER SICHERHEIT UND ZU IHREM SCHUTZ

Und wenn Sie jetzt sagen: Ja, ja, die DDR war ja auch schlimm, aber das Beispiel taugt nicht, denn das System der Bundesrepublik Deutschland unterscheidet sich doch fundamental von dem der Deutschen Demokratischen Republik, dann sage ich: Jein.

Ja sage ich, denn es gibt keinen Todesstreifen mehr. Korrekt. Und: Nein sage ich, denn aus exakt dem gleichen systemimmanenten Grund, der zur Errichtung der Mauer führte, haben die Hirten von heute bereits wieder mit dem reflexhaften Errichten eines Zauns begonnen, damit die Schäfchen nicht abhandenkommen: Die *Wegzugsteuer* ist Ihnen doch bekannt, oder?

Sie ist erstaunlich unbekannt. Jedenfalls wird nicht viel darüber geredet oder geschrieben. Wenn ein in Deutschland Steuerpflichtiger auswandert, also seinen Wohnsitz ins Ausland verlegt, dann tut der Fiskus so, als hätte zum Zeitpunkt des Wohnsitzwechsels eine Veräußerung der Vermögenswerte wie Unternehmensbeteiligungen oder Wertpapiere oder Immobilien stattgefunden – und besteuert den Veräußerungsgewinn, obwohl gar kein Verkauf stattgefunden hat: Besteuert wird also der momentane Verkehrswert abzüglich des Anschaffungswerts mit dem jeweiligen progressiven Einkommensteuersatz – und das bedeutet fast immer: Spitzensteuersatz.

Dadurch wird das Wegziehen vor allem für Leute mit größerem Vermögen extrem teuer. Durch die Messibrille betrachtet ist das ein knallharter Zäunreflex, zumal sich die Einkommensteuersätze in Deutschland bekanntermaßen gewaschen haben: Derzeit liegt der Spitzensteuersatz bei 42 % und wird bereits bei einem Jahreseinkommen von knapp 53.000 Euro fällig.

Der am Unternehmen beteiligte Sohn eines Unternehmers, der nach Kanada ziehen will, um die neue kanadische Tochtergesellschaft dort aufzubauen, müsste beispielsweise durch seine Gesellschaftsbeteiligung auf einen Schlag Millionen an den Staat überweisen, Millionen, die er natürlich gar nicht flüssig hat. Er müsste widersinnigerweise einen Teil des Unternehmens verkaufen, um das Geld für den Staat aufzutreiben. Also lässt er es doch lieber bleiben.

Oder nehmen Sie einen ganz normalen Durchschnittsverdiener, der so vorausschauend war, neben der wackeligen Rente über Jahrzehnte ein Wertpapierdepot aufzubauen, und der jetzt zum Lebensabend mit seiner Frau in sein Lieblingsland Chile ziehen will. Ist sehr schön dort. Er dachte, das Depot gehöre ihm und er könne es komplett mitnehmen, er hatte es ja schließlich aus bereits versteuertem Geld angelegt. Und er hatte es gut angelegt! Aber der Staat will nun mal einen großen Anteil am erheblichen Wertzuwachs. Es geht um mehrere Hunderttausend Euro. Und zwar im Moment des Wegzugs. Es liegt auf der Hand, dass der Mann gar nicht so viel Geld flüssig hat, er muss also einen großen Teil seiner Altersvorsorge verkaufen, davon zunächst Kapitalertragssteuer und Soli für die Gewinne entrichten und anschließend zur Sühne seiner »Wegzugsteuerschuld« den übrig gebliebenen Erlös ans Finanzamt überweisen, damit er mitsamt seiner neuen Geldsorgen wegziehen darf.

Der Europäische Gerichtshof untersagte 2004 Frankreich, eine solche Wegzugbesteuerung innerhalb der EU anzuwenden, wohlgemerkt weil sie die Personenfreizügigkeit innerhalb der EU behindert. Die EU-Kommission leitete deswegen auch ein Vertragsverletzungsverfahren gegen Deutschland ein. Es ist also allseits bekannt, dass im Effekt das Gesetz die Bewegungsfreiheit der Menschen einschränkt. Es ist ein Zaun, eine virtuelle Mauer, schlicht und einfach errichtet, um es Menschen zu erschweren, in ein anderes Land zu gehen. Natürlich ist der Zaun nicht so hoch, unüberwindlich und schlimmstenfalls tödlich wie die Mauer der DDR. Ausreisewillige können sich sozusagen mit der Wegzugsteuer freikaufen. Aber das Motiv und der Reflex sind exakt die gleichen.

Deutschland änderte auf das EuGH-Urteil hin die Wegzugsbesteuerung so ab, dass sie bei einem Umzug in ein anderes Land innerhalb der EU zinslos gestundet wird, bis der Steuerpflichtige entweder wieder nach Deutschland zurückzieht oder das betreffende Wirtschaftsgut tatsächlich veräußert und dabei einen Gewinn erzielt. Für alle anderen Länder außerhalb der EU gilt sie nach wie vor.

Diese Form des Zäunreflexes hat übrigens eine unrühmliche Tradition in Deutschland. 1931 wurde die »Reichsfluchtsteuer« mit der vierten Notverordnung des Reichspräsidenten eingeführt. Interessant ist dabei die hirtenhafte Begründung im Reichsgesetzblatt: »... zur Sicherung von Wirtschaft und Finanzen und zum Schutze des inneren Friedens« – Sicherung und Schutz, da ist es wieder, das Standardverkaufsargument des Staates für jede Einschränkung von Freiheit. Und im Umkehrschluss würde Ihnen vorgeworfen werden: Wenn Sie gegen diese Steuer sind, sind Sie auch gegen den inneren Frieden!

Im Kern ging es bei dem harten Tobak um das Verhindern von »Kapitalflucht« – womit der Staat den schlichten Vorgang kriminalisierend bezeichnet, wenn ein Mensch sein bereits versteuertes Privatvermögen beim Wegzug mitnehmen möchte. Im Deutschen Reich betraf die Reichsfluchtsteuer allerdings nur große Vermögen, die 200.000 Reichsmark überstiegen, was heute ungefähr einer Kaufkraft von 800.000 Euro entspräche, sowie die Jahreseinkommen von über 20.000 Reichsmark, was etwa das Zehnfache des damaligen Durchschnittsentgelts war. Ein Viertel von allen Vermögenswerten und vom Einkommen war beim Wegzug an den Staat zu überweisen. Die Nationalsozialisten veränderten nach der Machtübernahme die Parameter der Reichsfluchtsteuer so, dass sie vor allem dazu verwendet werden konnte, die aus dem Land fliehenden Juden möglichst vollständig zu enteignen. Also auszuplündern.

Übrigens: Die Schweiz erhebt keine Wegzugsteuer. Aber das nur für den Fall, Sie diskutierten mit jemandem, der meinte, eine Wegzugsteuer sei unerlässlich.

DIE DA OBEN HABEN JA KEINE AHNUNG!

Richtig schwierig wird die ganze Sache durch die ihr innewohnende Dynamik: Hirtensysteme pflegen Abwärtsspiralen zu erzeugen. Wenn ein nach Freiheit Strebender einen von den Hirten errichteten Zaun überwindet, wird das bekannt. Damit wird auch der Zaun bekannter und für alle sichtbarer. Die Kritik wächst. Der Pegel der allgemeinen Bockigkeit, der Renitenz, des Widerstandsgeistes steigt. Dagegen müssen die Hirten etwas tun, sie verstärken den Zaun, erhöhen ihn. Der Hirte muss vehementer auftreten, um seine Autorität nicht zu verlieren.

Ich würde sagen, viele Eltern kennen das: Das Kind tanzt den Eltern ein wenig auf der Nase herum. Also setzen sie eine Grenze. Nicht gleich mit dem Holzhammer, aber deutlich. Also verstärkt das Kind seine provokanten Bemühungen, die Eltern verschärfen den Ton, das Kind setzt noch einen drauf – und ruckzuck schaukelt sich das Ganze hoch bis zur Schreierei, die erstirbt, wenn das Jugendamt an der Tür klopft. Na ja, ich übertreibe, aber Sie wissen, was ich meine.

Genauso läuft es auch in den Unternehmen, nur ohne Jugendamt. Die erste Reisekostenrichtlinie entsteht aus dem Erleben eines ärgerlichen Einzelfalls und hat vielleicht nur eine Regel: Keine Hotels über 100 Euro pro Übernachtung. Nach einer kurzen Phase entlädt sich die Empörung über einen neuerlichen Einzelfall, nämlich der unangemessenen Verwendung eines öffentlichen Verkehrsmittels zur gelegentlichen Personenbeförderung, dessen Fahrer einen Personenbeförderungsschein benötigt – also über die Verwendung eines Taxis. Dieser Empörung wird durch den Erlass einer weiteren Regel Rechnung getragen (Taxifahrten sind zu begründen). Und so weiter. Am Ende ist das ganze Regelwerk ein Monster und vollkommen kontraproduktiv. Aber egal: Die Chefs müssen eben versuchen, Oberwasser zu behalten.

Nur fühlen sich immer mehr Mitarbeiter gegängelt und ohnmächtig: Sie wüssten ja schon, wie sie eine Geschäftsreise zum Nutzen des Unternehmens gestalten könnten, aber sie dürfen ja nicht …

Der Abwärtstrend beginnt überall in der Gesellschaft immer mit kleinen, unauffälligen Veränderungen: Es ist doch nur eine kleine Verbesserung des Schutzes von diesem oder jenem. Dafür ist diese kleine Einschränkung von Freiheit doch wirklich nicht zu viel verlangt … Und keiner von uns will doch so einen schlimmen Einzelfall, also müssen wir doch alle ein wenig zurückstecken, damit so etwas nicht mehr vorkommt. Das versteht doch jeder. Ich, der Hirte, will doch nichts Böses. Ich liebe euch doch alle …

Stellen Sie sich vor, in der Geschäftsführersitzung einer Firma klingelt einmal ein Handy. Alle ärgern sich. Einer hat einfach vergessen, sein Handy lautlos zu stellen. Der Geschäftsführerin geht das zu weit. Also erlässt sie eine Handyregelung, die von ihr persönlich unterschrieben wird. Sie will so etwas einfach nicht mehr erleben. Natürlich gilt die Regelung weltweit für die ganze Company für alle Sitzungen. Eine Regel für alle, ist ja nur gerecht.

Tja, und weltweit bei zig Sitzungen pro Tag kommt es nun mal vor, dass ab und zu einer sein Handy vergisst abzustellen. Was vorher aber einfach nur ein klingelndes Handy und ein nachfolgendes Augenrollen war, ist durch den Zäunreflex der Inhaberin nun aber zum offiziellen Regelverstoß mutiert, der geahndet werden muss. Mehr Regeln führen zu mehr Regelübertritten führen zu mehr Sanktionen. Überall wird plötzlich das Handyklingeln ein Riesenthema. Es hagelt Strafen. Es hagelt Proteste gegen die Strafen. Und weil es plötzlich ein Problem gibt, das vorher gar nicht existierte, muss das Problem bekämpft werden: Die Sanktionen werden verschärft. Die ersten beginnen, ihr Handy gar nicht mehr in Sitzungen mitzunehmen, sind nicht erreichbar. Das wiederum zieht ebenfalls Ärger nach sich, die ersten Fälle, in denen Kunden unzufrieden sind, machen die Runde ...

Aus der Mücke wird nach und nach ein Elefant und der tritt der Geschäftsführerin aus dieser leider wahren Geschichte kräftig auf die Füße. Aber dabei wollte sie doch nur ... Es ging doch nur um ... Sie hatte es doch gut gemeint ...

Nach dem gleichen Muster eskalierten die Grenzwerte für Automobilabgase in den letzten Jahrzehnten. Der Schadstoffausstoß von Pkw wurde immer mehr zum Thema, die Grenzwerte wurden immer schärfer. Kein Mensch interessierte sich für den Schadstoffausstoß von Kreuzfahrtschiffen, Frachtern, Flugzeugen oder Lkw oder gar für die Ökobilanz von Windrädern. Nur bei Pkw schaukelte es sich hoch und immer höher. Es wurde immer mehr gemessen, immer mehr Schadstoffarten in immer mehr Straßen in immer mehr Städten.

Wer zusah, wie das Problem in der Öffentlichkeit immer weiter wuchs, konnte den Eindruck bekommen, die Autos würden immer dreckiger, aber dabei war ja das Gegenteil der Fall. Sämtliche Schadstoffe in Autoabgasen nehmen seit Jahrzehnten kontinuierlich ab, einfach als Ergebnis technologischer Verbesserungen. Aber wie bei der Geschichte vom Hasen und vom Igel war die Politik immer schon da und erhöhte die Grenzwerte erneut, sodass die Automobilindustrie wieder als der Buhmann dastand.

Am Ende glaubten die Politiker sogar, sie selbst wären es gewesen, die die Schadstoffe in den Abgasen reduziert hätten, dabei waren es ja die Automobilhersteller, die das geschafft hatten. Und viele Leute glaubten, die Automobilhersteller würden absichtlich die Umwelt immer stärker verpesten und müssten deswegen durch immer schärfere Bestimmungen und Gesetze daran gehindert werden. Das ist in etwa so vernünftig, als würde man sagen, der Wind weht, weil ein Windrad aufgestellt worden ist.

Was tatsächlich wuchs, waren Argwohn, Distanz zwischen den Akteuren, Vorwürfe und am Ende wuchs auch die kriminelle Energie, die scharfen, vielleicht zu scharfen Regeln irgendwie zu umgehen.

Die beiderseitige soziale Distanz zwischen Herde und Hirten nimmt generell immer weiter zu, je weiter ein Hirtensystem eskaliert. Am Ende herrscht bei den Hirten die Meinung vor, die Herde sei zu doof zu allem, moralisch verkommen und voller schlechter Absichten, und die Hirten gelten bei der Herde als arrogant, moralisch verkommen und von der Realität abgehoben.

Sie können das beobachten bei der zunehmenden Distanz zwischen Zentrale und Außenstellen in Konzernen, bei der zunehmenden Distanz zwischen autoritären Vätern und ihren Kindern, bei der zunehmenden Distanz zwischen manchen Fußballtrainern und ihren Mannschaften, aber eben auch bei der zunehmenden Distanz zwischen Bürger und Staat.

Allgemein gesprochen treten in einem stabil aussehenden sozialen System singuläre, unerwünschte Phänomene auf, die das System künftig verhindern will, indem es die Mächtigen instrumentalisiert, im System Regeln einzuführen. Die Regeln provozieren nicht selten weitere Regelübertritte. Das führt zum Verschärfen der Regeln und zu neuen Regeln, was neue Übertritte provoziert und so weiter. Die Regeln werden immer schärfer und umfassender. Die Übertritte bedrohen immer mehr die Stabilität des Systems, weil sie die Autorität derjenigen, die die Regeln erlassen und immer weiter verschärfen, untergraben. Distanz und Argwohn innerhalb des sozialen Systems nehmen zu, was die Stabilität des Gesamtsystems vermindert. Mit der abnehmenden Stabilität leidet die Leistungsfähigkeit des Gesamtsystems. Das System mündet in eine Phase der resignativen Stagnation oder in eine Revolution.

Mit anderen Worten: Das geht nicht gut aus!

ABSTIEGSGESPENSTER

Es geht etwas kaputt. Das Hirtenprinzip ist offensichtlich nicht nachhaltig. Es wirkt am Ende immer zerstörerisch, obwohl es etwas erhalten will. Das ist paradox. Dem Hirtenprinzip wohnt eine Tragik inne.

Diese Tragik wird zum Beispiel dadurch deutlich, dass in Ländern mit ausgeprägt starkem Hirtenprinzip wie etwa Deutschland ständig ein politisches System auf das nächste folgt: Deutscher Bund, Deutsches Reich, Weimarer Republik, Drittes Reich, DDR, Bundesrepublik – sechs Systeme in 150 Jahren. Während in Ländern wie der Schweiz, in den USA oder in England, wo das Individuum traditionell selbstbewusster ist und die einzelnen Hirten systembedingt nicht so mächtig sind, der Niedergang langsamer verläuft und politische Systeme über Jahrhunderte hinweg bestehen können. Das mag nicht der alleinige Grund sein, dafür will ich keine Beweisführung starten, aber es ist auffällig.

Es gibt nicht wenige, die momentan wieder den wirtschaftlichen Untergang des gesamten Westens vorhersagen: Ja, jetzt ist alles noch super, aber überall ist der Zenit erreicht, ab jetzt geht's bergab, jetzt ist Asien dran, die sind kapitalistischer als wir und die wissen, wie man den Macchiavelli anwendet, sie schenken uns die Marx-Statue in Trier und lachen sich kaputt, während sie uns beim Niedergang zuschauen. – Daran werde ich mich nicht beteiligen, aber ich beobachte dafür zum Beispiel den schleichenden Autoritätsverlust der Bundesregierung und der Parteiführungen, das sich immer weiter verstärkende Moralisieren in Politik und Medien, die Politikverdrossenheit und das Erstarken der politischen Ränder links und rechts. Und klar ist auch: Am stärker werdenden Rand des politischen Spektrums finden sich links wie rechts die Autoritären, die mehr vom Hirtenprinzip, mehr Zäunreflex haben wollen, nicht die Freiheitsliebenden.

Und nochmal: Den Hirten Egozentrik bzw. eine böse Absicht

vorzuwerfen, wäre kurzsichtig und unterkomplex. Die im Nachhinein mit Blick auf die Ergebnisse leicht feststellbare und kritisierbare Dummheit ihres Handelns ist weniger ihren mangelhaften kognitiven Fähigkeiten geschuldet als vielmehr der immanenten Dummheit des Hirtensystems, in dem sie agieren. Auf die gute Absicht dabei kommt es dann letztendlich aber auch nicht mehr an. So verstehe ich auch den großartigen Satz, den der bekannte Psychologe Dietrich Dörner in sein Buch »Die Logik des Misslingens« schrieb: »Meines Erachtens ist die Frage offen, ob gute Absichten gepaart mit Dummheit oder schlechte Absichten mit Intelligenz mehr Unheil über die Welt gebracht haben.«

Was machen wir jetzt damit? Wenn es nicht die Hirten sind, sondern das Hirtenprinzip, das uns nach und nach die individuelle Freiheit abgräbt, dann müssten wir ja das System verändern und nicht »Merkel muss weg!« rufen. Ich habe allerdings noch keinen einzigen Demonstranten oder Systemkritiker gesehen, der gefordert hätte, beispielsweise das Amt des Bundeskanzlers abzuschaffen.

Es ist ja keineswegs so, dass die Herde keinen Hirten will. Es handelt sich bei der Gemeinschaft von Herde und Hirte eben doch eher um eine symbiotische Beziehung als um eine rein parasitäre. Beide haben etwas davon. Gerade wenn die Szenerie krisenhaft wird, sind doch die Schäfchen die Ersten, die nach einem »starken Mann« rufen.

Wenn es bei einem Fußballclub schlecht läuft, ruft auch niemand danach, den Trainerposten abzuschaffen oder sonstige strukturelle Änderungen durchzuführen, sondern es wird einfach ein neuer Trainer gesucht, während ansonsten im Club alles so weiterläuft wie bisher. Manchmal wird auch der ungeliebte Vereinspräsident zum Rücktritt genötigt, denn »der Fisch stinkt schließlich vom Kopf!«. Einer muss ja schuld sein. So lässt sich auch erklären, warum manche hilflose Fußballclubs innerhalb und außerhalb der Pfalz in einem Niedergang über Jahre hinweg dahinsiechen, der sie von der internationalen Bühne bis hinunter in die 3. Liga oder in den Amateurfußball drückt – obwohl sie einen Trainer nach dem anderen verschleißen. Oder eben gerade deswegen.

Nein, den Systemwechsel will keiner. Eher schon wollen die meisten tadellose Mitglieder der Schafherde sein – und wenn sie dann auch noch von einem tadellosen Hirten gehütet werden, ja, dann wird alles gut. Albert Einstein stellte ja bereits fest, dass wer ein tadelloses Mitglied einer Schafherde sein wolle, vor allem ein Schaf sein müsse.

Also, lassen Sie uns genauer hinschauen: Warum machen die Mitglieder der Gesellschaft das mit? Warum lassen sie sich einzäunen, obwohl sie im Kollektiv viel mächtiger sind als die Hirten? Und warum suchen sie eher einen neuen Hirten, als aufzuhören Schaf zu sein?

KAPITEL VIER

KINDER DIESER GESELLSCHAFT

Die Herde erduldet die Herrschaft der Hirten nicht nur, sie verlangt untertänigst nach Regierung. Die Bürger wollen in der Mehrheit geradezu wie Untertanen behandelt werden. Sie wollen Regierte sein.

Wir Deutschen ganz besonders. Wir lieben Vorschriften. Und zwar so richtig gründliche Vorschriften. Wir machen ja alles gründlich. Wie mein Opa gerne sagte: »Wenn schon, dann richtig!« Wir Deutschen zimmern nicht mal eben am Nachmittag ein Vogelhäuschen zusammen. Nein, ein deutsches Vogelhaus muss mindestens 30 Jahre halten. Also wird erst mal eine Zeichnung gemacht und die Konstruktion ausgearbeitet. Schneelast beachten! Feuchtigkeit ableiten! Tunlichst einen brauchbaren Dachüberstand planen! Keine vorstehenden Kanten! Und der Dachfirst? Am besten mit einem Stahlwinkelblech abdichten! Sorgfältigste Auswahl der Materialien, rostfreie Schrauben sind besser als billige Nägel! Der Baumarkt ist des Deutschen Basislager, zu dem er regelmäßig zurückkehrt, um sich zum Überleben zu rüsten. Das Sandpapier in zwei Stärken nicht vergessen! Denn die Umrandung wird auf Gehrung gesägt und sauber zuerst mit grobem, dann mit feinem Sandpapier nachbearbeitet. Am Schluss ein ordentlicher Lack, zwei Anstriche. Nein, besser drei.

Genauso verfahren wir auch mit den Vorschriften, die wir brauchen, um in dieser komplexen Welt ein Gerüst zu haben, an dem wir entlangleben können. Wir brauchen unsere von oben vorgegebenen Leitplanken, um ein guter Untertan zu sein! Jemand soll uns gefälligst sagen, was richtig und was falsch ist, dazu sind unsere Vorgesetzten in der Schule, in der Uni, auf der Arbeit, auf dem Amt und in der Regierung ja schließlich da!

Wir wollen mehr Gesetze, mehr Verordnungen, mehr Verkehrsregeln, mehr Vorschriften im Büro, wir fordern Studienpläne und Zielvorgaben ein, wir wollen genau geregelt haben, welche Inhaltsstoffe ins Essen kommen, wir wollen verboten bekommen, an bestimmten Tagen oder nach bestimmten Uhrzeiten bestimmte Sachen verkauft zu bekommen, wir wollen gesetzliche Vorgaben für Miethöhen oder Lohnuntergrenzen, wir betteln darum, dass uns jemand vorschreibt, die richtige Anzahl überdachter Fahrradstellplätze an jedem Gebäude zur Verfügung zu stellen, wir wollen sichergestellt haben, dass die Banane mindestens 14 Zentimeter lang und 27 Millimeter dick ist, wir brauchen die Gewissheit, dass die Länge von Kondomen standardisiert ist, wir fühlen uns besser, wenn der Betrieb von Seilbahnen für den Personenverkehr auch im flunderflachen Niedersachsen per Verordnung geregelt ist, bevor vielleicht eines Tages der 141 Meter hohe Steinberg bei Hildesheim mit einer Gondel erschlossen werden sollte, wir freuen uns über eine EU-Richtlinie, die uns vorschreibt, wie Klappleitern aufzustellen sind, würde niemand uns die Glühbirne verbieten, wären wir zum Gebrauch umweltfreundlicher Leuchtmittel nicht in der Lage und wir lassen unsere Politiker demnächst vielleicht mehrheitlich für ein Gesetz stimmen, nach der uns die Organe nach dem Tod zu entnehmen sind, sofern wir nicht den ausdrücklichen schriftlichen Widerspruch bei uns tragen.

Letzteres ist ein erhellendes Beispiel, denn es zeigt, welche Motive uns zum Regiertwerdenwollen reiten.

MEIN KÖRPER GEHÖRT MEINEM STAAT!

Im August 2018 reagierte Gesundheitsminister Spahn auf die anhaltende Kritik aus dem Gesundheitswesen, dass permanent zu wenige Spenderorgane für Transplantationen zur Verfügung stehen, indem er sich für die Pflicht zur Organspende für alle aussprach. Bis dato war es in Deutschland so geregelt, dass Organe nach dem Hirntod nur entnommen werden konnten, wenn der Verblichene einen Organspendeausweis bei sich trug, und in diesem ausdrücklich der Organspende zugestimmt hatte.

Darin materialisierte sich die Selbstverantwortung für und die Selbstbestimmung des Individuums über den eigenen Körper. Einfach gesprochen: Das oberste individuelle Freiheitsrecht, nämlich das Recht auf Leben, zieht den logischen Schluss nach sich, dass Ihr Körper nur Ihnen gehört, niemand sonst außer Ihnen darüber verfügen darf. Niemand darf Ihren Körper vorsätzlich beschädigen, verletzen, verstümmeln, zerstören. Nur Sie selbst dürfen das. Das ist auch der Grund für den Papierkram vor jeder Operation im Krankenhaus, denn der Arzt darf ohne Ihre Einwilligung keinen Eingriff vornehmen, ja er darf Sie streng genommen nicht einmal piksen.

Dieses Recht am eigenen Körper gilt auch über den Tod hinaus. Darum können Sie verfügen, was mit Ihrem Leichnam nach Ihrem Tod geschehen soll, und diese Verfügung ist bindend. Selbstverständlich gilt das auch für einzelne Bestandteile Ihres Körpers. Dementsprechend wurde auch Ihre ausdrückliche, freiwillige Genehmigung zur Organentnahme bislang vorausgesetzt.

Eine Organspende ist ein altruistischer Akt, ein Ausdruck von gesellschaftlicher Solidarität: Sie helfen jemandem, der in Lebensgefahr ist, indem Sie Ihr Organ nach dem festgestellten Hirntod zur Verfügung stellen, obwohl Sie den Empfänger gar nicht kennen und keinerlei eigenen Vorteil davon haben. Es ist dennoch ein Deal auf Gegenseitigkeit, wenn auch indirekt, denn Sie erhoffen sich natürlich, dass Sie selbst, sollten Sie einmal auf eine Organspende angewiesen sein, auch dankbar davon profitieren werden, dass ein Verstorbener, der das Organ in sich trug, das Sie zum Überleben benötigen, in seinem Organspendeausweis das Ja angekreuzt hat.

Was soll Jens Spahn, der derzeitige Oberhirte der Deutschen im Gesundheitswesen, nun tun, wenn in seinem Herrschaftsgebiet die Statistik klar ausweist, dass es zu wenige Spenderorgane gibt, sodass immer wieder Leute, die auf den Wartelisten stehen, sterben, bevor ein Organ verfügbar ist?

Laut einer Ipsos-Umfrage stehen 52 Prozent der Deutschen der Organspende positiv gegenüber und wären bereit, Organe zu spenden, haben aber keinen Organspendeausweis. 16 Prozent haben der Organspende zugestimmt. 17 Prozent lehnen die Organspende tendenziell oder entschieden ab.

Das ethische Dilemma zwischen kollektivistischer und individualistischer Weltanschauung wird hier besonders anschaulich. Wenn Statistiken sagen, dass permanent rund 10.000 Menschen auf ein Spenderorgan warten, weil es zu wenige gibt, dann ist das ein Missstand, den ein Gemeinwesen zweifellos angehen muss. Keine Frage. Die Frage ist nur, wie?

Der Zäunreflex des Hirtensystems sagt: Organspende vorschreiben, die Sache allgemeinverbindlich regeln, Zwang ausüben! Der Staat verfügt einfach, dass jedem Bürger nach dem Hirntod Organe nach Bedarf entnommen werden können. Damit ist die Sache ein für alle Mal geregelt, der Missstand aus der Welt geschafft. Wenn der Bürger zu doof ist, diesen Ausweis auszufüllen, dann muss ihm der Gesundheitsminister eben per gutem altem brachialem Paternalismus vorschreiben, was ethisch richtig ist. Und genau das hat er nun vor.

Mit dem *Fünferkettenblick* betrachtet eine saubere Sache. Und Sie dürfen ja Widerspruch einlegen, wenn Sie ein aus Sicht der Befürworter unsolidarischer Egozentriker sein wollen und anderen Menschen Ihr Organ nicht gönnen!

Angenommen, wir bekommen ein solches Gesetz, das uns zwingt, in dieser Hinsicht ethisch das Richtige zu tun: Denken Sie einmal weiter. Es fehlt dann bloß noch ein kleiner Schritt und die ersten Kollektivisten verlangen zusätzlich, dass die in ihren Augen Faulen, Feigen, Dummen oder Asozialen, die einen Widerspruch gegen die Organspende eingelegt haben, zentral registriert werden und im Falle des Falles selbst kein Spenderorgan empfangen dürfen. Wäre doch nur gerecht, oder?

DIE SCHWERSTE BÜRDE

Journalisten und Politiker fragen sich bereits jetzt öffentlich, was denn überhaupt ein plausibler Grund sein könnte, der Organentnahme zu widersprechen, außer einer dumpfen, kindlichen Angst. Sehr private, religiöse, spirituelle Gründe oder auch das Misstrauen in das Urteil von Ärzten, die vielleicht vorschnell oder korrupt den Hirntod feststellen, obwohl der Patient noch lebt oder wiederbelebt werden könnte – solche zum Teil auch sicherlich irrationalen Gründe werden so einfach weggewischt.

2011 wurden noch 14,7 Organspenden pro eine Million Einwohner realisiert. 2018 waren es unter zehn. Fakt ist auch, dass 2012 nach einem Skandal an mehreren Universitätskliniken, wo sich Ärzte mittels manipulierter Patientendaten persönlich bereichert haben, das Vertrauen in die Organspende gesunken ist. Können

Sie sich so sicher sein, das Ihre Niere tatsächlich ein Leben rettet? Oder wird sie vorrangig eine Sondertilgung für die Hypothek für ein Einfamilienhäuschen eines Mediziners ermöglichen?

Laut einer Studie des Deutschen Ärzteblattes liegt die sinkende Zahl der Organspenden aber gar nicht an der zu geringen Zahl potenzieller Spender, sondern an der mangelhaften Arbeit in den Krankenhäusern, die die Spender zu selten als solche erkennen. Was wäre, wenn diese Studie ins Schwarze trifft und die Maßnahme, die Zahl der Spender per Zwang zu erhöhen, überhaupt kein zielführender Ansatz ist, sondern es darum ginge, ganz bestimmte Mängel im staatlichen Gesundheitswesen zu beseitigen? Dann würde ja die Freiheit der Bürger ganz umsonst eingeschränkt ...

Sie sehen, das Ganze ist nicht so einfach. Aber da die kollektivistisch denkenden Befürworter des Zwangs für sich selbst keinen stichhaltigen Grund erkennen, warum jemand die Organspende ablehnen könnte, gehen sie davon aus, dass andere ebenso keinen stichhaltigen Grund haben können. Nur: Ist es überhaupt richtig, dass sich diejenigen, die widersprechen, rechtfertigen müssen?

Und natürlich führen etliche Diskutanten wieder die *Würde des Menschen* an, die unantastbar sei. Ja, natürlich. Aber meinen sie damit die Würde der Menschen, die sterben müssen, weil sie kein Spenderorgan erhalten? Oder meinen sie die Würde der Menschen, die sich rechtfertigen müssen, wenn sie nicht wollen, dass ihr Körper als staatlich verwaltetes Ersatzteillager der Gesellschaft verwendet wird? Die *Würde des Menschen* wird plötzlich zum Flutschbegriff, er flutscht Ihnen aus den Fingern wie ein nasses Stück Seife, sobald Sie danach greifen, wenn er sich grundsätzlich immer in jeder ethischen Debatte für jede beliebige Meinung anführen lässt.

Der Angelpunkt der Debatte scheint mir: Betrachten Sie sie mit dem *Fünferkettenblick* oder betrachten Sie sie mit dem *Messiblick*? Sollte ein solcher Gesetzesvorschlag das Parlament passieren, und das halte ich nicht für ausgeschlossen, dann bedeutet das mit dem Messiblick betrachtet, dass Ihr Körper nicht mehr Ihnen gehört, sondern dem Staat. Er verfügt darüber, was mit Ihren Organen zu geschehen hat. Sie dürfen zwar noch Widerspruch einlegen, aber dann dürfen Sie einem gewissen bürokratischen Aufwand und einem gewissen moralischen Widerstand entgegensehen, wie das Impfgegner heute auch schon kennen. Und wenn Sie aus welchen Gründen auch immer keinen Widerspruch einlegen, dann wird mit Ihren Organen gemacht, was der Staat, also die »Gesellschaft« für richtig hält.

Aus Solidarität wird Zwang. Denn Solidarität ist das dann nicht mehr. Solidarität ist nämlich ein prinzipiell freiwilliger Akt des Beitrags zum Zusammenhalt in einer Gruppe. Sie können aus purer Logik niemanden zur Solidarität zwingen. Das wäre ein Widerspruch in sich. So etwa wie wenn Sie jemand aufforderte, spontan selbstinitiativ zu sein. Jetzt! Sofort! Machen Sie schon!

Aus der solidarischen Organspende wird also die Zwangsorganspende. Der Staat greift in das vornehmste Grundrecht seiner Bürger ein. Und die meisten finden das gut. Die Herde applaudiert, die Hirten tun, was ihr Job ist: Sowohl die CDU als auch die SPD, somit die beiden Parteien, die im Bundestag derzeit noch über die Mehrheit verfügen und die Regierung bilden, stimmten der Initiative bereits öffentlich zu. Wir werden sehen, wie der Bundestag entscheidet, wenn es zur Abstimmung kommt.

Mir geht es hier nicht darum, für oder gegen Organspende zu argumentieren. Das Thema ist in so vielen Dimensionen verwickelt, dass eine offensichtliche Lösung nicht auf der Hand liegt. Es sind höchst moralische, ethische, medizinische, juristische, politische, psychologische und auch religiöse Faktoren, die unsere jeweilige Bereitschaft zur Organspende beeinflussen. Sie und ich dürfen und sollten in dieser interessanten und schwierigen ethisch-politischen Frage meiner Ansicht nach letztlich für sich selbst entscheiden. Ich habe mich übrigens persönlich für die Organspende entschieden und trage einen Spendeausweis mit mir rum. Und wenn Sie keinen haben, respektiere ich das.

Mir geht es um etwas anderes: Was ist das eigentliche Motiv der Befürworter der Zwangsorganspende, also der Kollektivisten, der Fünferkettenbeobachter, der Herdentiere?

Mein Antwortvorschlag ist: Die Zwangsbefürworter wollen, dass *alle* das Richtige tun. Und keiner das Falsche. In diesem Fall vereinfachen sie die komplexe Lage und verdichten sie auf ein Entweder-oder, auf ein Richtig-oder-Falsch. Leben retten ist richtig. Leben nicht retten ist falsch. Und das gilt für alle. So schlicht.

Die Kollektivisten können das meinethalben ja gerne so simplifiziert anschauen. Nun genügt es ihnen aber nicht, selbst das Richtige zu tun, also selbst proaktiv der Organspende zuzustimmen, nein, sie wollen lieber von den Hirten zum richtigen Verhalten gezwungen werden, weil dann alle anderen auch dazu gezwungen werden. Was sie nämlich nicht wollen: selbst etwas tun, aber die meisten anderen tun es nicht!

Kollektivisten wollen sich nicht individuell in die als richtig erachtete Richtung begeben, sondern sie wollen sich als Gesamtheit, als Gruppe, als Gemeinschaft, als Gesellschaft in die richtige Richtung bewegen. So brauchen sie sich niemals zu exponieren, sie brauchen sich nicht zu entscheiden, sie brauchen keine Widerstände oder Widersprüche auszuhalten, sie können einfach mitschwimmen.

Ich glaube übrigens gar nicht, dass dies ein bewusstes, gewolltes Motiv ist, sondern eher eine nicht hinterfragte Selbstverständlichkeit – bewusst würden Kollektivisten erfahrungsgemäß eher das Prinzip der Gleichheit ins Feld führen, das sie »Gerechtigkeit« nennen.

Gleichheit fühlt sich für sie auch deswegen moralisch richtig an, weil eine Welt, in der sie sich aus guten Gründen für etwas entscheiden, während andere sich aus guten Gründen für etwas anderes entscheiden, in ihnen Stress auslöst: Denn in ihrer Welt gibt es nur richtig oder falsch. Entweder sie haben selbst unrecht, dann ärgern sie sich darüber, durch die anderen, die richtigliegen, bloßgestellt zu werden. Oder sie haben selbst recht, dann müssen die anderen, die falschliegen, auf den richtigen Weg gezwungen werden. Ein Leben-und-leben-lassen ist keine Option. Aus dieser Entweder-oder-Perspektive ist der Zwang von oben die schlüssigste Methode, diesem Stress aus dem Weg zu gehen.

Oder anders gesagt: Einen Hirten zu beauftragen, Zwang auszuüben und individuelle Freiheit einzuschränken, enthebt die Herde von der Verantwortung, selbst eine Wahl zu treffen und für die Folgen dieser Wahl die Konsequenzen zu tragen. Verantwortung ist für ein Herdentier die schwerste Bürde.

ABER DA SIND DOCH GAR KEINE NASHÖRNER!

Und weiter: Warum ist für die Kollektivisten Verantwortung eine Bürde? Was macht die Verantwortung so schwer? Die Antwort: Wer es vermeiden möchte, Verantwortung für sich und andere zu übernehmen, befürchtet, die Konsequenzen falscher Entscheidungen tragen zu müssen. Dahinter steckt Furcht – hinter dem übergroßen Verlangen der Deutschen, regiert zu werden, steckt German Angst.

Ja, das ist hart. Natürlich frage ich mich, ob ich den Kollektivisten pauschal Angst vor den Konsequenzen der eigenen Entscheidungen unterschieben darf. Denn wenn ich ganz ehrlich bin: Die schlichte Unlust oder Faulheit, eine Entscheidung zu treffen, kenne ich selbst sehr gut – und ich würde mich nicht als Kollektivisten sehen. Ich bin auch einfach mal der ganz rationalen Überzeugung, dass es andere Menschen gibt, die tatsächlich informiertere und erfahrenere Entscheidungen für mich treffen können. Dann delegiere ich die Verantwortung gerne und mit gutem Gewissen.

Ich kann mir vorstellen, dass es sehr viele Faktoren gibt, die die Scheu vor der Verantwortung beeinflussen, nicht nur das individuelle Angstprofil. Auch das kulturelle Kraftfeld, das einen Menschen umgibt, die zur Verfügung stehende Zeit, viele weitere psychologische Faktoren außer der Angst.

Mir geht es hier nun aber weniger darum, irgendwelche Gruppen pauschal zu verurteilen, sondern vielmehr darum, der Funktionsweise des Hirtenprinzips auf die Spur zu kommen. Und was ich erkennen kann: Reale Angst, unterstellte Angst, Spielen mit Ängsten, Schüren von Ängsten ... um all das dreht sich in Politik und Gesellschaft fast alles – insbesondere in Verbindung mit den Massenmedien. Wohin die Herde läuft und wohin sie getrieben wird, dabei Spielen Ängste eine entscheidende Rolle.

Ich will Ihnen also keine Angst unterstellen, sondern das Phänomen verstehen: Angst existiert nur dann, wenn Sie den Ausgang der Geschichte, in der Sie sich befinden, nicht kennen. Sobald das Wissen um den Ausgang da ist, verschwindet die Angst. Das Unangenehme an der Gegenwart ist aber nun gerade, dass durch die stark wachsende Komplexität die Zahl der Überraschungen zunimmt: Die Zahl unserer möglichen »Geschichten« wird immer größer und wir wissen immer weniger, wie sie ausgehen. Also nimmt die Zahl der Anlässe für Ängste zu.

Andererseits bietet jede Angst in der Gesellschaft die Chance, sich die jeweilige Macht gegenseitig vorzuführen: Denn jede Angst ist der Anlass für einen Deal Sicherheit gegen Freiheit. Das Plus an Sicherheit lindert die Angst. Das Minus an Freiheit mehrt die Macht der Hirten. Check!

Schon Franklin D. Roosevelt, der US-Weltkriegspräsident, hatte erkannt, dass Politik nur dann gute Politik ist, wenn sie den Menschen die Angst nimmt. Ich frage mich nur: gut für wen?

Wenn Sie die Angst als Mechanismus in den Blick nehmen, erkennen Sie die Symbiose zwischen Herde und Hirte: Die Hirten fördern und begrüßen die Angst der Menschen, denn sie profitieren von ihr. Manchmal reden sie die Angst sogar herbei, malen den Teufel an die Wand und schieben die Angst den Menschen unter, wo noch gar keine ist. »Teile der Antwort könnten die Bevölkerung verunsichern.«

Und auf der anderen Seite rufen die Bürger bei jedem Problem, bei jeder Befürchtung, bei jeder Missstimmung sehr rasch nach Papi Staat, der das Problem lösen soll.

Sie können jeden beliebigen gesellschaftlichen Störfall der letzten Jahrzehnte als Beispiel nehmen: Waldsterben, Golfkrise, Tschernobyl, Bosnienkrieg, Millennium-Bug, Dot-com-Krise, Ozonloch, 9/11, Al-Qaida, Globalisierung, Fukushima, Finanzkrise, Eurokrise, Flüchtlingskrise, Digitalisierung, ... Die Hirten nehmen das alles dankbar auf und reagieren schnell mit einer kollektivistischen Maßnahme, mit einem gründlichen Verbot, mit einer detaillierten Vorschrift, mit einem Zwang, mit einem Stück mehr Planwirtschaft. Der Bürger will ja, dass der Staat sich um das Problem kümmert. Und der Politiker muss ja wiedergewählt werden, um weiter »gestalten« zu können.

Um genau zu sein: Es geht bei dem beschriebenen Mechanismus gar nicht um eine reale Angst von einzelnen Menschen im jeweiligen Fall. Angst ist ein sehr individuelles Gefühl und darüber wissen wir nichts. Es geht vielmehr um die Unterstellung einer Angst. Es gibt ein Problem, Bürger und Politiker unterstellen anderen und sich gegenseitig Angst, leiten daraus eine regulierende Maßnahme ab, um die Angst zu nehmen, die Bürger begrüßen das und begleichen am Wahltag die fürsorgliche Behandlung mit ihrer Stimme.

Dass der Bürger selbst mit einem Problem fertigwerden oder mit seinen Gefühlen umgehen könnte, ist in diesem Spiel keine Option. Davon hat der Politiker ja nichts. Im Gegenteil! Jedes Problem, das die Bürger selbst lösen würden, machte ein paar Pöstchen und ein paar zugehörige Budgets überflüssig. Wenn Ihre wirtschaftliche Existenz und öffentliche Anerkennung davon abhinge, dass Menschen unmündig, ängstlich und unfähig sind, sich selbst zu helfen, würden Sie ihnen dann beibringen, mutig für sich selbst zu sorgen, um zu entscheiden? Würden Sie ihnen beibringen, Verantwortung zu übernehmen?

Auch hier: Ich werde nicht müde zu betonen, dass ich weit davon entfernt bin, irgendjemandem eine Schuld zuzuschieben. Das zugehörige, unbewusste Reiz-Reaktions-Schema ist uralt und tief in uns verwurzelt. In Ihnen und mir auch. Ich wundere mich selbst manchmal über mich, wie vehement ich Tischmanieren bei meinen Kindern einfordere. Einmal habe ich eines meiner Kinder wüst zusammengebrüllt, weil es sich während einer Autofahrt abgeschnallt hatte. Ich habe vor lauter Fürsorglichkeit völlig überreagiert (sorry, Frederik!).

Mir ist klar geworden, dass der paternalistische Reflex stark ist und aus tiefen Tiefen heraufkommt, sobald ich in einer Machtposition bin und die Verantwortung trage. Ich bin da immer am Zweifeln und immer im Zwiespalt. Wie viel Freiheit darf ich meinem Sohn bei der Nutzung des Internets geben? Wie stark muss oder soll oder will ich einfordern, dass er rausgeht zum Spielen? Oder dass er was für die Schule tut? Wie weit darf und kann ich ihm diese Entscheidungen selbst überlassen? Wie viel muss ich ihm vorgeben? Ich muss ihn schützen, das ist Teil meines Jobs als Vater. Ich muss ihn aber auch Selbstständigkeit und den Umgang mit seiner Freiheit lehren, wenn ich will, dass er mal ohne mich zurechtkommt.

Ja, natürlich ist bei »unmündigen« Kindern die Lage noch anders als bei »mündigen« erwachsenen Bürgern – aber nur dann, wenn Sie sie tatsächlich als mündig und erwachsen betrachten und behandeln: Die Unterstellung der Unmündigkeit erzeugt reale Unmündigkeit.

Das Dilemma ist ein bisschen wie bei dem uralten Sketch von Didi Hallervorden: Einer steht auf der Straßenkreuzung. Ein anderer fragt, was er da mache. Er sorge dafür, dass keine Nashörner die Straße kreuzten. – Aber da seien doch gar keine Nashörner! – Eben!

TEDDYBÄREN

Ein Beispiel dafür ist die Krankenversicherung in Deutschland, genauer gesagt, das Verfahren, dass die Rechnung des Arztes nicht zum Patienten geht, sondern direkt zur Krankenversicherung. Natürlich ist diese Regelung aus einer bestimmten Sicht nichts anderes als deutsche Prozessgründlichkeit: So ist es eben am einfachsten für alle.

Aus einer anderen Sicht aber ist es Paternalismus: Ach, kommen Sie! Der Patient kann mit der Arztrechnung doch ohnehin nicht umgehen. Er kann in seiner Unkenntnis ja gar nicht einschätzen, ob die zu hoch oder vielleicht sogar falsch ist. Und vielleicht zahlt er am Ende nicht. Vielleicht verschlampt er die Rechnung. Der baut doch nur Mist. Und die Ärzte wollen ja schließlich nicht hinter ihrem Geld herrennen müssen.

Ein Effekt der Annahme von Dummheit ist aber reale Dummheit. Nichtwissen macht nämlich dumm. Wenn der Patient nicht mitbekommt, was seine Behandlung eigentlich kostet, fehlt ihm das Gefühl dafür, ab welchem Grad von Beschwerden es sich lohnt, zum Arzt zu gehen. In der Folge wird das Gesundheitswesen insgesamt zu viel in Anspruch genommen, die Kosten für alle steigen. Aus systemischer Dummheit.

Das ist wie beim All-inclusive-Pauschalurlaub: Der Teller wird am Büffet bis zum Anschlag gefüllt und geht halbleer zurück. Kostet ja nichts. Scheinbar.

In allen Prozessen, bei denen die Rückkopplung fehlt, wird die Lernschleife durchbrochen und es kann kein Lernen stattfinden. Und wer nicht lernt, kann am Ende tatsächlich nicht verantwortlich handeln. Die Annahme, ein Schaf sei dumm, führt deshalb dazu, dass das Schaf tatsächlich dumm wird. Und das ist kein Vorwurf an das Schaf. Selig sind die geistig Armen – ohne Verantwortung lebt sich's einfach unbeschwerter. Für den Moment. Die Rechnung dafür stellt das Leben später.

Wenn dann nämlich die Krankenkassen die Beiträge erhöhen, weil die Patienten Leistungen in Anspruch nehmen, die sie nicht kaufen würden, wenn sie wüssten, was sie kosten, dann wird wieder nach dem Hirten gerufen: Die Politik muss dafür sorgen, dass die Beiträge reduziert werden!

Die paternalistische Symbiose zwischen Bürger und Staat hat den Charakter einer Familie mit überfürsorglichen Eltern und stets undankbaren Kindern, denen man es nicht recht machen kann und die immer am Motzen sind: Der Ruf nach dem Staat sorgt für ein Stück weniger Verantwortung für den Bürger und für ein Stück mehr Macht für den Staat, die geringere Verantwortung beim Bürger erzeugt ein Stück mehr Unmündigkeit und das Mehr an Macht beim Staat sorgt für ein wenig mehr Vorschriften, Regulierung und Zwang, die Unmündigkeit erzeugt ein Problem, das Problem sorgt für den Ruf nach dem Staat und der Kreislauf geht in eine neue Runde.

Dieses Muster können Sie überall erkennen, wenn Sie sich umschauen: Bei der berühmten deutschen Abfalltrennung, beim Dosenpfand, ja generell beim Verbraucherschutz und beim Umweltschutz. Die Verantwortung für die Qualität der Produkte, die der Kunde ausgewählt hat, wird genauso auf den Staat und seine Institutionen abgeschoben wie die Verantwortung für den Erhalt einer intakten Umwelt. Der Staat wird dafür verantwortlich gemacht, dass ich sorgenfrei jedes Produkt im Supermarkt oder im Elektrodiscounter kaufen kann und in meinem Alltag nichts anrichten kann, was mich oder die Umwelt schädigt.

Oder in der Medizin: Die Verantwortung dafür, dass ich gesund bin oder werde, gebe ich an den Arzt ab. Der soll mir sagen, was ich machen oder einnehmen soll, um gesund zu werden. Dann habe ich alles getan. Diese Verantwortung geht sehr weit. Manche sterben lieber vorzeitig, als die Verantwortung für ihren eigenen Körper zu übernehmen.

Sie können das Muster auch im Feld Beruf & Karriere sehen: Die Verantwortung dafür, dass die Kinder was Vernünftiges lernen und fit für die Berufswelt sind, wird an den Staat abgegeben. Der muss dafür sorgen, dass der Lehrplan vernünftig ist und die Lehrer den Kindern das Richtige beibringen, sodass sie später mal einen ordentlich bezahlten Job bekommen. Das betrifft aber auch die Ausbildung der Lehrer selbst: Wenn ihr mich zum Lehrer ausbildet, dann müsst ihr auch dafür sorgen, dass ich eine Lehrerstelle bekomme!

Und wenn ich 45 Jahre gearbeitet habe, dann muss der Staat gefälligst dafür sorgen, dass ich meinen Ruhestand genießen kann! Das muss der Blüm persönlich machen! Hat er doch gesagt, dass er dafür sorgt!

Noch ein schönes Fundstück aus dem alltäglichen Medienstrom: In einem Interview im September 2017 fragte Chefredakteur Florian Harms von t-online.de den ehemaligen SPD-Vorsitzenden Sigmar Gabriel, was denn der Kern der SPD sei. Gabriel antwortete: »Die Partei der Freiheit. Freiheit nicht nur von Not und Armut, sondern auch die Freiheit für ein selbstbestimmtes Leben.« – Ob die SPD in Denken und Handeln dieser Vorstellung Gabriels entspricht oder nicht, darüber lässt sich's streiten. Aber augenöffnend war, was jener Chefredakteur daraus machte: In einem Kommentar rund ein Jahr später schreibt er, die SPD solle sich um Freiheit von Ausbeutung von Niedriglöhnern kümmern, um Freiheit vor der Macht der Digitalkonzerne, die unser Privatleben, unsere sozialen Kontakte und unser Konsumverhalten organisieren und immer stärker auch beherrschen, und um ein sicheres Lebensumfeld in den Sicherheitsbehörden, bei überarbeiteten Polizisten und in der kleingesparten Bundeswehr. – Übersetzt: Der Ruf eines Schafes nach dem Hirten! So kann man Sigmar Gabriel auch missverstehen …

Es gibt noch Tausende weitere Beispiele. Hund beißt Kind – Staat soll Hunderasse verbieten. Daten werden missbraucht – Staat soll Datenschutz grundverordnend regeln. In Japan explodiert ein Atomkraftwerk – Staat soll aus Atomkraft aussteigen … Egal, welche Meinung ich habe – die da oben sollen gefälligst dafür sorgen, dass von allen ausgeführt wird, was ich richtig und gut finde.

Natürlich, wir kennen auch die engagierten Helfer, die aus ihrer Sicht Verantwortung übernehmen – und diese Sichten sind teilweise sehr verschieden: Die einen schenken den Flüchtlingen am Münchner Hauptbahnhof Teddybären. Die anderen zünden Asylantenheime an. Aber das ist so oder so nur gefährliche Symbolik, keine echte Verantwortung.

Echte Verantwortung ist anstrengend, symbolfrei, unspektakulär und nicht so einfach. Vor allem zu Beginn. Sie verlangt von den

Individuen selbst eine Verhaltensänderung. Nicht von den anderen. Per Facebook-Post zur Verantwortung aufzurufen, ist selbst verantwortungslos. Verantwortung erfordert immer Disziplin und Triebaufschub. Um mein Geld vernünftiger anzulegen als mit der staatlich-fürsorglichen Riester-Rente, muss ich mich mit der Geldanlage beschäftigen und selbst Risiken eingehen. Erst später, wenn und falls sich der Erfolg einstellt, beginnt die Sache Spaß zu machen.

FLIEGENDE KUGELN

Das Gemeine am bequemeren Weg, die Verantwortung an eine höhere Instanz zu übergeben, ob das nun der Arbeitgeber oder der Staat oder Gott ist, liegt darin, dass es fraglich ist, ob diese höhere Instanz die Verantwortung überhaupt übernimmt.

Für Ihr Geld zum Beispiel: Wenn Sie die Verantwortung für Ihr regelmäßiges und gesichertes Einkommen an den Arbeitgeber delegieren, dann werden Sie eines Tages vielleicht die enttäuschende Erfahrung machen, dass der Arbeitgeber eine ganz andere Sicht auf diesen Deal hatte. Sie haben den Arbeitsvertrag in eine Erwartung transformiert, dass der Arbeitgeber in Person eines Chefs Ihnen sagt, was Sie tun sollen, damit der Laden wirtschaftlich bleibt, auf dass es Ihre Stelle auch morgen noch gebe und Ihr Gehalt gezahlt werde. Sie glaubten, damit die Verantwortung für Ihr sicheres Einkommen abgegeben zu haben. Aber sie ist in Wahrheit nur aus Ihrem Kopf verschwunden. Ihre Erwartung beruht auf einer Selbsttäuschung.

Denn der Chef ist in Wahrheit nicht verantwortlich für die Sicherheit Ihres Familieneinkommens, sondern für die Wirtschaftlichkeit des Unternehmens. Das gehört zum Deal, den er mit seiner eigenen Chefin eingegangen ist. Er stellt Sie nur ein, weil er die Erwartung an Sie stellt, dass Sie zur Wirtschaftlichkeit des Unternehmens und zu seiner eigenen Zielerreichung beitragen. Wenn es schlecht läuft, wird er Sie entlassen – Arbeitsrecht hin oder her –, um seinen Job zu machen. Und Ihre Enttäuschung ist dann das Ende Ihrer Täuschung.

Die Wahrheit ist: In der Hirtenwelt will keiner Ihre Verantwortung haben! Ja, auch die Hirten nicht!

Es gibt da dieses auf manchen Kindergeburtstagen und Teamfindungsseminaren beliebte Spiel: Zwei stehen sich gegenüber und haben in jeder Hand jeweils die Enden zweier Seile. In der Mitte sind beide Seile durch ein Loch in einer hohlen Kunststoffkugel gefädelt. Wenn der eine seine Arme spreizt, fliegt die Kugel zum anderen. *Flitsch.* Sobald der zweite die Arme spreizt und der erste sie wieder schließt, fliegt die Kugel wieder zurück. *Flitsch.* Wenn beide Spieler gut aufeinander eingespielt sind, fliegt die Kugel immer hin und her. *Flitsch. Flitsch. Flitsch …* Das Spiel ist erst zu Ende, wenn einer von beiden aufhört oder aus dem Rhythmus kommt.

Diese Kugel symbolisiert für mich die Verantwortung – jeder will sie im Hirtensystem möglichst weit von sich weg haben und spreizt sich. Nur ist in unserer Gesellschaft das Ganze noch viel komplexer, da fliegt die Kugel nicht nur hin und her, sondern wild in verschlungenen Kreisen herum.

Der Arzt schützt sich davor, dafür verantwortlich zu sein, dass der Patient krank geworden ist oder stirbt. Gleichzeitig verlangt er aber vom Patient, dass er genau die Therapie verfolgt, die er ihm vorschreibt, oder die Medikamente einnimmt, die er verschreibt.

Er sagt: Wenn du nicht machst, was ich dir sage, wirst du nicht gesund! *Flitsch.*

Der Patient macht es und sagt dann: Ich habe genau gemacht, was du gesagt hast, ich bin aber nicht gesund. Also bist du schuld! *Flitsch.*

Die Krankenkasse übergibt die Verantwortung an den Patienten und verlangt die Zahlung von Beiträgen: Wenn ihr brav zahlt, sorgen wir dafür, dass ihr ordentliche Leistungen bekommt, wenn ihr sie braucht. *Flitsch.*

Wenn das nicht geht, habt ihr zu wenig bezahlt. Also müssen wir die Beiträge erhöhen. *Flitsch.*

Dem Bürger ist das zu teuer, also hat jemand versagt. Der Gesundheitsminister muss dafür sorgen, dass die Beiträge nicht steigen. *Flitsch.*

Der ordnet Kostensenkung im Gesundheitswesen an und gibt die Kugel weiter. *Flitsch.*

Das resultiert in Leistungskürzungen. Die Kugel fliegt zurück zum Patienten, der doch alles getan hat: Beiträge gezahlt und die Anweisungen des Arztes befolgt. *Flitsch.*

Und so weiter. Keiner will die Kugel haben.

Eigentlich sagen die Akteure die ganze Zeit über gegenseitig zueinander: Übernimm du die Verantwortung, damit ich sie dir abnehmen kann! *Flitsch. Flitsch. Flitsch …*

In der wechselseitigen Abhängigkeit, der wechselseitigen Erwartung und der wechselseitigen Enttäuschung besteht die kohäsive Kraft des Paternalismus, die sich selbst erhält. Alle bezichtigen einander gegenseitig der Verantwortungslosigkeit und heizen den paternalistischen Kreislauf dennoch weiter an, indem sie erneut gegenseitige Forderungen aufstellen. Oder anders gesagt: Weil der Paternalismus nicht funktioniert, wollen die Akteure mehr davon.

Wer aber aussteigen will aus diesem Irrsinn, wer sich also die Verantwortung schnappen und sie übernehmen will, anstatt sie weiterzuflitschen, der wird als Störenfried und irrationaler Quertreiber empfunden. Der Familienvater, der sich darüber beschwert, dass seine Tochter in der Schule die veraltete Ernährungspyramide lernt, wird in der Schule gehörig Gegenwind bekommen (und seine Tochter ebenfalls). Die Studentin, die selbst vegan isst, aber sich trotzdem dagegen ausspricht, dass der Mensa Fleischlosigkeit vorgeschrieben werden soll, wird von Kommilitonen angefeindet werden. Der Social-Media-Nutzer, der sich politisch korrekten Sprachverboten nicht unterwerfen will und darum trotzig weiter »Zigeuner«, »Eskimo« und »Mohrenkopf« sagt, wird erleben, wie weit Denunziantentum in unserer Gesellschaft verbreitet ist. Wer ein Neugeborenes im Tragetuch statt im Kinderwagen transportiert, wird erleben, wie er von verschiedenster Seite darauf aufmerksam gemacht werden wird, dass dies ungesund sei oder eben einfach nicht der gesellschaftlichen Norm entspricht. Wer unkonventionellerweise an der Börse mehr als zehn Prozent Rendite pro Jahr verdient (Zocken? Das macht man doch nicht!), wird darüber nicht laut sprechen, wenn er nicht riskieren will, im Bekanntenkreis als unmoralisch gebrandmarkt zu werden.

Es gibt eine Gegnerschaft zwischen denen, die sich dem paternalistischen Hirten-Herden-Spiel unterwerfen, und denen, die ihre Verantwortung behalten und von allgemeinen Vorschriften absehen wollen. Und der Riss entlang dieser Linie wird tiefer. Auf der einen Seite der moralische Gleichschaltungsdruck derjenigen, die wollen, dass ALLE beim paternalistischen Hirten-Herden-Spiel mitmachen, auf der anderen Seite der Freiheitsdrang der Individualisten, die im vollen Bewusstsein der Risiken und Nebenwirkungen aus dem Spiel aussteigen und ihre Stimme nicht mehr an die Hirten abgeben wollen.

Ach ja, richtig, und dann gibt es da noch die nicht unbeträchtliche Gruppe der Gleichgültigen, denen das alles eigentlich völlig egal ist. Bei denen ist die flitschende Verantwortungslosigkeit sozusagen als Default-Modus werksseitig eingebaut, ohne dass sie es überhaupt mitbekommen.

MACHEN SIE WAS!

Aus einer Perspektive von außerhalb dieser Streitigkeiten um die heiße Kartoffel der Verantwortung muss man sich fragen, ob ein Volk, das sich als komplementärer Gegenpart zum Paternalismus zunehmend kindisch verhält, noch als Souverän angesehen werden kann, also als Träger der höchsten Staatsgewalt, so wie es unsere Verfassung eigentlich vorsieht und wie es bei einer Republik eigentlich sein müsste.

Zumindest wirkt das alles nicht souverän. Wenn das Volk sagt:

»Bitte regiert uns, wir machen dann auch alles, was ihr sagt!« – dann haben sie ihre Stimme abgegeben. Aber nicht im Sinn der Stimmenabgabe bei einer Wahl, sondern im Sinne der Abgabe ihrer Gewalt. Wenn das Volk aufhört, für sich selbst zu sprechen, dann wird es unsouverän. Dann regrediert es und fällt zurück in das Zeitalter der König- und Kaiserreiche mitsamt dem Adel und den Untertanen.

Je paternalistischer, desto unsouveräner: Der Grad an Paternalismus in einer Gesellschaft ist ein reziproker Gradmesser für die real existierende Volkssouveränität. Und das halte ich für gefährlich! Es gibt einen fließenden Übergang von der Volksherrschaft zur Diktatur einer herrschenden Gruppe, ob das nun eine Partei oder eine Bürokratie oder ein Kartell aus Institutionen ist. Wir wissen nicht, wo der Übergang ist. Klar ist nur: Eine Republik ohne Volkssouveränität gibt es nicht. Je überbordender der Paternalismus um sich greift, desto wahrscheinlicher ist es, dass wir die Republik bereits hinter uns gelassen haben, ohne es zu bemerken. Und Sie können sicher sein, dass die Hirten Sie davor nicht bewahren werden!

Die Tragik eines Volkes, das sich wie Kinder behandeln lässt und seine Stimme, die sein einziges Machtinstrument ist, delegiert, liegt darin, dass das keiner bewusst macht. Wir handeln uns das mit dem paternalistischen Teufelskreis ein, weil es für alle Akteure opportun ist.

Am Ende versinken Verantwortung, Sicherheit, Anstand und Wohlstand im Morast der gegenseitigen Abhängigkeit zwischen Herde und Hirte.

Andererseits: Wenn alle das so wollen ... na, dann ist doch alles bestens. Es steht uns doch eigentlich nicht zu, darüber zu urteilen, wenn die einen den Hirtenstab schwingen wollen und die anderen regiert werden wollen. Die wenigen, die da nicht mitmachen wollen, sind in einer Demokratie nun mal die Minderheit. Sie bekommen folgerichtig relativ früh in solchen Diskussionen den Rat: Na, dann wandern Sie halt aus!

In der Tat befindet sich die spätpaternalistische Bundesrepublik Deutschland in einem eingeschwungenen Zustand der verteilten Verantwortungslosigkeit. Es ist ein stabiles Arrangement. So wie die vielen, nach tayloristischen Managementprinzipien organisierten Unternehmen. Es läuft doch. Uns geht's doch gut!

Haben wir große Kriege? – na, also! Leiden Sie Hunger? – na, eben! Was wollen Sie eigentlich, Vollmer! Es ist doch ein Land, in dem wir gut und gerne leben! Uns geht's doch so gut wie noch nie!

Ja, gut, manchen geht es vielleicht besser. Die Schweizer, die Singapurer, die Liechtensteiner, die Norweger, die Isländer, die Neuseeländer, die Österreicher, die Dänen, die ... Aber im vordersten Drittel sind wir doch noch!

Vor Kurzem war ich mit dem Zug unterwegs nach Frankfurt. Mitten in einem Tunnel kamen wir zum Stehen, weil es bei dem Zug vor uns zu einem Personenschaden gekommen war, wie das heutzutage heißt. Darüber hinaus bekam der Zugführer keine Informationen. Dementsprechend konnte er den Zuggästen auch nichts Genaueres sagen: Keiner wusste, wann es weitergeht und wann wir ankommen.

Nach etwa 90 Minuten bekam ich ein Gespräch auf dem Gang mit: Ein Fahrgast war auf dem Weg zum Flughafen und sein Anschluss an seinen Flug war zeitlich in Gefahr. Der Herr hatte einen Zugbegleiter gestellt und wurde im Verlauf des Gesprächs immer giftiger: »Sie müssen doch wissen, ob ich meinen Flieger noch bekomme! Wenn nicht, dann finden Sie's raus! Sie sind doch zu spät, nicht ich! Jetzt müssen Sie auch dafür sorgen, dass ich meinen Flieger bekomme! Ich kann doch da nichts dafür! Ich bin pünktlich in den Zug eingestiegen, oder nicht? Es liegt in Ihrer Verantwortung! Machen Sie was!«

Ja, uns geht's noch gut.

Noch.

KAPITEL FÜNF

DIE ALTE GARDE IST AM ENDE

Wenn in Ihrem Auto der Turbolader streikt, schaffen Sie es vermutlich noch bis zur Werkstatt, wo das defekte Teil repariert werden kann. Mit einem menschlichen Organismus ist das nicht so einfach: Einen gebrochenen Arm können Sie zwar noch relativ einfach heilen, indem Sie den Knochen wieder ausrichten und fixieren, notfalls zusammenschrauben und dann mit etwas Geduld die Selbstheilungskräfte des Organismus ihr Werk tun lassen.

Fällt aber ein inneres Organ aus, wird die Sache schon dramatischer, denn alle Organe des Körpers stehen zueinander in einer hochkomplexen Wechselwirkung. Das symptomtragende Subsystem enthält darum nicht unbedingt die Ursache für das Problem. Wenn eine Niere Probleme macht und Sie behandeln nur diese Niere, ohne die im ganzen Organismus verteilte, eben *systemische* Problematik zu beachten, dann wird die Kur nicht lange helfen.

Fallen nun aber in einem menschlichen Körper gleich mehrere innere Organe gleichzeitig aus, erleidet der Mensch also ein »multiples Organversagen«, dann ist die Situation lebensbedrohlich. Der Volksmund sagt, dass alle Probleme noch lösbar sind, solange Herz und Nieren gesund sind. Sind sie es aber nicht mehr, geht es um Leben und Tod.

Ein so hochkomplexes, organisches System wie der menschliche Körper ist in gewisser Hinsicht eine gute Analogie zu einer staatlich verfassten Gesellschaft. Auch sie besteht aus vielen Subsystemen, die sich mehr oder weniger stark gegenseitig beobachten, voneinander abhängen und miteinander verschränkt und vernetzt sind.

Der Soziologe Niklas Luhmann hat das systemtheoretisch grob vereinfacht so beschrieben, dass die Gesellschaft ein umfassendes soziales System sei, das alle anderen sozialen Systeme in sich einschlösse. Innerhalb der »Organe«, also der

Subsysteme der Gesellschaft, schließen sich nach Luhmann viele Kreisläufe und Interaktionsmuster – Sie könnten auch sagen, die Subsysteme beschäftigen sich mit sich selbst, noch präziser ausgedrückt: die in den Subsystemen stattfindende Kommunikation referenziert immer auf sich selbst – Luhmann sagt, das System entsteht und existiert überhaupt erst durch Kommunikation. Die Subsysteme beobachten sich gegenseitig und beschreiben sich selbst, indem sie sich Handeln zuschreiben. Wenn also der Präsident des Deutschen Fußball-Bunds darüber nachdenkt, den Bundestrainer der Fußballnationalmannschaft zu entlassen oder ihm den Rücken zu stärken und darüber ein Interview mit einem Sportreporter führt, dann existiert und wirkt dadurch das gesellschaftliche Subsystem »Fußball« innerhalb des gesellschaftlichen Subsystems »Sport« innerhalb der Gesellschaft. Es wird, personifiziert durch den Reporter, gleichzeitig vom Subsystem der Massenmedien beobachtet.

Die Subsysteme existieren durch Kommunikation und sind durch die Einschränkung ihrer Kommunikation mehr oder weniger klar voneinander abgegrenzt – weswegen sie ja von außen erkennbar sind und von innen durch Identifikation erlebt werden. Aber natürlich beobachten und beeinflussen sie sich immer auch gegenseitig.

Die Subsysteme unterscheiden sich voneinander durch ihre eigentliche Funktion für das gesellschaftliche Gesamtsystem. Beispielsweise ist die Funktion des Subsystems »Wissenschaft« die Trennung von Wahrheit und Unwahrheit. Jede Kommunikation wird vor dem Hintergrund dieser Unterscheidung »gelesen«. Die Funktion der »Politik« ist die Beschäftigung mit der Frage, ob Macht vorhanden ist oder nicht. Die »Wirtschaft« dreht sich funktional um die Frage, ob Zahlungen erfolgen oder nicht. Die Funktion des »Rechts« ist die Trennung von Unrecht und Recht. Und so weiter. Luhmann beschreibt weitere Subsysteme wie Kunst, Familie, Erziehung oder Moral. Auf den ersten Blick wirkt das verstörend, denn gemeinhin schreibt man Moral einzelnen Menschen und nicht Sozialsystemen zu. Luhmann bietet uns aber einen anderen Blick darauf an: die Funktion der »Moral« ist es, kollektiv auszuhandeln und zu entscheiden, was der Norm entspricht und was nicht, was als gut und was als böse angesehen wird, als anständig oder unanständig. Das Ergebnis ist nie einheitlich und ständig »in Bewegung«. Beispielsweise war es vor einigen Jahrzehnten völlig normal und moralisch einwandfrei, in Fernsehtalkshows zu rauchen. Und es war unanständig, also moralisch nicht o.k., als Frau am Strand ohne Bikini-Oberteil herumzulaufen. Das hat sich beides geändert, ob Sie und ich das nun gut finden oder nicht.

Durch diesen komplexen, aus sich selbst heraus entstehenden Aufbau der Gesellschaft strukturiert sich die Kommunikation der Menschen – und wird für das Individuum überschaubar und verstehbar. Die Komplexität der Welt wird so im Zaum gehalten.

Soviel vielleicht zum theoretischen Hintergrund. An dieser Stelle geht es mir darum, dass gesellschaftliche Krisen dadurch entstehen können, dass einzelne Subsysteme Krisen haben.

Haben einzelne Subsysteme wie Sport oder Religion oder Recht oder Wissenschaft oder Medizin Krisen oder funktionieren nur noch mangelhaft, dann sind das für den gesellschaftlichen Organismus Koliken. Die können schmerzhaft sein, aber sie sind nicht existenziell.

Sind viele Subsysteme auf einmal betroffen, wird es schon schwieriger, denn dann bilden sich Risse in der Gesellschaft und das eine Problem kann auf ein anderes ausstrahlen. Auch das ist noch heilbar, wenn die Kur angemessen ist und die Selbstheilungskräfte des Systems anspringen.

Aber auch eine Gesellschaft hat symbolisch gesprochen Herz und Nieren: Wenn in einem Land wie Deutschland die Subsysteme Politik, Wirtschaft und Moral chronisch erkrankt sind, dann wird es dramatisch. Die Wirtschaft ist so etwas wie der Stoffwechsel der Gesellschaft, sie ist immer und überall wirksam und muss einfach funktionieren. Ist das politische System von einem Erreger befallen, dann ist das wie eine Autoimmunerkrankung der Gesellschaft. Und die Moral ist wie das Nervensystem, sie strahlt in den kleinsten Winkel des Organismus aus und spielt in allen Subsystemen eine Rolle.

Wenn diese Subsysteme gleichzeitig in der Krise sind, dann ist das nicht wie ein kleineres Gebrechen, mit dem man mal ein paar Tage freinimmt, um danach mit frischem Mut wieder anzupacken. Sondern wie eine tödliche Krankheit in fortgeschrittenem Stadium, wie Krebs: Man kann vielleicht noch was machen, aber es ist ernst. Es ist noch nicht zu Ende, aber wenn wir einfach so weitermachen, dann geht's unweigerlich zu Ende.

Solche Analogien sind alarmistisch, ich weiß. Und man vertut sich auch häufig bei der Prognose von Lebensdauern. »Totgesagte leben länger«, sagt man, und beim weltberühmten,
die meiste Zeit seines Lebens im Rollstuhl verbracht habenden Physiker Stephen Hawking lagen die Mediziner beim Schätzen seiner Lebenserwartung bekanntermaßen gründlich daneben.

Aber in den meisten Fällen treffen diese Prognosen eben doch zu. Ich möchte mit diesem Kapitel keineswegs überbordende Ängste schüren, das bin ich mir schon selbst schuldig, nachdem ich Angst im vorherigen Kapitel als Verstärkungsinstrument des Hirtensystems beschrieben habe. Ich halte nur Vogel-Strauß-Taktik, Nibelungentreue und Durchhalteparolen eben auch für ziemlich dumme Konzepte. Wenn etwas faul ist im Staate, dann muss man es auch sagen. Das ist selbstverständlich der erste Schritt zur Lösungsfindung.

Und es ist nun mal so: Ich erkenne in unserer Gesellschaft bei aller Nüchternheit und ganz abseits von Ideologien und tagesaktuellen Aufgeregtheiten üble systemische Symptome für ein komplexes, chronisches Herz- und Nierenleiden. Ich sehe jede Menge Beispiele für gleichzeitig abdriftende gesellschaftliche Subsysteme. Ich sehe die Unversöhnlichkeit der Meinungen, die Aufkündigung des moralischen Grundkonsenses quer durch die Gesellschaft, ja quer durch Firmen, quer durch Familien. Ich sehe aufschäumende Emotionen, die Schlimmes nach sich ziehen können, ja, früher oder später nach sich ziehen werden, auch körperliche Gewalt. Ich sehe versagende Korrekturschleifen, sich gegenseitig verstärkende Krisen, immer mehr Ängste, immer weniger Vertrauen, immer dramatischere Statistiken, versagende Institutionen.

Eine tief greifende Änderung der Lebensumstände des gesamten Organismus ist notwendig geworden. Wie bei chronischen Erkrankungen. Ein Weiter-so ist keine Option. Allerdings ist noch völlig unklar, was genau und in welche Richtung genau geändert werden muss. Schauen Sie sich darum bitte mit mir einige Subsysteme der Gesellschaft genauer an – ohne Gewähr und ohne Anspruch auf Vollständigkeit. Zu Risiken und Nebenwirkungen lesen Sie bitte einfach weiter und fragen Sie Ihren Bundestagsabgeordneten, Ihren Chef oder Ihren Pfarrer.

NIEMAND HAT DAS UNTER KONTROLLE

Die Wirtschaft ist nicht der Beritt von Regierungsparteien. Wenn der Staat, wie geschehen, behauptet, angesichts sprudelnder Steuereinnahmen gut gewirtschaftet zu haben, dann ist das selbstverständlich eine plumpe Anmaßung. Die Wirtschaft zieht ihre Kraft im Wesentlichen aus Unternehmen und Selbstständigen. Wirtschaften die gut, stellen sie Mitarbeiter ein und bezahlen Gehälter. Daran bedient sich der Staat. Fahren sie obendrein kräftige Gewinne ein, dann bedient sich der Staat daran noch weiter, egal, ob er dazu beigetragen hat oder ob die Wirtschaft vielleicht allen bremsenden und störenden Maßnahmen des Staates zum Trotz profitabel geblieben ist.

Unternehmen werden üblicherweise und traditionell tayloristisch und damit hierarchisch geführt, mit einer sogenannten Pyramidenorganisation: Ganz oben thront der Chef des Chefs des Chefs des Chefs des Chefs des Chefs des Mitarbeiters mit Kundenkontakt. Die Chefs werden bezahlt, um zu entscheiden. Und ihre Fehlentscheidungen werden in dem Maße zahlreicher und gravierender, je komplexer und dynamischer die Märkte werden. Das ist logisch, wenn die Entscheidungsmechanismen so simpel bleiben wie eh und je, während die Entscheidungsbedingungen dramatisch komplexer werden.

In den Unternehmen sinken die Mitarbeiterbindung, die Identifikation mit dem Unternehmen und die Motivation, beziehungsweise sie sind stabil auf Tiefststand. Der allgemein bekannte und wie jede Studie zurecht auch kritisierte Gallup Engagement Index verzeichnet für Deutschland in den letzten Jahren auf Basis groß angelegter Umfragen, dass etwa 85 Prozent der Mitarbeiter in den Unternehmen keine oder nur geringe Bindung an das Unternehmen haben. International bewegt sich Deutschland damit im Trend: In den USA sind es 67 Prozent in Italien 94 Prozent.

Die Bindung ist gering, aber dafür beschuldigen sich alle gerne gegenseitig: Die da unten sagen, die da oben seien schuld an dem Stress, die da oben halten die da unten für unfähig und unwillig, man redet übereinander statt miteinander und die Leistungsfähigkeit des gesamten Gebildes nimmt tendenziell ab. Ablesen lässt sich das derzeit noch nicht an einer zunehmenden Anzahl von Unternehmensinsolvenzen, denn durch die von der Politik extrem niedrig gehaltenen Zinsen wird der kränkelnde Zustand vieler Firmen verdeckt. Das Geld der Banken sitzt locker und ist billig, viele Firmen, die in einem raueren Umfeld bereits pleite wären, finanzieren ihren Schuldendienst mit neuen Schulden. Eine aktuelle Studie von Creditreform geht davon aus, dass bereits 15 Prozent der Unternehmen schon heute keine ausreichende strukturelle Schuldentragfähigkeit mehr haben. Das bedeutet, dass die Wertschöpfung nicht mehr ausreicht, um Zinsen und Tilgungen zu erbringen. Diese Unternehmen leben darum von der Substanz. Und sie müssen nur deshalb noch nicht Insolvenz anmelden, weil die Zentralbanken den Leitzins derzeit bei null halten. Insider nennen solche Unternehmen auch »Zombie-Firmen« – sie sind eigentlich schon tot, wandeln aber noch herum. Das bedeutet: Jedem Prozentpunkt künftigen Zinsanstiegs würden Tausende Unternehmen und Hunderttausende Arbeitsplätze zum Opfer fallen. Niemand hat das unter Kontrolle.

Mit dem Finger auf die Chefs zeigen ist auch deshalb einfach, weil die zahlreichen Betrugsskandale der letzten beiden Jahrzehnte das ja durchaus hergeben: Chefs beim ADAC manipulierten bei der Vergabe der Auszeichnung »Gelber Engel« und zerstörten das gute Image des Automobilclubs. Thomas Middelhoff, der Chef des Handelskonzerns Arcandor, zu dem Karstadt, Quelle, Primondo und Thomas Cook gehörten, schaffte es zwar nicht, das Unternehmen zu retten, zahlte sich aber kurz vor der Pleite noch mal eben 2,3 Millionen Euro Bonus aus, wofür er ins Gefängnis musste. Chefs der Telekom ließen Manager, Journalisten, Gewerkschaftler und Aufsichtsräte bespitzeln und mussten dafür später Schadenersatz leisten. Bei der Übernahme von Mannesmann durch Vodafone flossen Schmiergelder für Topmanager. Mehrere Chefs von Zementfirmen um HeidelbergCement schlossen sich zu einem Kartell zusammen und sprachen heimlich Lieferquoten und Preise miteinander ab, um den Gewinn zu maximieren – sie mussten Hunderte Millionen Euro Geldbußen berappen. Bei Siemens wurden über 4000 Schmiergeldzahlungen aufgedeckt, mit denen Chefs Aufträge auf der ganzen Welt »erkauften«, außerdem unterhielt der Konzern schwarze Kassen im Ausland zur Geldwäsche – die Strafen, Nachzahlungen und Anwaltskosten summierten sich in Milliardenhöhe.

Mit am meisten kriminelle Energie hat sich offensichtlich bei Volkswagen angestaut: Volkswagens Betriebsratschef schenkte Betriebsräten Luxusreisen und Besuche im Puff für mehrere Millionen Euro – auch hier gab es Gefängnisstrafen. Chefs der Volkswagentochter MAN schmierten Kunden und nutzten Briefkastenfirmen und Scheinverträge mit vermeintlichen Beratern, um die Korruption zu decken – die Geldstrafe lag bei über 150 Millionen Euro. Beim Dieselbetrug von Volkswagen wurden mindestens 11 Millionen Fahrzeuge manipuliert, um Abgastests zu bestehen. Zuliefererfirmen wie Bosch und fast alle Marken des Konzerns spielten mit – die Folgekosten sind noch gar nicht abzusehen und liegen schon jetzt jenseits von 20 Milliarden Euro. Der Schaden bei den Kunden, deren Dieselautos an Wert verloren, und bei Autohändlern, deren Markt zum Teil zusammengebrochen ist, wird wohl nie beglichen werden.

All diese Skandale (und das war ja keineswegs eine erschöpfende Aufzählung) randalierten durch die Medien und erodierten das Vertrauen der Menschen in »die Manager« und in die Wirtschaft insgesamt.

Es scheint so zu sein, dass insbesondere bei den großen Konzernen, die besonders stark vom Hirtenprinzip durchwirkt sind, ja, die eigentlich nur aufgrund des dem Hirtenprinzip innewohnenden Hierarchiedenkens überhaupt existieren, die kriminellen Machenschaften unkontrollierbar geworden sind. Viele Konzerne und Großunternehmen – nicht alle! – sind in dem Sinne krank, als sie auf Ebene des Managements anscheinend Kaufmannstugenden wie Ehrlichkeit, Treue, Verantwortungsbewusstsein, Vorbildlichkeit kulturell verdrängt und vergessen haben.

Hier ist eine präzise Differenzierung notwendig: Selbstverständlich sind die meisten Chefs im Grunde ehrliche Menschen und handeln verantwortlich. So erlebe ich das täglich in den Unternehmen, mit denen ich zu tun habe. Vor allem in mittelständischen und inhabergeführten Unternehmen ist der Grad an Verantwortungsbereitschaft und Führungsqualität enorm hoch – was ein Grund ist, warum es in vielen Branchen noch so gut läuft. Eine Aussage wie »Charakterlich verdorbene

Chefs zerstören das System *Management*« wäre eine grundverkehrte Aussage. Die meiner Ansicht nach richtige Sichtweise wäre: Das Hirtensystem *Management* passt in den meisten Wirtschaftssektoren nicht mehr in die Zeit, es verführt Menschen zu unerwünschtem Handeln und vereinzelte kriminelle Chefs sind nur ein Symptom unter vielen dafür. In einem betrugsanfälligen System wird es immer Betrüger geben.

Es ist sehr unwahrscheinlich, dass die Liste der Skandale in den nächsten Jahren nicht noch deutlich verlängert werden müsste. Niemand hat das unter Kontrolle.

Auffallend sind ebenso die immer häufigeren und immer stärker werdenden großen Wirtschaftskrisen. Die weltweite Krise 2008/2009 war gigantisch, obwohl sie durch das Platzen einer Blase in nur einem Teilmarkt des Immobiliensektors in den USA ausgelöst worden war. Sie war noch deutlich größer als die durch das Platzen der New-Economy-Spekulationsblase an den Börsen im März 2000 ausgelöste Krise. Aber auch schon damals waren die Folgen weltweit zu spüren. Niemand hat das unter Kontrolle.

Nach der letzten Wirtschaftskrise erholten sich die Märkte rasch – aber der Verdacht drängt sich natürlich auf, dass wir uns nur wieder in einer neuen Blasenbildungsphase befinden. Vielleicht ist der nächste Auslöser die zusammenbrechende Immobilienbranche in Deutschland – schon jetzt können sich viele Mieter in den Ballungsräumen ihre Wohnungen nicht mehr leisten. Vielleicht platzt aber auch in China die Immobilienblase der Retortenstädte. Vielleicht wird die nächste Krise durch einen Euro-Austritt Italiens ausgelöst. Vielleicht passiert etwas ganz anderes. Wir wissen es nicht. Niemand hat das unter Kontrolle.

Als rund um die Krisen die Politik mit zahlreichen Maßnahmen versuchte, die Lage in den Griff zu bekommen, wurde ihre ganze Hilflosigkeit offenbar: Subventionen für dies und jenes, Kaufprämien für Pkw, Prämien für E-Autos und so weiter sind nichts weiter als Symbolpolitik, Ausdruck der Vermischung von Politik, Wirtschaft und Moral. In Wahrheit kann niemand die Wirtschaft steuern und kontrollieren. Das war schon immer so, nur wird der Selbstbetrug in letzter Zeit immer spürbarer, immer offensichtlicher. Immer mal wieder, wenn Hirteneingriffe und Zäunreflexe zufällig mit positiven Veränderungen korrelieren, fühlen sich die Politiker bestätigt, aber ob das Kausalität oder Zufall ist, lässt sich empirisch nicht nachweisen.

Sicher aber ist, dass es der Wirtschaft nicht zuträgt, wenn Regulierungen und Zwangsmaßnahmen weiter verstärkt werden, die in Summe der Wirtschaft die Freiheit immer weiter abschnüren: Geschlechterquoten alleine sind noch nicht so schlimm. Mindestlöhne alleine sind noch nicht so schlimm. Drastische Umweltauflagen und Bauvorschriften alleine sind noch nicht so schlimm. Mietpreisbremsen alleine sind noch nicht so schlimm. Eine Datenschutzgrundverordnung alleine ist noch nicht so schlimm. Eine Energiewende alleine ist noch nicht so schlimm. Verbraucherschutzgesetze alleine sind noch nicht so schlimm. Dieselfahrverbote alleine sind noch nicht so schlimm ... Aber alles zusammen ... Wer weiß, ab wann die Summe der Regulierungen das Fass zum Überlaufen bringt. Komplexe Systeme verhalten sich mitunter disruptiv – sie verändern sich schlagartig. Irgendwann kollabiert ein Sektor. Und wenn das den Automobilsektor oder den Immobiliensektor in Deutschland trifft, dann wird es heftig. Niemand hat das unter Kontrolle.

VOLLE POWER IN DEN GRABEN

Schauen wir etwas tiefer rein. Die Energiewirtschaft hat nach wie vor nur wenige marktwirtschaftliche Züge, sondern hat in Deutschland einen zentralplanungswirtschaftlichen, zutiefst ideologischen Kurs eingeschlagen. Die Politik hat sich angemaßt, darüber zu entscheiden, welche Technologien zur

Energieerzeugung bzw. -umwandlung »die richtigen« sind und welche »falsch« sind – und zwar aus moralischen Gründen. Wie Ihr persönlicher moralischer Kompass in dieser Frage ausgerichtet ist, werden Sie zwar beim Lesen der folgenden Absätze möglicherweise an plötzlich auftretendem Bauchgrummeln erkennen können, aber er ist letztlich für den aus meiner Sicht entscheidenden Teil weitestgehend irrelevant. Ich habe gar nichts gegen CO_2-Reduktion oder die Senkung von Schadstoffen in Abgasen – ganz im Gegenteil! –, hier aber möchte ich Sie für die Metaebene sensibilisieren.

Deutschlands Regierung beschloss im Jahr 2000 das Erneuerbare-Energien-Gesetz (EEG), das 2004, 2009, 2012, 2014 und 2016 novelliert bzw. reformiert wurde. Damit wird der Anteil von Atomkraft, Steinkohle und Braunkohle an der Stromerzeugung gezielt verringert, während die Anteile von Biomasse, Windkraft, Photovoltaik und Erdgas erhöht werden sowie Wasserkraft unverändert bleibt. 2011 beschloss die Bundesregierung den Ausstieg aus der Atomenergie. Teile der Spitzenpolitik wollen außerdem so früh wie möglich aus der Kohle aussteigen. Auf dem G7-Gipfel auf Schloss Elmau 2015 stimmte Angela Merkel für Deutschland der Vereinbarung zu, dass die Industrieländer in den nächsten 80 Jahren komplett aus allen fossilen Energieträgern aussteigen, also aus Kohle, Öl und Gas. Das offizielle Vorhaben ist also bei Lichte betrachtet folgendes: Erneuerbare Energien wachsen von derzeit 13 Prozent auf 100 Prozent der Primärenergieträger in Deutschland. Atom, Kohle, Öl und Gas fallen von derzeit 87 Prozent auf null Prozent. Deutschland ist wie schon bei Vogelhäuschen weltweit bei der Energiewende am eifrigsten dabei. Nur ist Deutschland diesmal bereits in den Baumarkt gerannt, bevor es überhaupt einen Plan gezeichnet hat.

Weltweit sinken die Energiekosten, während sie in Deutschland unaufhörlich steigen. Das liegt daran, dass in Deutschland seit einiger Zeit nicht mehr in eine effizientere Energieversorgung investiert wird, sondern in eine ideologischere.

Die Hirten möchten am liebsten, dass Deutschland in Summe gar kein CO_2 mehr emittiert, weil das als klimaschädlich angesehen wird. Außerdem sollen auch möglichst keine Stickstoffoxide, kein Feinstaub, kein Kohlenmonoxid und keine Kohlenwasserstoffe ausgestoßen werden. Ja, Energie soll insgesamt weniger »verbraucht« werden.

Doch die Ergebnisse der sogenannten Energiewende dokumentieren ein Versagen der Steuerung nach den eigenen Maßstäben: Die Schadstoffemissionen sanken bereits weit vor der Energiewende, seitdem sinken die Werte laut Angaben des Umweltbundesamtes nur noch leicht, wie beim Stickstoffoxidausstoß im Verkehr oder bei den Heizungen, oder steigen sogar seit einigen Jahren wieder an, wie zum Beispiel bei den Stickstoffoxiden in der Stromerzeugung oder in der Landwirtschaft.

Der summierte CO_2 -Ausstoß in Deutschland sank von 1990 an über 20 Jahre hinweg kontinuierlich und lag 2009 um 25 Prozent niedriger bei etwa 800 Mio. Tonnen. Seitdem verharrt der Wert auf diesem Niveau, seit etwa 10 Jahren.

In keinem Land der Welt wird so viel Braunkohle gefördert und verbrannt wie in Deutschland. Mit rund 170 Mio. Tonnen wird in Deutschland jedes Jahr deutlich mehr Braunkohle zur Verbrennung gefördert als in China oder in Russland. Und eben auch mehr als im Jahr 2000, EEG hin oder her. In Deutschland lebt ein Prozent der Weltbevölkerung. Aber Deutschland verbraucht jedes Jahr 17 Prozent der weltweit verbrannten Braunkohle. Und Braunkohle ist in Bezug auf die Klimagase der schmutzigste Energieträger für die Stromerzeugung.

Aber bei Weitem nicht der teuerste. Dennoch ist der Strom fast nirgendwo auf der Welt so teuer wie in Deutschland. Lediglich die Italiener müssen pro Kilowattstunde ein bisschen mehr bezahlen als die Deutschen. In Schweden kostet der Strom etwa ein Drittel, in Kanada weniger als die Hälfte, im benachbarten Österreich etwas mehr als die Hälfte des deutschen Strompreises.

Und der Strompreis steigt immer weiter. Um das Jahr 2000 lag er für die Haushalte um 13,5 Cent pro Kilowattstunde. Heute liegt er bei etwa 29 Cent pro Kilowattstunde, also mehr als doppelt so hoch. Der staatliche Anteil am Strompreis, also die Steuern, Abgaben und Umlagen, die im Strompreis enthalten sind, stiegen in diesem Zeitraum von etwa 25 Prozent auf deutlich über 50 Prozent. Mit anderen Worten: Wenn Sie Strom kaufen, dann bezahlen Sie nicht hauptsächlich den Strom, sondern Sie finanzieren hauptsächlich die deutsche Strompolitik – den Strom bekommen Sie nebenbei als Zweitnutzen.

Die Regierung will den Energiesektor managen, als ob es ein riesiges Unternehmen wäre. Nicht dass ein Staat sich jemals in irgendeinem Fall als guter Unternehmer hervorgetan hätte, diesmal aber sind die Zahlen, Daten und Fakten so eindeutig miserabel und liegen so weit von den selbst gesteckten Zielen entfernt, dass der Aufsichtsrat eines Unternehmens in einer vergleichbaren Situation schon längst seinen kompletten Vorstand gefeuert hätte. Der Aufsichtsrat des »Unternehmens« Deutschland ist laut Verfassung das Volk. Das aber schaut zu, wie das ganze Land mit rund 30.000 Windrädern bepflanzt worden ist, und das nicht nur in windreichen Gegenden – während die Stromnetze dafür gar nicht ausgelegt sind und Speichertechnologien wie Pumpspeicherkraftwerke für den erratisch anfallenden Windstrom gar nicht verfügbar sind.

In manchen Flautennächten produzieren Photovoltaikanlagen und Windräder so gut wie gar keinen Strom, während die Kohlekraftwerke auf Volldampf laufen. An manchen stürmischen, sonnigen Tagen wird in Deutschland weit mehr Strom produziert, als verbraucht wird, und da es keine großen Stromspeicher gibt, müssen die Stromkunden dafür bezahlen, dass unsere Nachbarländer die Spannungsspitzen ausgleichen. Negativer Strompreis heißt das dann an den Strombörsen: Wir liefern den Nachbarländern Strom und legen dafür noch Geld obendrauf.

Das alles erinnert mich an die DDR, wo es Anekdoten zufolge auch mal vorkam, dass bei der Produktion von Topfdeckeln das Planziel »übererfüllt« wurde, während keiner für die zugehörigen Töpfe gesorgt hatte.

Die Schwankungstäler des Windstroms könnten klimaneutrale Atomkraftwerke auffangen – die aber will die Regierung nicht, weil der politische Wille und der Rückhalt im Volk für die Einrichtung eines Endlagers für Atommüll fehlt und weil diese Technologie nach den Super-GAUs von Tschernobyl und Fukushima zu viele Ängste auslöst. Also wird weiter Kohle verstromt, um die Windräder überhaupt betreiben zu können – und damit werden die Ziele für die Luftverschmutzung und die sogenannten »Klimagase« weit verfehlt.

Weil es aber offensichtlich einen Schuldigen geben muss, hat sich die Politik auf die Pkw-Fahrer eingeschossen. Natürlich sind Schiffsmotoren oder Lkw-Motoren um ein Vielfaches schmutziger, natürlich sind Pkw-Motoren in den letzten Jahrzehnten sowieso schon erheblich emissionsärmer geworden, insbesondere der Dieselmotor ist stark weiterentwickelt worden und hat gegenüber dem Ottomotor den Vorteil des besseren Wirkungsgrads und damit niedrigere CO_2-Werte – müsste also eigentlich des Klimaschützers Freund sein.

Aber der Dieselskandal bei VW gab Politik und Medien die Gelegenheit, die Dieseltechnologie als unmoralisch zu verteufeln. Hier vermischen sich Skandale, Krisen, Politik, Moral und Wirtschaft auf fatale Weise. Als Nächstes möchte die planwirtschaftlich denkende Bundesregierung das Elektroauto durchsetzen – gegen den Markt. Die E-Auto-Prämie ist aber ein Flop.

Ich selbst bin auch eine Zeit lang mit viel Freude Elektroauto gefahren und finde die Technologie fantastisch. Elektroautos würden den Lärm in den Innenstädten deutlich reduzieren und die Luft tatsächlich ein wenig sauberer machen (wenngleich offene Kamine und die trendigen Schwedenöfen weit mehr Feinstaub in Städten produzieren als Dieselautos), aber ich war mir stets bewusst, dass Elektroautos in Deutschland mit Kohle- und Restatomstrom fahren und somit keineswegs per se »sauberer« sind als Verbrenner.

Und die heimische Wirtschaft profitiert ja nicht einmal von den »sauberen Energien« in Form neuer Branchen, Unternehmen und Arbeitsplätze. Elektroautos werden noch mehrheitlich in Japan und den USA produziert. Solarkollektoren und Stromspeicher werden in den USA und China produziert – nicht aber in Deutschland. Selbst die Windkraftbranche ist mittlerweile fast komplett aus Deutschland abgewandert. Siemens gibt seine Kraftwerkssparte auf. Porsche stellt die Produktion von Dieselautos komplett ein. Mehrere Autohersteller liefern zeitweise keine Neuwagen mehr aus, weil die Prüfstände der Regierung für die neuen, noch härteren Abgastests nicht ausreichen und die Autos auf die Zulassung warten.

Das Ganze ist von außen betrachtet ein Desaster. Etwa so verrückt wie bei den Italienern, die aus der Atomkraft ausgestiegen sind, um dann teuer Atomkraft aus Frankreich zu importieren, wofür in Frankreich neue Atomkraftwerke gebaut wurden. Wenn die Moral sich einmischt und die Politiker glauben, Wirtschaftssektoren steuern und managen zu müssen, um ihre Macht zu erhalten und wiedergewählt zu werden, was ihnen nicht vorzuwerfen, sondern Teil des Hirtensystems ist, dann wären die Ergebnisse zum Lachen, wenn es nicht so traurig wäre.

SCHIEFE TÜRME

Im Bildungssystem läuft es ähnlich. Immer mehr Studiengänge, die immer schwieriger zu studieren sind. Die Vergleichbarkeit der Absolventen nimmt dadurch immer weiter ab, die Unternehmen wissen überhaupt nicht mehr, was die

Leute können, die sie einstellen, die Studienabschlüsse jedenfalls geben immer weniger Aufschluss darüber.

Kein Wunder, dass immer mehr Unternehmen im Einstellungsprozess die Bildungsabschlüsse ihrer Bewerber schon gar nicht mehr beachten, sondern lieber selber prüfen, welche Fähigkeiten und Fertigkeiten sie mitbringen und welche nicht.

Der Abfall Deutschlands in den internationalen Bildungsrankings ist nur ein Symptom. Die Frage ist doch, was da überhaupt gerankt wird. Diese Vergleiche sind mehr politische Werkzeuge. Ich glaube ehrlich gesagt nicht, dass die deutsche Bildung schlechter ist als zum Beispiel die chinesische, und ich habe durchaus Einblick in das deutsche Bildungswesen.

Das Problem bei diesen Rankings ist, dass die individuelle Passung der Absolventen zu den Anforderungen in der Wirtschaft damit überhaupt nicht abgebildet wird, sondern immer nur der Bezug zu einer politisch festgelegten Norm hergestellt wird.

Ich habe nichts gegen Benotung oder ähnliche Normen. Meine Kinder müssen durch die Schule einfach nur durchkommen. Ob sie in einem Fach eine 2 oder eine 4 kassieren, ist nur eine Aussage über die Passung zur Norm, nicht zur Realität und den Herausforderungen, denen sie sich später stellen werden. Solange sich meine Kinder im vom Bildungswesen derzeit geforderten Normbereich bewegen, werden sie in Ruhe gelassen und erhalten am Ende den Schulabschluss. Was sie dann können oder nicht, hat mit den Noten nichts zu tun. Gar nichts.

Das ist das Gleiche wie die Norm beim Heranwachsen eines Babys: Der Wachstumsfortschritt wird gemessen und wenn ein Baby aus der Norm fällt, wird ärztlich interveniert. Das Messinstrument passt zur gewünschten Intervention.

Wenn also Deutschlands Bildungspolitiker gerne in den internationalen, nach norditalienischen Städten benannten Bildungsrankings gut dastehen wollen, dann müssen sie nur die Lehrpläne so einstellen, dass sie zu den in diesen Rankings gesetzten Normen passen.

Wenn Deutschland dann aber auch noch im Ranking absteigt, dann zeigt sich darin die ganze Hilflosigkeit der Hirten. Stellen Sie sich vor, Sie dürften sich bei einem Laufwettbewerb selbst eine zu Ihrer Kondition passende Laufstrecke auswählen und würden dennoch nicht im Ziel ankommen. Schon ein bisschen peinlich …

Apropos Pein. Auch im Gesundheitswesen wird das Misstrauen ständig größer. Man könnte auch sagen: Die Zufriedenheit aller Beteiligten im System schwindet. Kassen, Politiker, Ärzte, Patienten, Pflegepersonal, Krankenhausmanager – alle beäugen sich kritisch bis verärgert. Gleichzeitig explodieren die Kosten. Im Gesundheitswesen wurde 2017 laut statistischem Bundesamt erstmals mehr als 1 Mrd. Euro pro Tag ausgegeben. Die Deutschen geben bereits mehr als ein Zehntel ihres Bruttoinlandsprodukts für das Gesundheitswesen aus, Tendenz stark steigend. Vor allem zu viele Krankenhausaufenthalte und zu hohe Arzeneimittelausgaben treiben die Kosten weit über den Durchschnitt der OECD-Staaten.

Da der Versuch der starken Regulierung also schlechte Ergebnisse produziert hat, tut die Gesundheitspolitik das Naheliegende: Sie verstärkt die Regulierung noch mehr. Der Zäunreflex ist im Hirtensystem nun mal das Einzige, was Hirten gegen Missstände tun können, ohne hochkant aus dem Amt zu fliegen.

Aber es ist unwahrscheinlich, dass das Gesundheitssystem dadurch in den nächsten Jahrzehnten besser oder wenigstens kostengünstiger werden wird. Die Hirten sollen es immer regeln. Tun sie ja, deswegen funktioniert's ja nicht. Sie haben das System einfach nicht im Griff, weil sie es nicht im Griff haben können und doktern nur noch an den Symptomen herum.

In der Pflege gibt es noch Bereiche, wo Markt herrscht. Dort kann man in manchen Nischen noch viel Geld verdienen, wenn man kein Pfleger ist, weshalb dort auch investiert wird.

Zum Beispiel in der auf Pflege fokussierten Zeitarbeitsvermittlung: Überall wird Pflegepersonal gesucht und die Vermittlung ist profitabel. Aber warten Sie einfach nur darauf, bis auch das reguliert oder verstaatlicht wird.

MIT SICHERHEIT VERUNSICHERT

Zoomen wir ein wenig heraus. Seit einiger Zeit haben wir Deutschen außenpolitisch immer mehr neue Gegner, wo früher Freunde waren. Überall entsteht das Gefühl, wir müssten den anderen unsere Meinung sagen, überall glauben wir, die moralisch höherwertige Position zu halten und auf die anderen herabzusehen: Erdogan (Despot!), Orban (Populist!), Trump (Protektionist!), Salvini (Fremdenfeind!), Kurz (Flüchtlingskrisenkanzlerinnenbesieger!), die Briten (Aussteiger!), die Polen (Abschotter!), die Schweizer (Steuerhinterzieher!), die Dänen (Rundfunkgebührenabschaffer!), die Katalanen (Abspalter!), die Griechen (Trittbrettfahrer!).

Dass die entfremdeten Freunde ihre nationalen Interessen vertreten, auch gegenüber Deutschland, nehmen wir ihnen übel. Dabei ist das doch die Aufgabe der Staatsführer, zu der sie von ihrem jeweiligen Volk legitimiert wurden.

Auch innerhalb der EU gibt es das Symptom der Spaltung: Südeuropa gegen Nordeuropa, Westeuropa gegen Osteuropa, alle gegen Großbritannien. Despoten hüpfen den Europäern dabei auf der Nase herum: Erdogan macht, was er will, und bekommt obendrein Milliarden aus EU-Töpfen. Auch im Ukraine-Konflikt wirkt die EU macht- und hilflos. Die europäische Schuldenkrise ist nicht gelöst, sondern aufgeschoben. Der Euro hat Risse bekommen, die an den explodierenden, vermutlich uneinbringlichen Target-2-Salden zu Lasten Deutschlands ablesbar sind. In keinem Politikfeld aber scheint die EU so machtlos, hilflos, planlos wie bei der Flüchtlingskrise. Es existiert keine auch nur im Ansatz tragfähige Idee, wie der humanistische Wunsch nach offenen Grenzen und einer »weltoffenen« Gesellschaft mit dem Angebot eines umfassenden Sozialstaats zu vereinbaren wäre. Die Hirten wollen beides, also betreiben sie irgendwie beides gleichzeitig, aber es geht nicht. Sich widersprechende Ziele aus moralischen Gründen gleichzeitig zu verfolgen, das ist genau das gleiche Muster wie bei der Energiewende.

Im Angebot führen die Hirten keine Lösungen, denn die wären ja so oder so unpopulär, aber dafür werden Floskeln und Worthülsen verteilt wie Kamellen auf dem Karnevalsumzug: »Fluchtursachen bekämpfen« ist so ein Beispiel. Fluchtursachen in den Krisenländern in Subsahara-Afrika zu bekämpfen ist offensichtlich unmöglich, niemand weiß, wie das gehen soll, da eine der wesentlichen Fluchtursachen die nicht durch uns Europäer verhinderbare Bevölkerungsexplosion in Afrika ist. Es ist offenbar eher so, dass Geldtransfers von Europa nach Afrika in die Fluchtfinanzierung fließen: Würden wir diese Geldtransfers weiter erhöhen, um »Fluchtursachen zu bekämpfen«, dann würde vermutlich das das genaue Gegenteil des Beabsichtigten erzeugen: Es würde noch mehr Afrikanern ermöglichen, die Schlepper zu bezahlen, die am Mittelmeer auf Kunden warten wie die Geier an einer Wasserstelle.

Innenpolitisch wirkt die hilflose Außen- und Flüchtlingspolitik ebenfalls wie ein Spaltpilz. Leitsymptom ist die große Häme, mit der Linke auf Rechte und Rechte auf Linke eindreschen und sich gegenseitig beschimpfen. Auch wenn die Schulhofkloppereien im Bundestag mit viel Pathos und Emotionen geführt werden, es bleiben Schulhofkloppereien. So gut wie immer wird das Gut-Böse-Schema ausgepackt: Die einen seien Nazis (was sie nicht sind), die anderen seien Vaterlandsverräter (was sie nicht sind). Alles, was uns Bürgern im Bundestag oder in den Bundestagsausschussersatzrunden in den Talkshows der Öffentlich-Rechtlichen angeboten wird, ist moralisch aufgeladenes Kampfgetöse, aggressiv, populistisch von allen Seiten, undifferenziert, Gehabe und Gehetze, letztlich immer nur mit dem Ziel, die Umfrageergebnisse ein wenig zu den eigenen Gunsten zu beeinflussen.

Die Hirten fragmentieren die Herden und hetzen die Fragmente dann aufeinander. Worum es dabei nie geht: Ernsthaft zusammenzuarbeiten, um Probleme zu lösen.

Als Ergebnis dieses Schauspiels entfremden sich immer mehr Bürger von den staatlichen Institutionen, das Vertrauen und die Zufriedenheit im Volk sinkt. Auch das Vertrauen in die Zahlen, Daten und Fakten sinkt, weil deren Zustandekommen unklar ist und sich viele publizierte Fakten widersprechen. Die Strategie, die Angst zu bekämpfen, anstatt die reale Sicherheit zu erhöhen, scheint danebenzugehen, weil am Ende sowohl die reale Sicherheit als auch das subjektive Sicherheitsgefühl erodieren.

Egal wie die Sicherheitslage von den verschiedenen Akteuren beurteilt und interpretiert wird, die staatlichen Institutionen haben dieses Sicherheitsgefühl nicht im Griff, denn sie können naturgemäß mit den ständig passierenden Überraschungen nicht umgehen. Dass einer der Migranten, die im Herbst 2015 über die deutsch-österreichische Grenze eingereist sind, eine junge Frau in Freiburg vergewaltigen und ermorden würde, war eine Überraschung, mit der die Hirten bis heute nichts anfangen können. Genauso wenig wie mit den sexuellen Straftaten auf der Kölner Domplatte an Silvester 2015 oder mit dem Terroranschlag auf dem Berliner Breitscheidplatz. Man hat das Gefühl, dass die Hirten in Politik und Medien es scheuen, die Existenz dieser Taten anzuerkennen, die Opfer zu sehen und Konsequenzen daraus zu ziehen, weil sie Angst haben, damit dem politischen Gegner in die Karten zu spielen.

Die leider viel zu zahlreichen, in der Kriminalstatistik dokumentierten Fälle von Mord, Vergewaltigung und Körperverletzung durch Zuwanderer werden von der einen Seite so gut es geht beschwiegen, von der anderen Seite so gut es geht ausgeschlachtet. Aber auf diese Weise können die durch die Zuwanderung real verursachten Sicherheitsprobleme natürlich von keiner Seite gelöst werden.

Die nächste Überraschung werden sie wieder nicht im Griff haben. Ja, alle Fußgängerzonen sind jetzt mit Pollern und Barrieren geschützt. Manche sind sogar schon hübsch bepflanzt. Aber das Wesen von Überraschungen ist ja gerade, dass sie sich beim nächsten Mal einen überraschenden Weg suchen.

Auch in der äußeren Sicherheit haben es die Hirten nicht im Griff. Die Truppe wurde jedenfalls wunschgemäß von der Wehrpflicht auf Freiwilligenarmee umgestellt, verkleinert und kaputtgespart. Es gibt 1000 Gründe dafür und dagegen. Fakt ist: Jetzt ist die Bundeswehr jedenfalls in weiten Teilen nicht mehr einsatzbereit. Gerade die teuren Geräte wie Panzer, U-Boote, Schiffe und Flugzeuge funktionieren zu einem gro-

ßen Teil nicht, weil Unterhalt und Wartung mehr kosten, als es der politisch vorgegebene Haushalt hergibt.

Es gibt definitiv außenpolitische Bedrohungslagen. Darauf aber eine militärische Antwort in der Hinterhand zu haben, ist gesellschaftlich nicht mehr opportun. Ohne die NATO, und das heißt de facto, ohne den großen Bruder USA, wären wir bei einem militärischen Konflikt zahn- und hilflos wie ein Baby. Und ausgerechnet jetzt legen sich unsere Hirten mit dem amerikanischen Präsidenten an, weil sie sich ihm moralisch überlegen fühlen.

Innere Bedrohungen, äußere Bedrohungen und eine politische Führung, vor der weite Teile der Bevölkerung den Respekt völlig verloren haben. »Flinten-Uschi« und »Drehhofer« sind dankbare Gegenstände für Stammtischwitze, werden uns aber jedenfalls im Ernstfall nicht beschützen können, glauben viel zu viele. Und haben damit vermutlich sogar recht.

IM UNRUHESTAND

Auch in der Sozialpolitik können Sie die immer gleichen Muster wiedererkennen: Der Sozialetat explodiert und ist der mit Abstand größte Kostenpunkt im Staatshaushalt. Aber gleichzeitig ist kaum einer zufrieden. Wachsende Ungerechtigkeit wird von allen Seiten beklagt. Die einen sind unzufrieden, weil sie immer noch mehr Leistungen haben wollen. Die anderen sind unzufrieden, weil sie nicht immer noch mehr bezahlen wollen. Derweil wachsen die Kosten und wachsen und wachsen.

Die Prognosen sind mit Blick auf die Faktenlage dramatisch: Durch die demografische Entwicklung kann der Sozialhaushalt auch in den kommenden Jahrzehnten nur immer weiter steigen. Mittlerweile muss die Rentenkasse jedes Jahr mit rund 100 Milliarden Euro aus Steuermitteln bezuschusst werden, weil die Rentenbeiträge schon lange nicht mehr ausreichen, um die Renten auszugleichen. Und die Rentner werden immer mehr, weil sie länger leben und weil demnächst die geburtenstarken Jahrgänge in Rente gehen.

Normalerweise müsste aus Vernunftgründen das Rentenalter weiter schrittweise angehoben und die Renten reduziert werden. Das Ganze ist ja eine Rechenaufgabe, man kann die Kassenlage gut prognostizieren. Aber dann kommt das Hirtensystem ins Spiel: Die Hirten brauchen die Wählerstimmen der Rentner, um ihre Posten und das ganze Hirtensystem zu erhalten. Also senken die Hirten gegen jede Vernunft das Renteneintrittsalter und zahlen immer mehr aus. In der Konsequenz steigen Steuern und Rentenabgaben. Und alle schimpfen. Alle finden den Status quo ungerecht. Alle wollen die gefühlte Ungerechtigkeit des jeweiligen Gegners aber am liebsten noch vergrößern.

Die ständigen Diskussionen über die Altersarmut werden dabei sehr emotional geführt. Die Moral springt an, Sachfragen werden sofort zu Gerechtigkeitsdebatten, die das Publikum spalten: Und schon haben wir den nächsten Riss durch die Gesellschaft, diesmal zwischen den Generationen.

»Ihr Hirten, ihr müsst das für mich regeln! Ihr müsst dafür sorgen, dass ich im Alter versorgt bin! Ich habe Angst, in Armut zu fallen, ihr müsst mich auffangen!«, sagen die einen.

»Ihr Hirten schröpft mich und nehmt mir immer mehr von meinem Geld weg, das ich mit ehrlicher Arbeit verdient habe. Und dabei weiß ich, dass ich selbst, wenn ich mal alt bin, keinen Cent Rente von euch bekommen werde, weil sich das ganze System nicht rechnet und früher oder später zusammenbricht!«, sagen die anderen.

Hinzu kommt das ewige Hadern mit Hartz IV und die vermeintliche Lösung mit einem bedingungslosen Grundeinkommen. Die Lager werden lauter und unversöhnlicher, alle Hirten treten an, um die großen Missstände zugunsten der eigenen

Klientel und auf Kosten der politischen Gegner zu reduzieren.

Die Beispiele, die diskutiert werden, sind an Populismus kaum noch zu überbieten: Da ist auf der einen Seite die gefühlte Unwürdigkeit, nach 45 Berufsjahren in relativer Armut leben zu müssen. Auf der anderen Seite der 22-jährige Banker aus Frankfurt mit dem Ferrari. Und auf einer weiteren Seite der Syrer aus Pinneberg mit zwei Frauen und 13 Kindern, der ein Haus und Tausende Euro jeden Monat auf Steuerzahlerkosten spendiert bekommt, obwohl er kein Einkommen hat, ja noch nie in Deutschland einen Cent in die Kassen eingezahlt hat. Zwischen Jung und Alt, zwischen Arbeitenden und Alimentierten, zwischen Deutschen und Ausländern, zwischen Arm und Reich – überall werden die Konflikte härter, unversöhnlicher, erbitterter ausgetragen, immer verbunden mit einem großen Schwall der Emotionen, der das Zentralnervensystem überflutet.

Und je zahlreicher derartige Debatten schwelen und lodern, desto lauter und extremer müssen sie geführt werden, um überhaupt noch wahrgenommen zu werden.

Derweil wurde die ganze Debatte noch durch die Vermischung mit dem Migrationsproblem verschärft. Die hirtenseitig genährte Hoffnung, der Zustrom von künftigen Arbeitskräften 2015 und 2016 würde das Rentendesaster und den Fachkräftemangel auf einen Schlag lösen, hat sich nicht erfüllt. Stattdessen wurde den Nettozahlern von Steuern und Abgaben eine neue, riesige Last aufgebürdet, denn unterm Strich hat sich durch die Einwanderung auf lange Sicht die Zahl der Nettobezieher von Sozialleistungen viel stärker erhöht als die Zahl der Nettoeinzahler.

Solche Strohfeuer wie die BlueCard sind hilflose Versuche der Hirten, neue Steuerzahler ins Land zu locken, die völlig verpufft sind – die aber demonstrieren, wie tollpatschig, machtlos, linkisch, verdattert, aufgeschmissen und überfordert die Hirten versuchen, Komplexität zu »regieren«.

Der einzige gesellschaftliche Konsens in der Sozialpolitik ist heute, dass jeder gegen jeden kämpft und die Hirten es entgegen ihrem eigenen Anspruch (»Die Rente ist sicher!«) nicht mehr im Griff haben.

Dabei können sie ja nichts dafür, dass die Alten immer älter werden und die Jungen immer weniger. Ja, sie können die Probleme, die die demografische Entwicklung mit sich bringt, durch ihre Eingriffe verschärfen – und genau das tun sie –, aber sie können sich ja schlecht ein neues Volk mit günstigerer Demografie aufstellen. Sie müssen damit umgehen, dass der Kern der Nettozahler immer weiter schrumpft und damit der Produktivitätsdruck auf die verbliebenen 10 bis 20 Millionen Einwohner, die die ganze Party mit ihrer Wertschöpfung finanzieren, immer größer wird. Für die Leistungserbringer unserer Gesellschaft sieht das Ergebnis der Sozialpolitik der letzten Jahrzehnte so aus: Immer weniger Netto vom Brutto. Und darüber hinaus müssen sie sich noch moralische Anfeindungen anhören, sobald sie den Fernseher anmachen.

Was aber, wenn die Leistungserbringer irgendwann genug

haben und anfangen, im großen Stil zu streiken oder auszuwandern? Was würde wohl passieren, wenn die Last von Steuern und Abgaben in den Nachbarländern sinkt? Wenn der Steuerwettbewerb in Österreich oder Polen oder Italien offensiv angenommen wird? – Ich weiß nicht, ob und wann das passieren wird, aber ich halte es für möglich.

Ja, ich weiß, das alles kann Angst erzeugen. Aber was soll ich machen? Schauen Sie bitte einfach nur hin, wie fragil der gesellschaftliche Frieden ist: Eine Million Familiennachzügler im Rentenalter aus Flüchtlingsländern obendrauf, eine Million Leistungserbringer, die angesichts von deutlich mehr als 50 Prozent Steuern und Abgaben in Deutschland zügig in die lockenden Nachbarländer abwandern, und schon kollabieren die öffentlichen Haushalte und schon haben wir einen gesellschaftlichen Verteilungskampf um die Reste und schon haben wir extreme Wahlergebnisse mit linken und/oder rechten Hardlinern auf den Machtposten. Glauben Sie, die Hirten haben es im Griff, dass so etwas nicht passiert?

ZUSAMMENHALTUNG

Auch in anderen Teilgebieten der Gesellschaft gibt es Gerechtigkeitsdebatten. Die Justiz ist dabei ein beliebtes Feld. Auf der einen Seite lasche Strafen für schwerste Straftaten, auf der anderen Seite drakonische Strafen für Steuerhinterzieher, Blitzmarathon und polizeiliches Eingreifen, wenn Familien einen Tag früher in die Ferien fliegen, um Staus und teuren Preisen zu entkommen. Sie finden jederzeit einen passenden Vergleich, um Ungerechtigkeiten zu dokumentieren. Der Eindruck, der dabei entsteht: Die Maßstäbe sind verloren gegangen.

Dabei gibt es da viele uralte Stellvertreterdiskussionen und Mythen. Nach meinem Eindruck ist die Justiz noch immer funktionsfähig und die Probleme an anderen Stellen sind drängender. Einzelfälle von Unverhältnismäßigkeiten gab es schon immer. Das Vertrauen in Polizei und Justizbehörden ist in Deutschland jedenfalls noch eindeutig höher als in anderen Ländern. Ich lebe in Barcelona und dort ist das Vertrauen in die Behörden wesentlich geringer.

Aber sicher bröckelt es auch da. Was bleibt, ist das weit verbreitete Gefühl, dass die Justiz in ihrer Überlastung ihren eigenen Standards nicht gerecht wird.

Diesen Vorwurf muss sich auch der Spitzensport gefallen lassen, dessen Funktionärshirtensystem weder die Korruption, noch den Betrug durch Doping in den Griff bekommt. Der Radsport kollabierte, die Leichtathletik war die nächste Sportart, niemand nimmt die Ergebnisse mehr ernst, weil jeder ahnt, dass nicht der beste Sportler, sondern der beste Mediziner gewinnt. Der Fußball hat sich mit DFB, UEFA und FIFA Hirtenclubs eingehandelt, die um Korruptionsskandale förmlich betteln.

Auch das Vertrauen in die Kirche sinkt. Papst Benedikt bestrafte einen italienischen Priester hart, der fünf Jungen sexuell missbraucht hatte – Papst Franziskus milderte die Strafe ab. Der Verdacht, dass die Kirche Pädophile schützt, wird immer wieder genährt und durch immer neue Skandale erhärtet. Die Mitgliederzahlen der christlichen Kirchen in Deutschland sinken, alle möglichen Versuche von Klerikern, sich politisch zu engagieren, schlagen fehl. An vielen Stellen verliert die Kirche die moralische Meinungsführerschaft.

Auf dem Dorf ist das noch etwas anderes als in der Stadt. Und in Bayern ist es noch etwas anderes als in NRW, natürlich, und es hat auch immer etwas mit den handelnden Personen zu tun. Aber dass die Kirche die Gesellschaft zusammenhält, behauptet heute kaum einer mehr.

Damit bin ich an der Basis der Gesellschaft angekommen, der Familie. Viele sagen, wenn die Institution Familie zerstört ist, ist die Gesellschaft verloren. Das Problem ist, dass für die Gesellschaft überhaupt nicht mehr klar ist, was Familie überhaupt ist.

Der Staat hat sich längst eingemischt und eingegriffen, will definieren, was Ehe und was Familie ist und gestaltet, indem merkwürdige Vermischungen mit anderen Themen und Subsystemen vorgenommen werden: Moral, Steuern und Finanzen, Gender- und Minderheitenpolitik, Religion. Heraus kommt ein undefiniertes Etwas, mit dem sich weder die einen noch die anderen identifizieren können.

Die einen sagen, Familie ist, wo Liebe ist. Die anderen beharren auf der genetischen Abstammung und der kirchlichen Ehe. Die einen sagen, der Staat solle sich aus dem Privatraum der Familien raushalten, die anderen fordern, der Staat solle noch viel mehr eingreifen.

Was bleibt, ist Verwirrung, Entfremdung, Spaltung und das Gefühl, dass da niemand mehr ist, der es im Griff hat.

Natürlich gibt es auch viele positive Entwicklungen. Mal ganz abgesehen von der Debatte, ob nun die Schere zwischen Arm und Reich auseinander geht oder nicht – und wenn ja, ob das überhaupt ein Problem ist oder nicht –, ich finde es großartig, dass trotz allem der allgemeine Wohlstand in Deutschland noch so hoch ist, sowohl relativ zur Geschichte als auch relativ zu anderen Weltgegenden. Mir gefällt, wie neue technische Entwicklungen immer mehr Möglichkeiten und Chancen anbieten, die Menschen ergreifen können.

Und ich bin froh, dass jeder in Deutschland noch immer den Mund aufmachen darf. Auch wenn die Debatten härter werden. Auch wenn Zensur und Einschränkung von Meinungsfreiheit schon wieder stärker geworden sind, als ich es mir noch vor zehn Jahren hätte vorstellen können – noch ist es so, dass fast jeder und in fast allen Fällen eine abweichende Meinung äußern darf, ohne körperlich Schaden zu nehmen oder seine wirtschaftliche Existenz zu riskieren. Ausnahmen bestätigen leider auch hier die Regel. Dennoch: Der Grad an Meinungsfreiheit in Deutschland ist vergleichsweise hoch und absolut zu verteidigen.

Aber Wohlstand, Fortschritt und Meinungsfreiheit existieren TROTZ und nicht wegen der Hirten! Sie halten sich im Rücken des Hirtensystems. Aus meiner Sicht geht die größte Bedrohung von Wohlstand, Fortschritt und Meinungsfreiheit vom Hirtensystem selbst aus.

Alles, was Sie auf den letzten Seiten gelesen haben, ist jeweils für sich genommen ein Feld, zu dem Sie sich so oder so stellen können. Sie können meine Meinung teilen oder auch nicht. Sie können meine gezwungenermaßen verkürzte, wenig belegte und komprimierte Darstellung im Einzelnen kritisieren oder verwerfen. Das wäre kein Problem und finde ich gar nicht so wichtig.

Denn mir geht es um die Summe der Teile. Mir macht diese Summe je nach Tagesform beträchtliche bis große Sorgen. Ich will nicht, dass sich als Folge kollabierender Subsysteme rechte oder linke Strömungen in Deutschland weiter radikalisieren und verstärken, womöglich gar an die Macht kommen. Ich liebe den Frieden und ich hasse körperliche Gewalt.

Und ich habe kein Vertrauen mehr, dass da ein Hirte kommen wird, der es wieder im Griff hat. Ganz egal, ob er ein schwarzes, rotes, gelbes, grünes oder gar blaues Leibchen trägt, ganz egal, ob er die Deutschlandfahne schwenkt, die Europafahne, die Regenbogenfahne oder gar keine Fahne, ganz egal, ob er laut oder leise spricht, ganz egal, ob er Männlein oder Weiblein ist.

»WIR SIND DAGEGEN!«

Die paternalistischen, hierarchischen Hirtensysteme versagen überall. Und zwar deshalb, weil sie generell auf zentrale Steuerung und die kausale Abfolge von Ursache und Wirkung setzen.

Die Realität verhält sich aber nicht geordnet, lässt sich nicht steuern und folgt schon gar nicht Kausalitäten. Sie verhält sich eher wie eine Kreuzung in einer ostasiatischen Großstadt. Die Fußgänger, Mopeds, Rikschas, Fahrräder, Lastenräder, Kleinwagen und Laster strömen dort aus fünf oder sechs Richtungen auf die Kreuzung unter Missachtung jeglicher Verkehrsregeln. Sie drosseln einfach das Tempo und fahren so schnell wie möglich und so langsam wie nötig, um anderen Verkehrsteilnehmern ausweichen zu können. Jedes einzelne Vehikel sucht sich seinen Weg und insgesamt entsteht ein riesiges Kuddelmuddel, das aber fließt und sich kontinuierlich bewegt. Es gibt keinen Stau bis zum Stillstand. Die Verkehrsteilnehmer kommen auf wunderbare Weise unfallfrei auf der anderen Seite der Kreuzung wieder heraus.

Nun stellen Sie sich einen deutschen Schutzmann aus den Fünfzigerjahren vor und stellen Sie ihn in Uniform und mit weißen Handschuhen auf sein Podestchen mitten auf die ostasiatische Kreuzung: Er winkt und gestikuliert, trillert hilflos auf seinem Pfeifchen und versucht, das Chaos zu regulieren – und die ganze Welt ignoriert ihn. Denn sein Einfluss ist gleich null. Höchstens bringt er ein paar Mopedfahrer durcheinander, weil er im Weg steht oder einen Unfall verursacht, indem er einen Fahrradfahrer anhält.

In allen heutigen Politikfeldern gibt es so viele Einflussfaktoren, die niemand unter Kontrolle haben kann – aber die Hirten erheben den Anspruch der Kontrolle, dem sie dann nicht gerecht werden. Nicht gerecht werden können! Die Fehler, die dann passieren, werden allerdings von der Öffentlichkeit personalisiert und einzelnen Hirten als individuelles Versagen zugeschrieben. Deswegen zeigen alle mit dem Finger hämisch aufeinander und machen sich Vorwürfe. Was dabei übersehen wird: Nicht die Hirten versagen. Die Hirtensysteme versagen!

Mathias Döpfner, der Vorstandsvorsitzende der Axel Springer SE und Präsident des Bundesverbands deutscher Zeitungsverleger, ist einer der einflussreicheren Köpfe der Republik. In einem Interview mit dem Medienportal meedia sagte er im Juli 2018: »Was wir momentan erleben: Leadership-Modelle lösen sich auf, in der Politik, in der Wirtschaft und in den Medien, sie werden durch neue Leitbilder und Formen ersetzt. Das zeigt: Die alte Garde ist am Ende – und zwar überall.«

Diesen Eindruck habe ich auch. Und mit diesem Buch liefere ich ein Erklärungsmodell dafür. Politik ist größtenteils zur systemstabilisierenden Praktik verkommen, weil sie mit dem rasanten Tagesgeschehen und den Dynamiken unserer Zeit nicht mehr zurechtkommt.

Döpfner fährt fort: »Die Bürger haben ein Gespür dafür, wenn Politiker Politik für sich selbst machen. Wähler fühlen sich als nützliche Idioten, die ab und an mal ein paar Kreuze machen dürfen. Ob in Amerika, Osteuropa, Großbritannien oder auch in unserem eigenen Land: Die Leute haben darauf keine Lust mehr und suchen nach einem anderen Typus. Wenn es gut geht, sind es Leute, die ohne extremistisches, nationalistisches oder populistisches Gedankengut auskommen. Wenn es schlecht geht, wackelt die Demokratie.«

Ich bin sicher, dass Döpfner damit richtig liegt, nur glaube ich, dass die Leute schon lange nicht mehr nach einem »anderen Typus« suchen, weil sie bei dem auch nichts anderes vermuten. Aber sie wählen trotzdem, alleine schon, weil sie »Demokratie« als moralisch irgendwie wichtig empfinden. Und dann wählen sie vermehrt das Gegen-Establishment, weil es ja die minimale Chance vertritt, etwas Grundsätzliches zu ändern.

Die wahre Spaltung in unserer Gesellschaft wird in den nächsten Jahren die zwischen jenen sein, die die Hirtensysteme stützen und verteidigen auf der einen Seite, und jenen, die die Hirten vom Sockel holen wollen auf der anderen Seite. Establishment gegen Anti-Establishment.

Die Konservativen, Libertären und Rechten sind eine neue Gegenkraft, die all den Linken in Rot, Schwarz, Gelb, Grün und Dunkelrot die Hirtenstäbe in der ganzen Gesellschaft entreißen wollen. Dabei ist nicht klar, was sie stattdessen wollen. Die Progressiven von einst, die etablierten Politiker inklusive der Journalisten und Lehrer, sind die Machtbesitzstandswahrer von heute, die krampfhaft die Hirten stützen, bis es absurd wird. Oder die wenigstens Zeit gewinnen wollen, um den Status quo zu verteidigen.

Die Frage ist: Wie soll man ein solches Land noch regieren? Wo ist der Ausweg?

Aber wir lösen das Problem nicht, indem wir fragen: Wie regieren wir innerhalb des Systems besser? Oder: Wer könnte innerhalb des Systems besser regieren? »Muss Merkel weg?« – Derartige Fragen führen uns völlig in die Irre, wenn wir nicht das Regieren als solches infrage stellen. Meine Frage ist daher: Haben wir das richtige System, um die Probleme von heute zu lösen?

Die Krux an dieser Frage ist, dass sie für viele einen Tabubruch darstellt. Und dieser Tabubruch bewirkt, dass viele sich nicht trauen, auf diese Diskussion einzuschwenken und sich ihr zu stellen. Aber gerade diese Diskussion ist die eigentliche, zentrale Diskussion in unserer Gesellschaft!

Wenn wir sie nicht führen, dann fummeln und doktern wir weiter an den Symptomen herum, während wir uns weiter voneinander entfernen und uns entfreunden – und schlagen uns irgendwann die Köpfe ein.

Nicht der Erhalt des Systems sichert den Zusammenhalt unserer Gesellschaft. Sondern die Debatte über das System wird den Zusammenhalt unserer Gesellschaft sichern.

ZWEITER TEIL

SIE SOLLEN ABER DENKEN!

Ausschnitt aus der Filmkomödie »Die Feuerzangenbowle« von 1944. Hans Pfeiffer (gespielt von Heinz Rühmann) muss zum Direktor Knauer, genannt »Zeus« (gespielt von Hans Leibelt):

Herr Direktor, ich hatte gedacht ...
Sie sollen aber nicht denken!
Schön, dann werd ich's mir abgewöhnen. Ich hatte nur gedacht, weil Axtmacher ein so gediegenes Hotel ist ...
Er denkt ja schon wieder!
Ja, und dann hatte ich mir eben gedacht, wenn da lauter so feine Herren, wie die Herren Professoren ...
Er denkt ja immer noch!
Äh.
Schweigen Sie mal stille! Ich möchte nichts gegen den Gasthof Axtmacher gesagt haben. Aber das ist kein Aufenthalt für Sie! Erstens mal ist das für Sie viel zu kostspielig. Zweitens, was macht das für einen Eindruck! Der Schüler einer höheren Lehranstalt kann doch nicht in einem Wirtshaus wohnen.
Daran habe ich nicht gedacht.
Sie sollen aber denken! Dafür sind Sie ein gebildeter Mensch. Oder wollen es jedenfalls werden!

KAPITEL SECHS

VOM ENTWEDER-ODER ZUM SOWOHL-ALS-AUCH

Also gut, dann packen wir das System an! Nur wie? Wo genau müssen wir ansetzen? Bei den Hirten? Also den Führungsämtern? Wie soll das gehen?

Ich habe da einen Vorschlag: Schauen Sie einmal in der Wirtschaft genau hin, wie das geht. Da geschieht nämlich seit Kurzem grundlegend Neues. Eine völlig andere Art, miteinander und füreinander zu arbeiten. Und das funktioniert an einigen Ecken und Enden bereits hervorragend.

Auch hier: Was in der Wirtschaft funktioniert, das muss noch lange nicht in anderen gesellschaftlichen Systemen funktionieren. Aber Sie haben die Chance, in der Wirtschaft Strukturen und Muster zu entdecken, die zu neuen Prinzipien führen können, die sich dann auch zum Beispiel im politischen System bewähren können. Es kann jedenfalls augenöffnend wirken, wenn Sie sich darauf einlassen, dass sich in manchen Unternehmen Menschen ganz anders organisieren – weil absichtlich keiner ihnen sagt, was sie tun sollen.

CHEFSACHE

Wenn in der Wirtschaft ein System nicht gut funktioniert, dann erkennen Sie das daran, dass den Führungskräften zugeschrieben wird, falsche Entscheidungen zu treffen. Dass den Mitarbeitern zugeschrieben wird, keine Verantwortung zu übernehmen. Dass Führungskräften zugeschrieben wird, schlecht zu führen. Dass Mitarbeitern zugeschrieben wird, führungsbedürftig zu sein. Dass Führungskräften zugeschrieben wird, zu viele Meetings abzuhalten. Dass Mitarbeitern zugeschrieben wird, ständig nur in Meetings herumzusitzen. Und so weiter.

Das alles sind Zuschreibungen. Und die beruhen auf optischen Täuschungen: Die Fehlleistungen sehen durch den Kontext, in dem sie sich ereignen, so aus wie Fehlleistungen. Aber diese Zuschreibungen von Fehlleistungen sind selbst Fehlleistungen.

Denn der Kontext macht es aus! Stellen Sie sich vor, ein Publikum in einer Oper verhielte sich wie ein Publikum in einem Fußballstadion: Olé olé super Geiger! Fanschals mit dem Namen des Tenors werden in die Luft gereckt. Fahnenschwenken. Schlachtengesänge und Anfeuerungsrufe! Pfiffe für den Dirigenten! Jubel nach der Arie!

Und umgekehrt, das Publikum im Stadion verhielte sich wie ein Opernpublikum: Vor dem Anpfiff Räuspern und Husten im feinen Zwirn. Dann: Schweigen. Tore, gewonnene Zweikämpfe und Schiedsrichterentscheidungen werden wohlwollend mit Kennermiene zur Kenntnis genommen. Mucksmäuschenstille bis zum Schlusspfiff. Bis zum letzten Tönchen des Schlusspfiffs. Dann ein, zwei Sekunden Stille. Dann brandender Applaus.

Sie können es sich nur mit Mühe vorstellen? Ich weiß. Ich kann es überhaupt nicht. Das Verhalten von Menschen wirkt auf andere schon manchmal skurril, manchmal einfach blöd und manchmal macht es regelrecht fassungslos. Da kann man schon denken, das Gegenüber sei nicht ganz bei Sinnen. Der Sinn und Unsinn menschlichen Verhaltens ist aber immer kontextabhängig. Die Konflikte in Unternehmen entstehen erst durch die Zuschreibung defizitären Verhaltens zu einzelnen Menschen, womit das Problem personalisiert wird. Dabei sitzt das Problem zumeist – ja ich weiß, nicht immer – im Kontext. Oder anders gesagt: wenn das Verhalten einer Person blöd, egozentrisch, machtbesessen, aggressiv, empathielos, gierig oder spaltend wirkt, dann begünstigt der Kontext eben blödes, egozentrisches, machtbesessenes, aggressives, empathieloses, gieriges und spaltendes Verhalten oder erzwingt es sogar. Über die Persönlichkeit des Akteurs sagt das wenig aus.

Deshalb werden Sie den schalschwenkenden Fußballfan im Opernsaal vermutlich nicht finden, der Kontext begünstigt ein gänzlich anderes Verhalten. Ein Mensch aber kann problemlos nachmittags im Stadion frenetisch jubeln und abends in der Oper genießend schweigen. Kein Problem.

Andersherum: Ein Manager, der im 21. Jahrhundert die Entscheidungsgewalt hirtenmäßig an sich zieht und paternalistisch in die Arbeit seiner »Schützlinge« eingreift, verhält sich nicht falsch oder schlecht, sondern sehr passend zum Kontext. Ein Politiker, der heutzutage etatistisch, planwirtschaftlich, paternalistisch in den Energiesektor oder in das Gesundheitssystem oder in das Bildungswesen eingreift, um seine Handlungsfähigkeit zu demonstrieren, seine Existenzberechtigung zu untermauern und seine Wiederwahl zu sichern, verhält sich nicht falsch oder schlecht, sondern opportun und völlig passend zum aktuellen Kontext.

Ein Problem wird das allerdings dann, wenn der Kontext sich ändert ...

Also, nochmal ganz deutlich, denn das ist der erste Schritt: Nicht die Menschen, nicht die handelnden Personen sind schuld, auch wenn es meist so aussieht! Es liegt nicht an ihnen.

Natürlich entbindet diese Betrachtungsweise nicht jeden Menschen von der Verantwortung für sein eigenes Verhalten, aber den Kontext zu ignorieren wäre fahrlässig und naiv.

Um es abstrakter auszudrücken: Führung geht niemals von einer Person aus. Wir benutzen das in unserem Sprachgebrauch zwar immer so, als führte ein Subjekt ein Objekt: Der Trainer führt die Mannschaft. Der Vorstand führt das Unternehmen. Der Fraktionsvorsitzende führt die Bundestagsfraktion. Die Kanzlerin führt die Regierung. Aber das ist systemtheoretisch betrachtet nicht korrekt. Die präzisere Formulierung wäre: Führung findet zwischen Menschen statt. Und zwar nur dann, wenn einer folgt. Wenn einer Kanzlerin niemand folgt, dann führt sie auch nicht, selbst wenn sie sich auf den Kopf stellt, mit den Ohren wackelt oder ihre aus den Händen geformte Raute kunstvoll zu einem gleichschenkligen Achteck morpht. Kurzum: Sie kann nicht führen wollen.

Führung entsteht genau dann zwischen Menschen, wenn mindestens einer folgt.

Aber wenn das so ist, dann ist es auch nicht notwendig, Führung zu institutionalisieren, also Führung an eine Stelle zu packen und »Führungsposition« dranzuschreiben.

AUSGESTEUERT!

Außerdem, um die Verwirrung vorerst noch zu erhöhen, wird in unserem Sprachgebrauch Führung mit Steuerung wild vermengt. Das, was wir Führungskräfte nennen, sind meistens gar keine, sondern es sind Steuerungskräfte.

Steuerung geschieht durch das Bereitstellen von Wissen. Das Wissen kann durch Dokumentationen, Checklisten, Regularien und Prozesse bereitgestellt werden – und eben durch Steuerungskräfte, die das Wissen, wie etwas geht, im Kopf haben. Menschen werden gesteuert, mit oder ohne Menschen, entweder durch die Anweisung einer Person oder durch das Befolgen schriftlicher Anweisungen, die in Listen oder heutzutage eher in technischen Systemen codiert sind. Wenn Sie eine Software bedienen, werden Sie von ihr gesteuert. Wenn Sie den Anordnungen eines Chefs folgen, werden Sie ebenfalls gesteuert.

Steuerung ist an formale Macht gebunden. »Stift, du kehrst jetzt den Hof!«, sagt der Meister und der Stift kehrt den Hof. Und warum sollte jemand die Anweisungen befolgen, die ein Machtloser ausgibt? »Meister, du kehrst den Hof jetzt selber!«, sagt der Stift und fliegt Sekunden später im hohen Bogen aus dem Betrieb.

Aber das alles ist keine Führung! Führung ist das, was zwischen Menschen entsteht, wenn einer eine Idee hat, die andere für plausibel erachten und ihr deshalb folgen. Das kann wie ein Vorschlag klingen. Das kann aber auch wie eine Anweisung klingen, wenn Führung und Steuerung nicht auseinandergehalten werden. Es ist aber keine Anweisung, denn Führung kann immer abgelehnt werden, ohne Konsequenzen zu fürchten. Damit ist bei Führung auch kein Amt, keine Position, keine Hierarchie, keine formale Macht involviert.

Damit ist die Existenz von formaler Macht nicht grundsätzlich ausgeschlossen, überhaupt nicht. Irgendjemandem gehört ja der Laden. Und wer die Musik bezahlt, bestimmt auch, was gespielt wird.

Wer aber in Führung geht und wem Menschen folgen, der wird bei der Problemlösung nicht von der formalen Macht und ihren Vorgaben behelligt. Der zerbricht sich den eigenen Kopf, nicht den Kopf des Chefs. Die formale Macht steht nicht zwischen dem Problem und dem Team, das das Problem lösen will. Denn stünde sie dazwischen, würden alle auf Steuerung warten und Führung könnte nur schwerlich entstehen.

Der Kontext eines Unternehmens bei der Arbeit ist also ein Team ohne formale Macht und davor ein Problem. Es gibt immer eines. Und sei es ein Problem, das in der Form eines Kundenauftrags hereinkommt. Alle sind sich einig, dass das Problem gelöst werden muss. Und angesichts von echten Problemen kommen Menschen auf Ideen. Wie könnten wir es angehen? Was machen wir zuerst? Welches Werkzeug benutzen wir? Was machen wir dann?

Die Ideen werden in den Raum geworfen und dann findet ein informeller, nonverbaler Abstimmungsprozess statt, welchen Ideen das Team folgt und welchen nicht. Und dann tut man es. Die Teammitglieder erwischen sich dabei, wie sie einer Idee gefolgt sind, wie also Führung entstanden ist. Die Idee entwickelt sich by doing weiter, eine Idee mündet in die nächste und so fort. Das Team löst das Problem. Und am Ende weiß keiner mehr so genau, wer die ursprüngliche Idee hatte, es ist aber auch egal. Das Team ist so klug wie die Gesamtheit aller beteiligten Köpfe.

So, und da liegt nun der Hase im Pfeffer: Wenn ein Problem so einfach und vorhersehbar ist, dass es immer auf die gleiche Art und Weise gelöst werden kann und es nur auf das schon vorhandene Wissen ankommt, das in Prozessen und Checklisten codiert ist, dann ist Steuerung hervorragend geeignet. Denn Steuerung erschwert Führung, verhindert also, dass neue Ideen zwischen den Menschen entwickelt werden und Zeit damit verplempert wird, sich den Kopf immer wieder aufs Neue zu zerbrechen. Steuerung reduziert Komplexität. Und ist darum meist schneller in der Klärung, was zu tun ist. Es gibt bei der Steuerung kein Sowohl-als-auch, sondern nur ein Entweder-oder.

Entweder der Chef hat die Anweisung gegeben oder nicht. Wenn der Schüler fragt, warum zwei plus zwei vier ist, dann sagt der Lehrer nach drei erfolglosen Erklärungsversuchen: Weil ich das sage. Basta.

Wenn die formale, steuernde Macht jedoch nicht im Raume ist – weder physisch noch kommunikativ –, dann kann es sein, dass im Team eine Zeit lang keine Einigung stattfindet und für einige Momente keiner weiß, was zu tun ist. Und das wäre bei Problemen, die mit vorhandenem Wissen zu lösen sind, ganz schlecht. Zum Beispiel bei einem Hausbrand oder bei der Zustellung von Post oder bei der Registrierung einer Kapitalgesellschaft im Handelsregister oder in einem Kieswerk.

Aber, und das ist das große Aber: Wenn Probleme nicht logisch sind, wenn Aufgaben nicht mit vorhandenem Wissen prozesshaft abgearbeitet werden können, dann wird die Reduktion auf den einzelnen Amtsträger, den Träger der formalen Macht, den Posteninhaber selbst zu einem riesigen Problem. Denn dann sind plötzlich alle nur noch so klug wie ein Einziger. Oder so dumm.

Und das kann in bestimmten Kontexten gefährlich sein. Ein Volk, ein Reich, ein Führer. Das *ist* gefährlich!

ORDNUNGSMACHT

In sozialen Systemen ist darum nicht Führung das Problem, sondern die Führer. Genauer: Die Führungsämter. Noch genauer: Die Steuerungsämter, die nicht nur bei steuerbaren Problemen eingesetzt werden, sondern generell – und eben auch bei Problemen mit hoher Komplexität. Diese Ämter sind dann im Kontext der Komplexität strohdumm und brandgefährlich.

Wir müssen hier eben lernen zu differenzieren: Bekannte, mit vorhandenem Wissen zu lösende Probleme, die Steuerung benötigen, sind mit Steuerungsämtern, Prozessoptimierung und Management bestens bedient. Verteufeln wir nicht Steuerung, Machthierarchien und Ämter, sie haben ihren Platz.

Aber unbekannte, überraschende, mit neuen Ideen zu lösende Probleme, die Führung benötigen, müssen frei von Ämtern gehalten werden, sie brauchen Menschen, die von formaler Macht unbehelligt bleiben, um in Konfrontation mit komplexen Problemen gemeinsam zu denken und Ideen zu entwickeln.

Im Moment wird in der Wirtschaft noch immer das meiste und in der restlichen Gesellschaft, vor allem in der Politik schlicht alles mit Ämtern, Positionen und formaler Macht gelöst. Wir unterscheiden nicht nach der Art des Problems. Aber die europäische Einigung, das Flüchtlingsproblem, das Demografieproblem der Rente, der Ukrainekonflikt oder die Cyberangriffe aus China lassen sich eben nun mal nicht allein mit vorhandenem Wissen lösen. Es sind keine prozesshaft abzuarbeitenden Aufgaben!

Für die Genehmigung eines Bauantrags brauchen Sie ein Amt, natürlich. Da ist eine Behörde nützlich, effizient und sicher. Aber wenn es darum geht, eine Währung zu stabilisieren oder Schüler tauglich für ihre berufliche Zukunft zu machen, die Umwelt zu schützen oder ein globales Handelssystem weiterzuentwickeln, sind Ämter und Behörden, Minister und Räte, Kanzler und Präsidenten mit ihrer formalen Steuerungsmacht einfach grundfalsch und fehl am Platze. Sie können mit ihrer Macht nichts ausrichten, außer die Probleme noch zu verschärfen, denn sie sind in ihrer pyramidalen Verdichtung auf den einen Kopf an der Spitze zu schlicht und zu dumm, um der Komplexität des jeweiligen Problems auch nur annähernd gerecht zu werden.

Und nur, weil der Gedanke nicht sofort eingängig ist, mute ich Ihnen die Wiederholung zu: In den ganzen Behörden sitzen zum Teil hochintelligente, ideenreiche und engagierte Menschen. Die sind keinesfalls dumm – im Gegenteil. Dumm wird aber das Verhalten der ganzen Organisation, des Ministeriums, der Behörde, wenn es auf Steuerung setzt. Oder wie es der Wittener Organisationstheoretiker Fritz B. Simon ausdrückt: »Gemeinsam sind wir blöd.«

Weil Softwarefirmen wissen, dass ein Abteilungsleiter oder Chefentwickler mit der Steuerung der Codeentwicklung überfordert wäre – einfach weil das Problem zu komplex ist –, bilden sie hierarchiefreie Teams ohne formale Machtposition. Ohne Führer. Aber dafür mit Führung, nämlich mit einem fruchtbaren Wettbewerb der Ideen und freiwilliger Gefolgschaft. Wenn sich die besten Ideen in Abwesenheit von formaler Macht durchsetzen können, dann haben Gruppen von kompetenten Menschen die Chance, auch hochkomplexe Probleme zu lösen.

In der Vergangenheit konnte das tayloristische Management, also die durch Frederick Winslow Taylor vor gut hundert Jahren erstmals wissenschaftlich untersuchte und beschriebene Sozialmechanik von Anweisung und Kontrolle und der Trennung von denkenden Managern und handelnden Arbeitern, große Erfolge feiern. Zum Beispiel in der Automobilindustrie bei der industriellen Serienfertigung.

Aber kein modernes Unternehmen, das sich in komplexen Märkten wie zum Beispiel der Fintech-Branche oder der Biotechnologie bewegt, kann sich heute im großen Stil Taylorismus leisten, wenn es Erfolg haben will. Innovation und industrielle Massenfertigung verhalten sich in etwa zueinander wie ein Gemälde von Picasso zu einer frisch gestrichenen Hausfassade. Und ja, es gibt einen Grund, warum ein Malerbetrieb keinen Picasso zustande bringt.

In der Staatenordnung gab es eine ähnliche Entwicklung wie die des Managements in der Wirtschaft: die Ideen von Max Weber und die Bürokratie der modernen Verwaltung. Die daraus entstandenen Behörden und Ministerien sind nicht grundsätzlich schlecht und haben Vorteile. Sie sorgen durch die funktionale Teilung und die gegenseitige Kontrolle dafür, dass nicht so viel Machtmissbrauch vorkommt, und sie funktionieren zuverlässig bei bestimmten Sorten von Aufgaben. Aber eben nur bei den Aufgaben, die mit vorhandenem Wissen gelöst werden müssen, können und sollen.

Diese Unterscheidung in Problemsorten stand uns in den letzten Jahrhunderten noch nicht zur Verfügung. Wir dachten bislang instinktiv, dass überall dort, wo es Ordnung gibt, es auch jemanden geben muss, der diese Ordnung schafft. »Am Anfang schuf Gott Himmel und Erde ...« – Dieses Denken ist sehr tief in unserer Kultur verwurzelt. Dass Ordnung auch ohne ordnende Hand entstehen kann, ist vielen Menschen darum auch heute noch suspekt. Der unbewusste Widerstand gegen diesen Gedanken ist groß.

Daher rührt vermutlich auch das grundlegende Misstrauen vieler Menschen in unserer Gesellschaft gegenüber der Marktwirtschaft. Ja, auch in einer Marktwirtschaft gibt es Skandale und Missstände, so wie in einer Zentralplanungswirtschaft auch. Nichtsdestotrotz: Dass die berühmte »unsichtbare Hand des Marktes« insgesamt für eine viel präzisere, dynamischere, effizientere Ressourcenallokation, Preisbildung und Warenverteilung sorgen kann als eine von Behörden gesteuerte sozialistische Zentralplanungswirtschaft, will einfach nicht in die Köpfe, obwohl der empirische Beweis dafür schon Hunderte Male erbracht worden ist.

ES FUNKTIONIERT!

Dabei entsteht in der Natur ständig Ordnung ohne Ordner, Führung ohne Führer. Auch in sozialen Systemen passiert das ständig, wir müssen uns nur umsehen und es wahrnehmen.

Ja, es gibt Formen der Unordnung, da würde eine ordnende Hand helfen. In vielen Garagen und Kinderzimmern zum Beispiel. Aber es gibt Formen der Unordnung wie zum Beispiel ein Wirtschaftsungleichgewicht, da hilft keine ordnende Hand. Schon gar nicht die eines Wirtschaftsministers oder Staatssekretärs. Da ist nichts zu ordnen.

Viele Menschen vermischen dann wieder die Subsysteme und rühren einen guten Schuss Moral in die Suppe: Sie wollen, dass Gerechtigkeit »hergestellt« wird. Und dann wird zum Beispiel Entwicklungshilfe gemacht. Oder von den Produktiven zu den Unproduktiven umverteilt. Oder dann wird das Wirtschaftswachstum »gefördert«. Oder eine Mietpreisbremse oder die Deckelung von Managergehältern gefordert. Und so weiter. Die Führer sollen es richten. Sogar die Liberalen interpretieren all dies in einem Akt der Pflichtanmaßung als Auftrag und handeln damit gegen die Maximen der marktliberalen Vordenker ihrer Parteigeschichte.

Während in der Wirtschaft seit etwa zwei Jahrzehnten etliche Unternehmen auf selbstorganisierte Teams ohne formale Machtpositionen setzen, einfach, weil sie sonst nicht mehr wettbewerbsfähig wären, ist die Politik in dieser Hinsicht blind, taub und dumm.

Alle Softwarefirmen arbeiten heute nur noch in sogenannten *agilen* Teams. Das ist Normalität geworden. Niemand spricht in der Softwarebranche noch davon, *ob* man das tun sollte, sondern nur noch *wie* im Detail.

Toyota erledigt seit den 1980er-Jahren seine gesamte Prozessoptimierungsarbeit sehr erfolgreich mit einer höchst intelligenten Trennung von formaler Macht und selbstgesteuerten Teams. Toyota ist sehr hierarchisch und klar gesteuert in der Wertschöpfung, überall da, wo vorhandenes Wissen greift. Aber sobald es um die Frage geht, wie irgendetwas in der Produktion verbessert werden kann, entstehen funktionsintegrierte Teams und springen in einen komplett anderen Modus: Sie agieren ohne Vorgaben einer formalen Macht. Auf einmal hat für die Lösung dieses Problems jeder Arbeiter am Band so viel zu sagen wie jeder Chef im Konzern.

In Europa ist diese Art der Optimierungsarbeit als sogenannte Qualitätszirkel bekannt. Und zwar seit Jahrzehnten. Es gibt durchaus viele Automobilhersteller in Europa und den USA, die das Toyota-Modell nachgeahmt haben. Bei BMW habe ich so etwas schon live gesehen. Selbst der äußerst behördenhafte Konzern Volkswagen macht bereits auf »agil« und wendet diese Methodik stellenweise an.

Die schwedische Bank Svenska Handelsbanken hat die Selbstorganisation schon vor Jahrzehnten für sich entdeckt und angepasst, sie verzichtet auf viele Elemente zentraler Steuerung, obwohl sie sich in einem sehr stark regulierten Markt bewegt. Und das mit überragendem Erfolg.

Auch immer mehr deutsche Mittelständler wenden dieses Denken an. Beim Logistik- und Automobilzulieferer *Allsafe* aus dem tiefen Südwesten der Republik zum Beispiel entscheiden Produktionsteams direkt in der Produktionshalle, wer wann was tut und in welcher Reihenfolge Aufträge bearbeitet werden. Die Mitarbeiter brauchen keinen Chef um festzulegen, wer wann wie viel arbeitet, ob am Wochenende durchgearbeitet werden muss und wie das Problem der Materialknappheit an einer bestimmten Maschine gelöst wird. Jeder Mitarbeiter hat alle Informationen und kann, darf und soll entscheiden.

Ich höre und sehe das überall. Und diese Unternehmen sind typischerweise in komplexen Märkten deutlich erfolgreicher als tayloristisch gemanagte Unternehmen. Sie sind schneller, näher am Kunden, wirtschaftlicher, produktiver, produzieren bessere Qualität. Und die Zufriedenheit der Mitarbeiter ist größer. Wirksamkeit und Teamarbeit und Kundennähe machen nämlich Freude.

Es funktioniert!

Ja, nun, wenn das gut funktioniert, wie wäre es dann, wenn wir diese Idee auch im politischen System anwenden würden und anfingen, bestimmte Ämter abzuschaffen?

Tja, ich sage Ihnen, was dann passieren würde: Dann gäbe es Widerstand!

VERÄNDERN? GERNE! – VERÄNDERT WERDEN? NIEMALS!

Bei grundlegenden Veränderungen in sozialen Systemen gibt es zwei Sorten von Widerstand: Die eine Sorte ist der *intuitive Widerstand*. Ein von der Veränderung Betroffener sagt Nein, weil er nicht versteht, was mit ihm passiert und ob das funktionieren kann. Er kann seine Vorteile nicht erkennen und befürchtet Nachteile. Sein Kopf ist verwirrt, im Bauch hat er ein komisches Gefühl, er ist skeptisch und sperrt sich. Verständlich.

Die andere Sorte ist der *taktische Widerstand*. Ein von Veränderung Betroffener hat seine eigene Agenda. Ob das System vor oder nach der Veränderung besser funktioniert, interessiert ihn nicht, ihm geht es um seine persönlichen Vorteile. Er will eine Machtposition erreichen oder erhalten. Er hat Karriereabsichten. Er will sein Einkommen sichern. Und er ist genau deswegen dagegen: Die Veränderung würde seine Stellung gefährden oder in Frage stellen. Seine berufliche Existenz hängt davon ab. Er glaubt, darum müsse er dagegen sein und die Veränderung verhindern. Auch verständlich.

Aus System-Sicht macht keiner der Widerständler etwas falsch. Denn es ist der Widerstand der Organisation, des Systems selbst, der sich durch die Menschen Bahn bricht. Jedes System kann nur existieren, wenn es in der Lage ist, sich selbst zu erhalten – auch unter Stress.

Bei Berufspolitikern ist es sehr offensichtlich und leicht zu verstehen, dass sie als Teil des politischen Systems den Widerstand dieses Systems gegen eine Abschaffung von Steuerungsämtern ausdrücken müssen – ihre berufliche Existenz hängt ja da dran. Das ist so ähnlich wie wenn die öffentlich-rechtlichen Medien gegen die Abschaffung des Rundfunkbeitrags und gegen alle, die so etwas fordern, Sturm laufen. Wer wollte es ihnen verdenken! Die Forderung, am Ast zu sägen, auf dem Sie sitzen, fänden Sie auch merkwürdig.

Aber genau deswegen sind die Manager die Falschen, wenn es darum geht, jemanden zu fragen, wie die Arbeit ohne Manager zu organisieren wäre. Genau darum sind ARD-Intendanten und ZDF-Redakteure die Falschen, wenn es darum geht, jemanden zu fragen, ob es nicht klüger wäre, den Rundfunkbeitrag abzuschaffen. Genau darum sind Berufspolitiker die Falschen, wenn es darum geht, jemanden zu fragen, ob bestimmte Steuerungsämter nicht abgeschafft werden sollten.

Sie können mit einem Apotheker, der homöopathische Arzneimittel verkauft, nicht vernünftig darüber diskutieren, ob die Homöopathie Unsinn ist oder nicht. Sie können das übrigens auch nicht mit einem allopathisch praktizierenden Arzt tun. Beide können ja nicht ihr Geschäftsmodell ruinieren und Sie können es auch nicht von ihnen verlangen, darüber differenziert, abgewogen und ergebnisorientiert zu diskutieren.

Schöner als der US-amerikanische Schriftsteller Upton Sinclair kann ich es nicht ausdrücken: »Es ist schwierig, einem Menschen etwas begreiflich zu machen, wenn sein Gehalt darauf beruht, es nicht zu begreifen.«

Schon alleine deswegen wird ein Berufspolitiker niemals je auf die Idee kommen, das politische System grundlegend zu modernisieren, wenn damit die Abschaffung von Steuerungsämtern verbunden ist. Niemals.

Erinnern Sie sich bitte nur einmal kurz an Paul Kirchhof, der im Bundeswahlkampf des Jahres 2005 für seine modernen Steuerideen ja kaum von den Bürgern, sondern fast ausschließlich von anderen Politikern beschimpft wurde. Das hatte genau diesen Grund: Ein solches vereinfachtes Steuersystem hätte gegen den großen Trend weniger Staat bedeutet. Aber die Idee »weniger Staat« ist für Politiker aus existenziellen Gründen etwa so furchteinflößend wie eine Hauswinkelspinne für einen Arachnophobiker.

Darum sollte diese Frage auch nicht innerhalb der Politik diskutiert werden. Sondern zum Beispiel hier. Ob die Politiker mich nun einen Ketzer schimpfen oder nicht.

Also lassen wir die nachvollziehbaren Widerstände der Politiker mal beiseite und schauen wir weiter auf die Erfahrungen aus der Wirtschaft: Wie führt man solche selbstorganisierten, machtfreien Problemlösungsteams ein? Und wie klappt es garantiert nicht?

Das übliche Verständnis von tief greifenden Veränderungsprozessen ist, dass man die Menschen verändern muss. Dass man mit jedem sprechen muss. Ja, jeden irgendwie »erziehen« muss, oder ihnen wenigstens etwas beibringen muss. Das Mindset, die Haltung und das alles muss sich zunächst einmal ändern, vorher geht gar nichts. Boah, was für ein Aufwand! Deswegen dauern solche Veränderungen in der Vorstellung der meisten Menschen auch ganz lange und sind äußerst schwierig. Mit Rückschlägen ist immer zu rechnen.

Meiner Meinung nach ist das in der Realität ganz anders. Um sich anders zu organisieren muss niemand ein anderer Mensch werden. Niemand muss umgepolt oder gehirngewaschen werden. Am Mindset oder an der Haltung der Menschen muss nicht gearbeitet werden. Erst recht nicht als Voraussetzung für die Veränderung. Menschen verhalten sich immer dem Kontext gemäß und können sich zumeist sehr gut anpassen. Ändern Sie den Kontext, verhalten sich exakt dieselben Menschen vom einen auf den anderen Moment ganz anders.

Ändern Sie in einem Unternehmen zum Beispiel das Entlohnungssystem, dann verhalten sich die Menschen entsprechend. Wenn Sie beispielsweise Boni für Einzelleistungen versprechen, handeln dieselben Menschen, die gestern noch Teamplayer waren, morgen zunehmend egoistisch. Und dieselben Menschen, die gestern noch zuverlässig langweilige Sachbearbeiter waren, beginnen morgen hoch kreativ und flexibel zu agieren, wenn sie sich in einem machtgeschützten, selbstorganisierten Freiraum mit echten Problemen und dazu passenden Kollegen wiederfinden.

Kultur können Sie genauso wenig direkt verändern, wie Sie den Schatten direkt verändern können, den ein Gegenstand wirft. Was Sie dagegen ändern können, sind die veränderbaren Strukturelemente, also die von Niklas Luhmann so bestechend lautmalerisch bezeichneten *entscheidbaren Entscheidungsprämissen*. Und dann können Sie beobachten, wie sich die Kultur verändert.

Was jedenfalls nicht funktioniert: Anweisungen oder Appelle. Verhalten Sie sich bitte so oder so! Unterlassen Sie bitte dies oder jenes! Tolerieren Sie mal Fehler! Seien Sie mal kreativ! Verhalten Sie sich jetzt gefälligst solidarisch! Und bleiben Sie dabei authentisch! – Moralische Appelle werden immer wieder versucht, um etwas zu verändern. Es klappt aber nicht. Dass beispielsweise die Anordnungen von Matthias Müller bei Volkswagen, die die VW-Kultur verändern und transformieren sollten, oder die offenbar in Mode gekommenen Brandbriefe vom Bahnchef Lutz, vom Continental-Chef Degenhardt, von Deutsche Bank-CEO Sewing oder vom Siemens-Vorstand allesamt im Wesentlichen wirkungslos geblieben sind, liegt in der Natur der Sache.

WURZELBEHANDLUNG

Und, um Ihnen auch diesen Zahn gleich zu ziehen: Nie hat irgendjemand jemals eine Organisation gesehen, die von unten transformiert worden wäre. Also per *Graswurzelbewegung*. Nie irgendjemand jemals. Generell hätten wohl manche Menschen gerne, dass es möglich sei, ein Unternehmen, eine Organisation, eine Gesellschaft konstruktiv von unten nach oben zu verändern. Es wäre irgendwie schön. Es funktioniert aber nicht. Tut mir leid. Sie können Organisationen und Regierungen zwar von unten destabilisieren oder gar stürzen, also destruktiv einwirken. Die Konstruktion eines *neuen* stabilen Zustands eines Systems aus einem alten heraus ist hingegen so noch niemals gelungen. Sie können ja mal nach Gegenbeispielen suchen, ich interessiere mich dafür.

Der Grund dafür ist: Systeme haben eben diese systemimmanente Beharrungstendenz. Sie sind konservativ und vergangenheitsstabilisierend. Sie wehren sich gegen Strömungen und Bewegungen im Innern, sie leisten Widerstand. Systeme bestimmen aus sich heraus, was gut (also systemkonform) und böse (also systemkonträr) ist. Dissidenten werden eingesperrt. Auf die Revolution folgt die Restauration.

Was aber Systeme nachhaltig verändert: Wenn Menschen mit formaler Macht Strukturen verändern. Wenn Mächtige freiwillig auf Ämter verzichten. Das ist selten, aber es kommt vor. Und nach meiner Erfahrung in der Wirtschaft: Je weiter oben in der Machthierarchie, desto einsichtiger und desto eher räumen die Führer ihre Ämter.

Gerne tut das keiner. Außer die Weisen, die die langfristige Zukunftssicherung im Sinn haben. Oder die Überforderten, für die ein Amtsverzicht Entlastung bedeutet. Aber am ehesten sind dazu noch die Führer an der Spitze fähig. So wie Fürst Hans-Adam II. von und zu Liechtenstein, der aus freien Stücken in die Verfassung schreiben ließ, dass das Volk die Monarchie abwählen kann – also auch ihn, den Fürsten, das Staatsoberhaupt. Außerdem entmachtete er sich auch insofern, als er das Selbstbestimmungsrecht der Völker ernst nahm und freiwillig und ohne Not den Liechtensteinern das Sezessionsrecht auf Gemeindeebene zubilligte. Das heißt: Jede der elf Gemeinden Liechtensteins ist freiwillig Teil des Landes und könnte, wenn es der demokratische Volkswille wäre, den Austritt aus dem Staat beschließen. Wirklich wahr!

Der Fürst hat sich selbst absichtlich entmachtet. Zum Wohle des Ganzen. Und er hat damit seinem Land die in dieser Hinsicht

modernste Staatsverfassung der Welt gegeben. Die freiwillige Befreiung von Zwang transformiert ein soziales System nachhaltig.

Solche freiwilligen Ämter- und damit Machtverzichte aus purer Einsicht ganz oben in der Machtpyramide kenne ich auch von Unternehmen. Dabei spielt Größe zwar nicht logisch, aber rein empirisch durchaus eine Rolle: In Liechtenstein geht so etwas anscheinend leichter als in Frankreich. Bei Mittelständlern mit sagen wir 1000 Mitarbeitern beobachte ich das schon mal häufiger als bei großen Konzernen wie beispielsweise Volkswagen. Vielleicht beweist eine große Transformation in naher Zukunft aber auch, dass Größe in Wahrheit dabei gar keine Rolle spielt.

Ich kenne einige gelungene Transformationen von Unternehmen aus der Nähe. Allen gemeinsam ist, dass deren Chefs eingesehen haben, dass Selbstorganisation und die Abwesenheit von Zwang die natürliche Urform von Unternehmen sind. Machen wir das hier sehr deutlich: Der entscheidende Anstoß war nicht Zwang, weil das Unternehmen mit dem Rücken an der Wand stand, und auch nicht die pure Lust, es anderen nachzuahmen oder »mal was Neues« zu wagen. Es war Einsicht. Die Einsicht, dass Hierarchie und Management in allen bekannten Facetten nur Sonderformen von Organisation sind, mit denen viele Möglichkeiten ausgeschlossen werden. Auch in gemanagten Unternehmen findet noch immer Selbstorganisation statt, aber nur noch in den Zwischenräumen und Spalten der Organisation, in den Systemlücken. Auf der *Hinterbühne*, wie ich es in meinem 2014 erschienenen Buch »Zurück an die Arbeit« genannt habe.

In den Unternehmen, die mehr Selbstorganisation haben wollen, musste darum nicht etwas hinzugefügt werden, sondern etwas weggelassen, etwas weggenommen werden – eben das, was die Mitarbeiter davon abhält, sich selbst zu organisieren. Im Wesentlichen ist das, was abzuschaffen ist, eben das Management, also die klassische Führungsmechanik mitsamt den mit diesem Amt verbundenen Ritualen und Praktiken.

Was dann stattdessen von selbst entsteht, ist Verantwortung. Statt funktionaler Abteilungen können dann funktionsintegrierte Mannschaften gebildet werden, die nicht gesteuert werden und die ohne formale Macht, also ohne Zwang oder individuelle Anreizung Probleme lösen.

Voraussetzung dafür ist die Demokratisierung des vorhandenen Wissens, also die freie Zugänglichkeit aller verfügbaren Daten. Außerdem werden die bestehenden Regeln durch Prinzipien ersetzt und die Mannschaften hören auf zu planen, um stattdessen die eigenen Fähigkeiten und die Zusammenarbeit zu trainieren und sich gut auf die komplexen Probleme vorzubereiten.

Das klingt in dieser Kürze vielleicht abstrakt und für manche Ohren fremd oder gar wunderlich. Man kann über diese neue Art zu arbeiten ganze Bücher schreiben, und genau das habe ich getan. Der Punkt hier aber ist: Es könnte sein, dass die Wirtschaft mit seinen transformierten Unternehmen, die sich mit selbstorganisierten, ämterlosen Teams fit gemacht haben für das 21. Jahrhundert, nur der Vorläufer ist für eine sich transformierende Gesellschaft. Eine Gesellschaft, in der die individuelle Freiheit wieder Trumpf ist. In der es keinen paternalistischen Zäunreflex mehr gibt. In der Selbstbestimmung und Selbstorganisation die Machtausübung der sich an ihre Ämter klammernden Hirten ersetzt.

Ich meine damit also nicht etwa eine Revolution. Denn ich hasse Gewalt. Ich meine vielmehr wachsende Erkenntnis, wie soziale Systeme wirklich funktionieren. Ich wünsche mir die Möglichkeit, dass kluge, einsichtige Machtpositionsinhaber freiwillig am System arbeiten, statt nur im System. Und schon gar nicht will ich an Menschen herumdoktern oder nur an einzelnen Regeln. Allerdings glaube ich schon, dass wir nach und nach ein neues, transformiertes politisches System aufbauen müssen, das bei den immer zahlreicheren Problemen greift, mit denen das gegenwärtige politische System prinzipiell überfordert ist.

Dabei muss nicht alles auf einmal über den Haufen geworfen werden. Es geht nicht um ein Entweder-oder. Sondern um ein Sowohl-als-auch: Wir könnten im Großen und Ganzen so weitermachen, während Amtsinhaber an der einen oder anderen geschützten Ecke beginnen, ihre Machtposition freiwillig zu räumen, den Zwang aufzuheben und den Menschen die Freiheit zurückzugeben sich selbst zu organisieren.

Das ist, wie die Ernährung umzustellen. Am Anfang sind es Erkenntnisse, Prinzipien. Zum Beispiel so etwas wie: Kohlehydrate sind gar nicht so gesund, also auf ein Minimum reduzieren. Oder: jeden Tag 18 Stunden lang nichts essen und alle Mahlzeiten innerhalb von 6 Stunden einnehmen – also entweder das Frühstück oder das Abendessen streichen.

Interessanterweise entwickelt sich dann unter solchen Prinzipien der Organismus weiter. Das zeigt sich zum Beispiel daran, dass man nicht mehr alles verträgt. Ich trinke zum Beispiel furchtbar gerne Kaffee. Aber seit ich die Kohlehydrate reduziert habe, vertrage ich nach dem Essen keinen Espresso mehr. Da tut mir der Magen weh. Ich werde es also künftig nach dem Essen mit Schnaps probieren müssen …

WENN DAS SCHULE MACHTE …

Dienst ist Dienst und Schnaps ist Schnaps. Wie also kommen wir weg von den Hirten und ihrem Zäunreflex? Wie befreien wir die Herde und nutzen die Kraft des Individualismus, statt ihn einzuhegen? Wie übertragen wir die Prinzipien der sogenannten New-Work-Bewegung in die Gesellschaft?

Heißt das einfach nur, mehr direkte Demokratie wagen? Immerhin steht im Grundgesetz ja in Artikel 20 im zweiten Absatz, dass die Staatsgewalt vom Volke in Wahlen und Abstimmungen ausgeübt wird. In Abstimmungen! Nur zur Erinnerung: Obwohl das im Grundgesetz so vorgesehen ist, wurden in der Bundesrepublik Deutschland auf Bundesebene noch nie Volksabstimmungen durchgeführt. Es scheint so, als vertrauten die Hirten dem Volk nicht besonders.

Oder braucht es mehr Privatisierung? Bekanntermaßen geht unter den Exemplaren des Homo sapiens vor allem der Eigentümer sorgfältig mit einer Sache um, weshalb das Privateigentum der Schlüssel zum Wohlstand in einer Gesellschaft ist.

Oder müssen wir auf Entbürokratisierung setzen und einfach haufenweise Gesetze, Regeln und Vorschriften abschaffen?

Müssen wir direkt an die Ämter ran und die Anzahl und Ausstattung der Ämter, Ministerien, Posten, Mandate drastisch reduzieren? Wir brauchen ja vielleicht doch nicht das nach dem chinesischen Volkskongress zweitgrößte Parlament der Welt. Vielleicht reichen, sagen wir 100 Abgeordnete aus?

Sollten wir die Staatsausgaben per Grundgesetz deckeln, damit der Privatsektor und mit ihm die individuelle Freiheit nicht immer weiter vom hypertrophierenden, metastasierenden Staat abgeschnürt wird?

Brauchen wir also ein Mehr an Individualismus und ein Weniger an Kollektivismus? Mehr *Messiblick* und weniger *Fünferkettenblick*? Brauchen wir eine Verschiebung zwischen den beiden Polen innerhalb des Systems?

Ich glaube, wir sollten nicht zu viel auf einmal umbauen. Das wäre schlicht zu gefährlich. Und ich glaube außerdem, dass schon kleine Umbauten bereits extrem starke Wirkungen haben können. Aber ich würde mir jedenfalls wünschen, dass wenigstens einige Amtsträger wenigstens einige Teilbereiche ihres Machtbereichs freigäben, also entzäunten, um wenigstens stellenweise ihre eigene schleichende Entmachtung einzuleiten. Damit meine ich Teilbereiche wie etwa das Schulsystem. Oder die Energiewirtschaft. Oder das Gesundheitssystem. Oder innerhalb der Kriminalitätsbekämpfung der Justizbehörden die Cyberkriminalität. Oder im Finanzwesen die Freigabe und Entkriminalisierung von Parallelwährungen.

Nehmen wir doch als Beispiel das Schulwesen genauer unter die Lupe. Eigentlich braucht eine sich immer feiner ausdifferenzierende Gesellschaft eine immer größere Breite von beruflichen Qualifikationen unter den Menschen. Immer diversere Fähigkeiten, immer mehr implizites und explizites Wissen über immer Unterschiedlicheres. Zum Beispiel wird die Fähigkeit, in unterschiedlichen Kulturen Produkte zu verkaufen, immer wertvoller und gesuchter. Oder die Fähigkeit, mit unterschiedlichen Technologien umweltfreundlich zu produzieren. Oder die Fähigkeit, in den verschiedensten Branchen Innovationen zu erzeugen. Oder die Fähigkeit, die Pflege von alten Menschen so zu organisieren, dass sie zu den individuellen Bedürfnissen und Lebensstilen der Menschen passt. Oder die Fähigkeit, Lernen gut zu organisieren – für sich und andere.

Es wäre darum logisch, dass es heute immer mehr und immer unterschiedlichere Bildungswege gäbe. Genau das würde auch passieren, wären die Hirten nicht Hirten und die Schafe nicht Schafe!

In Deutschland ist das Bildungswesen zu großen Teilen staatlich organisiert, das bedeutet, hier planen Manager die Bildung so, dass sie aus Sicht der Politik möglichst beherrschbar bleibt. Dementsprechend werden Bildungswege europaweit vereinheitlicht und eingeschränkt: Es gibt weniger und nicht mehr Vielfalt in allen Stufen der Bildung: vom Kinderhort über die Grundschulen, die Sekundarstufen bis zu den Hochschulen. Die nach dem Bologna-Prozess europaweit *harmonisierten*, also reglementierten und eingezäunten Studiengänge und -abschlüsse erzeugen den kleinsten gemeinsamen Nenner, die Vergleichbarkeit von Bildung auf niedrigstem Niveau.

Es passiert also genau das Gegenteil von dem, was aus Sicht der Schüler, Eltern und Unternehmen sinnvoll und notwendig wäre. Warum machen das die Hirten so? Weil es sonst unfinanzierbar würde? Ach, kommen Sie! Das Effizienzargument kommt fast schon reflexartig – natürlich, um den Status quo zu verteidigen. Aber das ist bei genauerem Hinsehen nur ein Scheinargument. Es erscheint generell nur dann plausibel, wenn man ein neues System durch die Brille des alten betrachtet, also alle Parameter und Prämissen beibehält und dann die nicht dazu passenden Parameter des neuen Systems damit bewertet. Das wäre aber dann etwa so stichhaltig, wie zu behaupten, dass es fliegende Vögel nicht geben kann, weil sie schwerer als Luft sind.

Warum also steuern die Hirten das System wirklich weg vom Sinnvollen und Notwendigen? – Na, weil sie sonst mitsamt dem Bologna-Prozess gleich das ganze Hirten-Schulsystem in Frage stellen würden, mitsamt sich selbst in der Rolle des Hirten.

Würden sich nämlich von alleine immer neue Schultypen und Bildungsgänge herausbilden dürfen, eben einfach die,

die gebraucht und gewünscht wären, dann würde das planende, reglementierende und herrschende Instrumentarium der Hirten wirkungslos rotieren. Ihre Legitimation würde schwinden, ihre Stäbe würden zerbrechen, sie würden überflüssig werden. Plötzlich würde jeder merken: »He, der Hirte tut ja gar nichts, wir machen das alles ja selber, wir brauchen den ja überhaupt nicht.«

Logisch, dass die Hirten ihr Regime verstärken und nicht abschwächen! Sie wären sonst schlicht weg vom Fenster.

Spielen wir's durch: Was würde denn ganz konkret passieren, wenn die Herde keine Herde mehr wäre, sondern eine vielfältige Gesellschaft aus Individuen, die sich die Bildung selbst organisiert, weil niemand mehr *von oben* vorgibt, was Form und Inhalt *guter* Bildung sind. Das Zentralabitur bräuchte keiner, das würde nicht mehr existieren. Jeder, der will, könnte eine Schule gründen, jeder könnte Bildungsabschlüsse anbieten. Es herrschte freie Schulwahl für die Schüler bzw. deren Eltern.

Wo immer es einen Bedarf gibt, würden Schulen entstehen. Und zwar nicht Hauptschule, Mittelschule, Gymnasium – und schon gar nicht Gesamtschule! – sondern Hunderte verschiedene Schultypen. Manche für handwerklich Begabte, wo jeder Schüler nebenbei ein bis zwei Berufsausbildungen machen würde. Manche für an Wirtschaft Interessierte, die dort auch das Unternehmerhandwerk lernten. Manche für musikalische Menschen, die dort auch Schlagzeug studieren könnten. Eine Schule für Pianisten. Eine Jazz-Schule. Eine Schule, auf der die Schüler zehn Sprachen lernen können. Eine Schule für Fußballer. Eine Schule mit Schwerpunkt Design. Eine christlich geprägte Schule. Eine Schule, wo täglich im Meer getaucht wird. Eine Logik-Schule. Eine Natur-Schule. Eine Spiel-Schule. Eine humanistische Schule. Eine Politik-Schule. Eine Generalisten-Schule. Eine Hochbegabten-Schule. Eine Schule für Lernbehinderte … und so weiter. Und natürlich alle möglichen Mischformen davon.

Falls Sie hier gerade ansetzen zu denken: Aber das gibt's doch heute schon ... – Nein, ich meine hier nicht solche *Schwerpunktschulen*, wo beispielsweise auf einer Blechbläser-Schule alles wie überall läuft, mit dem Zusatz, dass die Schüler außerdem vier Stunden pro Woche ins Blech blasen. Ich meine völlige Lehrplanfreiheit, um nicht nur ein Quantum Freiheit in fixierten Schulformen zu gewähren, sondern gleich komplett individuelle Schulformen zu ermöglichen.

Schultypen, die nicht besucht würden, hörten auf zu existieren. Schultypen, die beliebt wären, existierten in großen Mengen und an vielen Orten. Der Staat würde keine Schultypen definieren, keine Lehrpläne vorgeben, keine Prüfungen standardisieren, auch keine Lehrerausbildung normieren und kontrollieren. Der Staat würde wohl lediglich noch prüfen, ob Ausbildungskonzepte verfassungskonform sind.

Vor der Aufnahme in eine Hochschule, die sich ebenfalls ausdifferenzieren würden, würde nicht das Zentralabitur die allgemeine Hochschulreife attestieren, sondern jede Hochschule würde eigene, zu den Studieninhalten passende Aufnahmeprüfungen durchführen und sich auf diese Weise die Studenten selbst aussuchen.

Die Anforderungen der Eltern und der Schüler an den Bildungsmarkt wären natürlich statt an der europaweiten Vergleichbarkeit viel mehr an den Anforderungen des Arbeitsmarktes ausgerichtet als heute. Und gleichzeitig würde der Bildungsmarkt vielfältige Angebote entwickeln, die den individuellen Neigungen und Fähigkeiten der einzelnen Schüler (und wohl auch den sehr individuellen Wünschen der Eltern) viel mehr entsprechen würden als heute. Die stellenweise Bevorzugung von Introvertierten gegenüber Extrovertierten oder die Bevorzugung von Mädchen gegenüber Jungen, wie sie heute in vielen Schulklassen traurige Wirklichkeit ist, würde sich selbst regulieren: Eine Schule, an der sich Jungen wie Mädchen verhalten müssten, um nicht ständig bestraft zu werden, wäre für Eltern von Jungen einfach nicht attraktiv. Und auch die Schule hätte die Wahl: entweder auf männliche Schüler verzichten oder Lehrer einstellen, die mit Jungs umgehen wollen und können.

Das wäre eine Zukunft mit möglichst großer Freiheit für jeden Einzelnen. Aber natürlich auch eine Zukunft, die die Übernahme von Verantwortung durch die Schüler und ihre Eltern erforderte. Freiheit und Verantwortung sind immer zwei Seiten der gleichen Medaille. Und das ist noch gar nicht politisch gemeint, sondern systemisch: Die Freiheitsgrade, die Wahlmöglichkeiten sind in solchen Systemen hoch. Diese Freiheit sieht man durch die Perspektive von außen auf ein System. Von innen betrachtet spürt man dasselbe Phänomen als Verantwortung: Natürlich könnte ein Schüler in dieser Zukunft eine Schule besuchen, in der er nicht die Voraussetzungen erwirbt, die eine Architekturhochschule erwartet. Nur hat er dann eben auch weniger Chancen, Architekt zu werden. Aber er hat ja die Wahl.

WENN SCHON, DENN SCHON ...

Um so etwas zu starten, bräuchte es Einsicht. Und wenn wir merkten, dass sich Journalisten bei den Öffentlich-Rechtlichen gegen den Rückzug des Staates aus den Medien wehrten, wenn die EZB sich gegen den Bitcoin wehrte, wenn das Oberschulamt und die verbeamteten Lehrer Sturm liefen gegen Freiheit im Bildungswesen – dann wäre dieser natürliche Widerstand der Amtsträger ein Symptom für den Erfolg der Transformation! Dann müssten wir dranbleiben und es durchziehen. Wir brauchen diese Auseinandersetzung, um den Staat zu verändern.

Ja, natürlich ist es vollkommen naiv von mir, einen Staat ändern zu wollen. Aber haben wir eine Wahl? Alles andere wäre blutig oder schlicht nicht erfolgreich. Oder wir würden uns aufgeben und uns mit dem sicheren Abstieg abfinden.

Ja, natürlich ist es unwahrscheinlich, dass wir den Staat im laufenden Betrieb ändern könnten. Aber mit Blick auf die Wirtschaft weiß ich, dass es sich nicht um eine Utopie handelt. Was ich vorschlage, geht nicht an der Realität vorbei.

Und wir können das Entzäunen im Kleinen, auf Gemeindeebene oder in Bezirken oder Landkreisen starten. So wie China mit Sonderwirtschaftszonen überragenden Erfolg hat, könnten wir versuchen, mit *Sonderbildungszonen* oder *Sonderwährungszonen* das Gemeinwesen des 21. Jahrhunderts einzuüben und weiterzuentwickeln, ohne dabei viel zu riskieren. Alles, was wir bräuchten, wäre ein starker Schirmherr ...

Und dann liefe alles darauf hinaus, die Zäune einzureißen, die Schafe in die Freiheit zu entlassen. Mehr Freiheit, mehr Selbstbestimmung, mehr Selbstorganisation, mehr Dezentralisierung ...

Na, gut.

Wenn schon, denn schon. Wenn es *darauf* hinausliefe, warum räumen wir dann nicht einfach alles aus dem Weg, was irgendwie kollektivistisch ist? Also wenigstens einmal in Gedanken, um zu sehen, auf was wir damit eigentlich zusteuerten? Wie sieht denn der Endpunkt einer solchen Entwicklung aus?

Was hieße es, konsequent auf Hirten und Zäune zu verzichten? Weg mit den Ausschüssen, weg mit dem Gesetzeswahn, weg mit der Gängelung, weg mit Zigtausenden Ämtern, weg mit den ewigen Anschuldigungen, weg mit den Ressorts, weg mit den Ministerien, weg mit den Abteilungen, weg mit den Vorschriften, weg mit den Budgets ...

Stattdessen Freiheit und Individualismus!

Ja, wie sähe das aus?

KAPITEL SIEBEN

22 BÄLLE

Murray wacht auf. In seinem Bett, in seiner Wohnung, die er für sich und seine Familie gekauft hat. Seine Frau und ihr gemeinsamer Sohn sind schon aus dem Haus. Murray ist Morgenmuffel und Spätaufsteher und seine Frau und er haben den Deal ausgehandelt, dass sie ihren Sohn morgens zur Schule bringt und er ihn abends abholt.

Am Morgen alleine sein – das genießt er. Er geht in die Küche und kauft sich am Wasserhahn von Nestlé eine Füllung Wasser für seine Kaffeekaraffe. Ah, richtig, gestern Abend hat er die letzte Kaffeekapsel verbraucht. Er schaut zum Drohnenabladeplatz vor dem Küchenfenster. Die Drohne von Amazon war schon da und hat eine neue Lieferung Kaffee abgeladen. Der Kaffee, der per Auto-Abo kommt, ist seine persönliche Spezialmischung einer äthiopischen Rösterei, in die schon alle Nahrungsergänzungsstoffe reingemischt sind, die sich Murray ausgesucht hat. Gut, dass es keine Vorschriften für Essenszusätze gibt und so etwas möglich ist! Und gut, dass es keine Zölle und Handelsbeschränkungen gibt, sodass dieser Gourmetkaffee erschwinglich ist.

Er macht sich Frühstück, schneidet da eine krumme Salatgurke und eine gerade Banane rein. Sein Sohn hat ihm gestern erzählt, dass er im Geschichtsunterricht gelernt habe, dass in der untergegangenen Ära der Europäischen Union Maße und Krümmungsgrade für bestimmte Lebensmittel vorgeschrieben waren. Er schüttelt schmunzelnd den Kopf. Wie schön, dass die individuelle Freiheit sich letztlich durchgesetzt hat!

Das Einzige, wodurch seine Freiheit eingeschränkt wird, sind Verträge, die er freiwillig eingeht. So wie der Ehevertrag mit seiner Frau. Er denkt daran, dass bald Hochzeitstag ist und er noch ein Geschenk kaufen will. Nachdem das Konzept der Ehe fast komplett ausgestorben war, ist es in letzter Zeit wieder sehr in

Mode gekommen. Das stört ihn zwar ein bisschen, denn er macht am liebsten genau das nicht, was die meisten tun, aber er war trotzdem sehr zufrieden mit dem Eheanbieter, bei dem sie die Hochzeitszeremonie gekauft hatten. Eine Riesenfeier ist das gewesen. Und seitdem fühlt es sich für ihn und seine Frau anders an. Merkwürdig. Dabei verbindet sie nur ein Stück Papier, also ein frei ausgehandelter Vertrag, und ein Versprechen. Sie haben Gütergemeinschaft vereinbart und unterschrieben, finanziell füreinander einzustehen. Auch eine Regelung für schlechte Zeiten haben sie getroffen. Die beiderseitige Pflicht zur sexuellen Treue haben sie einvernehmlich aus dem Vertragsentwurf des Anbieters gestrichen. Für den Fall der Vertragsauflösung haben sie sich vorsorglich auf einen Spezialanbieter für Eheschlichtung geeinigt.

Er bricht zur Arbeit auf. Sein iCar gehört ihm. Es steht auf dem Parkplatz vor dem Haus, der ihm gehört. Er zieht den Stromstecker ab und steigt ein. Der Parkplatz schaltet um auf Vermietungsmodus, sobald er ihn verlassen hat. Im letzten Monat wurde der Parkplatz relativ oft von Mietparkern benutzt, die eine RFID-Chipkarte des Privatparkvermietungssystems des ADAC haben, und von dem zusätzlich verdienten Geld sind er und seine Frau abends schön essen gewesen. Und seit zum Parkservice des ADAC automatisch auch das Abschleppen von Raubparkern gehört, hatte er nie mehr Ärger mit offenen Parkrechnungen.

Über seine eigene RFID-Chipkarte bezahlt er gerade automatisch via TollCollect die Maut für die Straße, durch die er fährt. Die Straße gehört einem Privatunternehmen. Die Straße nach der Kreuzung gehört einem anderen Unternehmen. Und das Parkhaus neben dem Büro gehört dem Schwiegersohn des Firmengründers. Seit fast alle Straßenanbieter den TollCollect-Standard übernommen haben, entfallen das lästige Anhalten an Schranken und die roten Ampeln während des Einbuchungsvorgangs. Das ist jetzt wirklich praktisch geworden.

Er erinnert sich an früher, wo er noch ein Papierkärtchen an einem Automaten ziehen musste, um in die Innenstadt fahren zu dürfen. Beim Rausfahren musste er das Papierkärtchen in einen Automaten an der Mautschranke stecken und Münzen einwerfen. Alles Schnee von gestern.

Im Büro angekommen arbeitet Murray wie vereinbart. Er hat sich mit dem Firmeninhaber für dieses Jahr auf eine Dreieinhalbtagewoche und 48 Wochenstunden geeinigt, abgestimmt auf den Stundenplan seines Sohns. Heute ist sein kurzer Tag, da ist er nur sieben Stunden im Büro. Morgen arbeitet er 14 Stunden. Er arbeitet gerne durch und macht fast keine Pausen. Es herrscht Vertragsfreiheit und er kann mit der Firma vereinbaren, was er will.

Sein Entgelt lässt er sich wöchentlich in Bitcoin auszahlen. Er mag die großen Banken nicht und hat sich daher für eine dezentrale Kryptowährung entschieden, bei der kein Institut mitmischt. Er bekommt exakt die Summe ausgezahlt, die er vereinbart hat. Es gibt kein Netto oder Brutto, sondern einfach nur das Entgelt – Steuern oder staatliche Zwangsversicherungen mit Sozialabgaben gibt es nicht. Aber seit einem halben Jahr überweist er nicht nur monatlich einen festen Betrag an seine private Krankenversicherung, sondern außerdem 5 % seines Entgelts an eine private Jobversicherung, die auch eine Ersatzzahlung im Falle der Arbeitslosigkeit anbietet, inklusive Jobvermittlungs- und Weiterqualifizierungsleistungen. Das war ihm einfach wichtig, er ist schließlich Familienvater.

Da Murray gesunde Eltern und gute Zähne hat, sich gesund ernährt und Sport treibt, hat er nur eine minimale Krankenversicherung abgeschlossen, die ihm einen Arztbesuch pro Jahr bezahlt – alle weiteren Arztrechnungen würde er im Notfall selbst bezahlen. Dadurch spart er im Vergleich mit seinen Kollegen, die relativ viel in Kranken- und Pflegeversicherungen einzahlen, einen Haufen Geld, den er lieber in einem estländischen Investmentfonds anlegt, der in Hightech-Firmen investiert.

Damit spart er fürs Alter an und hat außerdem eine Vorsorge für schwere Krankheiten. Es gibt auch Spezialanbieter für Rentenversicherungen mit einer Umverteilungskomponente, aber das ist ihm zu kollektivistisch. Murray macht lieber sein Ding.

Auf der Rückfahrt passiert ein kleiner Verkehrsunfall. Jemand rummst ihm in den rechten Kotflügel. Er ruft seinen Security Agent an, denn er streitet nicht gern. Sein Unfallgegner spart sich das und verhandelt selber. Durch die Windschutzscheibe beobachtet Murray das Wortgefecht. Sein Agent und der Unfallgegner handeln aus, wie die Kosten für die Reparaturen zu tragen sind. Aber offenbar werden sie sich nicht sofort einig, denn Sie rufen ein privates Schiedsgericht zur Klärung an. Damit geben sowohl sein Agent als auch sein Unfallgegner die Macht der Entscheidung an einen privaten Gerichtsanbieter ab. Der schickt eine Drohne, um die Unfallstelle per Video zu inspizieren, die Beteiligten zu interviewen und zur Identifikation die RFID-Chips der Autos auszulesen. Es gibt ja keine Nummernschilder.

Dann wird sofort das Urteil gesprochen. In diesem Fall bekommt Murray zu 95 % Recht. Die 5 %, die er selbst bezahlen muss, ärgern ihn. Aber wenigstens muss er sich an den Schiedsgerichtskosten nicht beteiligen, die muss der Unfallgegner komplett tragen. Genauso wie die Abschleppkosten und sein Taxi, das ihn nach Hause bringt. Die halbe Stunde Verzögerung, die ihn der komplette Vorgang inklusive Schiedsgericht gekostet hat, ersetzt ihm aber leider niemand.

DAS WÄR DOCH WAS!

Zu Hause angekommen raucht er erst mal eine Zigarette mit einer leichten Cannabismischung, um sich abzuregen. Er schaut auf die Schachtel, auf der ein Sonnenuntergang abgebildet ist. Er stellt sich vor, wie bescheuert es wäre, wenn es noch Verbraucherschutz gäbe, denn dann würde jetzt auf der

Packung unter einem drastischen Foto ein völlig übertriebener Warnhinweis stehen, der ihm einredete, er würde gleich sterben. Er kann das Gesundheitsrisiko des Rauchens sehr gut selbst einschätzen und belässt es darum bei ein oder zwei Genusszigaretten am Tag, obwohl die Zigaretten sehr günstig sind – sie sind ja nicht künstlich verteuert, denn Steuern oder Abgaben gibt es nicht. Auch andere Drogen als Alkohol und Zigaretten sind frei erhältlich, aber von härteren Sachen lässt er seit Jahren lieber die Finger. Seit er Vater ist, ist er eigentlich ziemlich spießig geworden, denkt er.

Er schaut in den Kühlschrank, um zu prüfen, ob er noch eine Drohne vom Lebensmittelhändler kommen lassen soll. Aber für die nächsten zwei Tage sind noch ausreichend Vorräte da. Auf allen Verpackungen steht haarklein drauf, welche Stoffe das jeweilige Lebensmittel beinhaltet, dazu immer ein Gütesiegel einer privaten Organisation wie z.B. FoodWatch, das die Inhaltsangaben überprüft. Das hat sich im Laufe der Zeit so durchgesetzt, weil das die Kunden so wollten: Produkte mit Gütesiegeln verkaufen sich einfach besser.

Dann sucht er im Internet nach einem Müllentsorgungsanbieter. Er ist unzufrieden mit seinem aktuellen, denn er möchte, dass der Müll öfter abgeholt und dabei die Mülltonne immer gleich gereinigt wird. Außerdem hat der Müllautofahrer ihn nicht gegrüßt – aber schließlich bezahlt er ihn ja. Wenn er eines nicht leiden kann, dann ist es Unfreundlichkeit von Dienstleistern. Über das Zeitalter der unfreundlichen Behörden ist die Gesellschaft ja Gott sei Dank hinaus.

Es wird Zeit, Murray holt den Zweitwagen aus der Garage, den Diesel, um seinen Sohn von der Schule abzuholen. Er könnte ihn auch vom privaten Schulbus einsammeln lassen, aber er genießt immer die Zeit auf der kurzen Fahrt mit seinem Sohn, weil sie sich da ungezwungen unterhalten können.

Sein Sohn ist musikalisch und hat einen Heidenspaß am

Musizieren mit Blechblasinstrumenten. Darum haben sie ihn auf die James-Last-Schule geschickt. Dort kann er jederzeit üben. Die Schule garantiert mindestens 10 Übungsstunden pro Woche mit Musiklehrer. Außerdem haben sie besonders viel Mathe und Naturwissenschaften dazugebucht, weil das ihrem Sohn liegt. Die Empfehlung der Schule, zwei Wochenstunden Biologie dazu zu nehmen, haben sie aber nicht angenommen. Dafür legt Murray großen Wert auf historische Allgemeinbildung, sie haben sich darum lieber für zwei zusätzliche Wochenstunden Geschichte entschieden. Das Gute am individuell vereinbarten Lehrplan ist, dass sie die Fächer jederzeit ändern und anpassen können. Seit ihr Sohn zum Karate geht, haben sie beispielsweise den Schulsport abbestellt. Die Schule bietet dazu auch wirklich gute Elternberatung an. Der Vertrag läuft immer für ein Jahr. Seit die Schule auch beim bisherigen Schwachpunkt Mittagessen nachgebessert hat, ist sich die Familie einig, dass der Sohn auch nächstes Jahr weiter auf diese Schule geht – zumal dann ein Instrumentenbauer an der Schule einen parallelen Ausbildungslehrgang anbietet.

Vor lauter Diskutieren mit seinem Sohn achtet Murray nicht auf die Geschwindigkeitsbegrenzung und wird geblitzt. Mist! Natürlich ist er nicht in eine staatliche Radarfalle gerauscht, denn so etwas gibt es nicht mehr. Aber der Straßenanbieter kontrolliert die Geschwindigkeit, schließlich hat er große Nachteile, wenn Unfälle passieren. Erstens ist die Straße dann nicht befahrbar, was ihn Umsatz kostet, zweitens spricht sich bei zu vielen Unfällen herum, dass die Straße unsicher ist. Das wird ja im Internet bewertet. Und womöglich stellen dann immer mehr Autofahrer ihr Navi so ein, dass die Straße gemieden wird. Das kann der Anbieter sich nicht leisten. Also sorgt er für ein aus seiner Sicht sinnvolles Tempolimit.

Gut, dass es Murrays erste Geschwindigkeitsübertretung in dieser Straße ist, denn die wird ziemlich streng geführt.

Als Bestrafungsmodus hat der Straßeneigentümer beim ersten Vergehen eine Verwarnung, beim zweiten Mal schon ein zeitlich begrenztes Nutzungsverbot, beim dritten Mal sogar ein unbegrenztes Nutzungsverbot festgelegt. Der Vertrag zur Nutzung der Straße kommt dann einseitig nicht zustande, der RFID-Chip des Autos kann nicht eingebucht werden, der Temposünder bekommt sozusagen Hausverbot. Wer sich daran nicht hält, wird von der privaten Security-Firma des Straßenbetreibers gestoppt. Und die gelten als ziemlich spaßbefreit.

Als er langsam durch eine belebte Einkaufsstraße fährt, beobachtet er eine Schlägerei vor einer Kneipe. Kurz hat er die Sorge, dass die Schläger auf sein Auto springen und ihn in ihren Kampf verwickeln. Neulich hat er von so einem Fall gelesen. Er denkt darüber nach, was er in einem solchen Fall tun würde. Im Zweifel müsste er zu seiner Handfeuerwaffe greifen, die er im Handschuhfach hat, um sich und seinen Sohn zu verteidigen. Aber es passiert nichts Schlimmes, sie fahren weiter.

Am Abend holt er sich ein Erdbeerbier aus dem Kühlschrank. Die Brauerei wirbt auf dem Etikett damit, *nicht* nach dem historischen deutschen Reinheitsgebot zu brauen, das einstmals gegolten hat. Er schaut kurz in sein soziales Netzwerk. Er nutzt das rote. In diesem Netzwerk gibt es keine Zensur, jede Form von Meinungsäußerung ist erlaubt. Er stört sich durchaus an manchen extremistischen Kommentaren und Beleidigungen, aber er kann sich wehren und wegklicken, was ihn stört. In dem anderen großen Netzwerk, dem blauen, hat er seinen Account schon länger gelöscht, denn die zensieren ihm zu viel. Er hasst Political Correctness und Sprech- und Denkverbote. Wer es aber mag, dass jemand bestimmt, was gesagt werden darf und was nicht, der fühlt sich bei den Blauen wohl und nutzt es gerne. Jeder wie er will.

Murray schaut auf die Uhr. Er hat noch einen Abendtermin bei der Gemeindeversammlung. Heute kommt der Abgeordnete, den die Gruppe engagiert hat. Er ist Angestellter eines privaten Politikanbieters und vertritt die Interessen seiner Gemeindegruppe und verhandelt mit anderen Politikanbietern, die die Interessen anderer Gruppen vertreten. Der Abgeordnete hat beim letzten Mal versprochen, ein Angebot von einem neuen Müllentsorgungsbetrieb für seinen Stadtteil einzuholen. Das interessiert Murray.

Er fährt los und wählt im Navi einen etwas längeren Weg, weil er die penetrante Werbung des Straßenanbieters, dessen Straße auf der direktesten Route liegt, nicht leiden kann.

Auf der Versammlung berichtet der Abgeordnete nach dem Müllthema von einem sozialen Notfall im angrenzenden Stadtteil. Dort ist ein Kind schwer krank geworden und der Familie reicht das Geld nicht, weil der Vater für das Kind zu Hause bleibt und nicht mehr arbeiten kann. Die meisten in der Gemeindegruppe überweisen daraufhin freiwillig Nothilfe, so viel wie jeder möchte, auf das Treuhandkonto ihres Abgeordneten, um der Familie zu helfen. Das steht so auch im Vertrag mit dem Politikanbieter: Koordination freiwilliger Hilfeleistungen.

Auf dem Nachhauseweg lässt sich Murray von seinem Auto die Nachrichten zusammenstellen und vorlesen. Sein Auto scannt 2350 private News-Kanäle im Internet, prüft ihre Plausibilität, um FakeNews auszuschließen und ist auf die Präferenzen von Murray eingestellt. Es wählt darum 50 % positive News und 50 % negative News aus, mit mindestens 25 % Nachrichtenanteil aus den USA, denn das ist Murrays Lieblingsland. Den Ideologiefilter hat er auf 100 % eingestellt, sodass jede Propaganda ausgefiltert wird. Mit diesem Nachrichtenmix fühlt sich Murray schon seit Jahren am wohlsten.

Apropos Wohlfühlen: Er freut sich auf zu Hause, denn seine Frau müsste auch schon heimgekommen sein. In dem Moment, als er an sie denkt, fällt ihm ein mögliches Geschenk für den Hochzeitstag ein: Sie könnten ja für ein Wochenende nach Berlin fliegen. Seit es keinen Regierungssitz mehr gibt, hat sich Berlin zur Party- und Vergnügungshauptstadt Europas entwickelt, Spitzname »Las Berlinas«. Das wär doch was!

WAS DU LIEBST, LASS FREI!

Alle Macht dem Individuum heißt nichts anderes als keine Macht dem Staat. Diese Idee ist nicht neu, sie ist genau das, was *Paläolibertäre* und *Anarchokapitalisten* seit Langem fordern.

Die libertäre Idee hat ihre Wurzeln im 19. Jahrhundert und ist eng verbunden mit der sogenannten *Österreichischen Schule der Nationalökonomie*, deren prägende Köpfe Carl Menger, Ludwig von Mises und Friedrich August von Hayek waren. Der bekannteste Libertäre ist wohl der US-amerikanische Ökonom Murray Rothbard, der im 20. Jahrhundert lebte. Er führte den libertären Gedanken auf das *Naturrecht* und das *Nichtaggressionsprinzip* zurück und begründete das Verbot staatlichen Zwangs ethisch.

Das Nichtaggressionsprinzip besagt, dass der Einsatz von Gewalt oder die Androhung von Gewalt ausschließlich als Notwehr zulässig sind. Der philosophische Grund dafür ist für Libertäre, dass jeder Mensch alleiniger Eigentümer seines Körpers sei und darum das alleinige Verfügungsrecht darüber habe – was auch die alleinige Verfügungsmacht über den mithilfe des Körpers geschöpften Wohlstand beinhalte.

Die Libertären stehen mit dieser naturrechtlichen Begründung in der philosophischen Tradition der Stoiker und der mittelalterlichen Scholastiker. Ihr Ansatz ist konsequent anti-paternalistisch und stellt radikal die individuelle Freiheit in den Vordergrund jeder sozialen Ordnung. Jede Art von Gewalt und Zwang wird in einer libertären Ordnung eliminiert, weil alle Menschen für sich selbst bestimmen. Wie meine Omma gerne sagte: »Wenn jeder an sich selbst denkt, ist doch an alle gedacht.«

Daraus folgt, dass es keine verbindlichen Steuern und Abgaben mehr geben kann, keine allgemeinverbindlichen Gesetze. Es gelten nur noch bilaterale Verträge, die grundsätzlich freiwillig und einvernehmlich sind. Ich zahle also nur für das, wofür ich bezahlen will. Die Folge davon ist ein allumfassender freier Markt für alles. Libertarismus heißt, den Staat komplett zu vermarktlichen.

Der Knackpunkt dieser Denkschule ist das Menschenbild: Libertäre gehen von einem radikal positiven Menschenbild aus. Während Paternalisten den Mensch im Kern für zu dumm, zu faul und zu moralisch verkommen halten, um selbst über das eigene Leben bestimmen zu können, gehen Libertäre davon aus, dass jeder Mensch intelligent genug, fleißig genug und moralisch integer genug ist, um sich selbst am Leben zu erhalten und andere in Frieden zu lassen.

Interessant an diesem Gedanken ist, dass die soziale Ordnung der Welt als Ganzes ja tatsächlich libertär ist! Sie müssen nur den Fokus groß genug ziehen, dann wird klar, dass es keine überstaatliche Gewalt gibt. Niemand schafft Gesetze und setzt diese durch, an die sich die Staaten halten müssen. Alle internationalen Regelungen treffen die Staaten untereinander. Auf der höchsten Organisationsebene ist die Menschheit frei. Die Welt als Ganzes entspricht von Haus aus der libertären Utopie. Eine Ordnungsebene tiefer, auf der Ebene der Nationalstaaten, sehen wir allerdings eine Monokultur von Hirtenstaaten. Es gibt derzeit nicht eine einzige Ausnahme! Ja, es gibt unterschiedliche Ausprägungen. Da sind Despoten, manche Staaten sind föderaler, manche sind sozialistischer, manche freiheitlicher, aber das sind im großen Überblick alles nur Nuancen, Varianten, Spielarten. Sämtliche Staaten setzen auf das Hirtenprinzip. Ob die Hirten nun gewählt oder von Gott ausgewählt oder per Geburt inthronisiert werden oder per Selbstermächtigung an die Macht kommen. Aus dieser Perspektive betrachtet sind Donald Trump und Kim Jong Un nicht sehr unterschiedlich. Sie füllen beide eine zentrale Rolle in ihren Hirtensystemen aus, die die Selbstbestimmung des Menschen in ihrem Land einschränken, der eine mehr, der andere weniger, aber beide so, dass das Kollektiv gegenüber dem Individuum die Oberhand behält.

Wäre das nicht so, würde also die libertäre Philosophie auch auf der Ebene der Staaten verwirklicht werden, dann hieße das, dass alle Staatsaufgaben vollständig privatisiert würden. In der Spielart des *minarchistischen Nachtwächterstaates* wären davon nur die innere und äußere Sicherheit ausgenommen, es würden also noch Militär und Polizei sowie Justiz staatlich organisiert. Aus allem anderen hätte sich der Staat zurückgezogen.

In der radikaleren *anarchokapitalistischen* Variante würde auch dieser letzte Bereich der inneren und äußeren Sicherheit durch private Unternehmen abgedeckt.

Alle Märkte wären frei. Es gäbe keine staatliche Bildung, keine staatliche Energieversorgung, keinen Mindestlohn und keinen Kündigungsschutz. In allen Belangen herrschte Vertragsfreiheit. Der Beruf des Politikers existierte nicht bzw. würde ganz anders, nämlich als privater Dienstleister ausgeübt werden, dafür existierten völlig andere Berufe wie z.B. Straßenvermieter.

Ein Chaos würde dadurch nicht zwangsläufig ausbrechen, was ein naheliegender Einwand wäre. Nein, denn auch in freien Märkten bilden sich Standards heraus, auf die sich die Hersteller von verschiedenen Steckern zum Beispiel deswegen freiwillig einigen, weil sie so mehr verkaufen können. Eine Fahrschule, die zum Beispiel eine Führerscheinprüfung anbietet, die in der einen Stadt anerkannt, in der nächsten Stadt aber nicht anerkannt ist, hätte wenig Chancen auf ein gutes Geschäft, denn die Fahrschüler würden sich natürlich lieber in einer Fahrschule anmelden, die eine allgemeingültige Fahrerlaubnis herausgibt.

Das ist die Idee aller marktwirtschaftlichen Konzepte: Es gibt diese unsichtbare ordnende Hand, die Ordnung herstellt, ohne dass es eines Ordners bedarf. Oder anderes gesagt: Selbstorganisation existiert und funktioniert. Zweifellos.

Politik wäre in einem solchen Land ebenfalls ein Markt für Privatunternehmen. Ämter, die Regularien herausgeben und deren Einhaltung unter Androhung von Gewalt durchsetzen, wie es heute die Norm ist, würden schlichtweg nicht existieren.

EIN SEGELBOOT OHNE SCHWERT

Das hört sich eigentlich wunderbar an. Die Frage ist: Warum gibt es das bislang noch nicht? In keinem Land auf der Welt?

Liegt es daran, dass die Hirten es einfach verhindern? Oder daran, dass die Herden das eigentlich gar nicht wollen?

Tatsächlich ist die Umstellung auf eine libertäre Gesellschaft unwahrscheinlich bis unmöglich, sobald einmal ein Hirtensystem etabliert ist. Denn der taktische Widerstand der Hirten – oder anders ausgedrückt: der systemische Selbsterhaltungsmechanismus des Hirtensystems verhindert das.

Alle heutigen Staaten haben ihren Ursprung in Krisen und Kriegen. Vielleicht ist es ja einfach nur so, dass in Kriegen und Krisen Hirtensysteme am effektivsten sind und sich nach dem Ende der Krise einfach am schnellsten etablieren. Und sind sie einmal da, halten sie die individuelle Freiheit systematisch in Schach, um sich selbst zu erhalten. Nur so erscheint es ihnen möglich, den Nach-Krisenzustand zu stabilisieren.

Hat sich ein Land eine Krise eingefangen, dann handelt sie sich damit ein Hirtensystem ein. Und hat ein Land sich einmal ein Hirtensystem eingehandelt, findet es da nicht mehr heraus.

Außerdem vermute ich intuitiven Widerstand gegen dic individuelle Freiheit durch die Herden selbst. Das allgemein verbreitete Menschenbild ist nicht so positiv wie das der Libertären. Die

Menschen glauben, dass es zu viele schlechte Menschen gibt, als dass Freiwilligkeit ein funktionierendes Grundprinzip sein könnte. Manche Menschen müssen auf den rechten Weg gezwungen werden, weil sie sonst zu viel Unheil anrichten – so die Befürchtung. Die Menschen sorgen sich um ihre Sicherheit, wenn andere zu viel Freiheit haben. Ob dem ein Beobachtungsfehler zugrunde liegt oder nicht, spielt hier keine Rolle. Und da wären wir wieder beim Deal Sicherheit gegen Freiheit.

Das Hirtensystem hat da prinzipiell eine zugkräftige Marketingkampagne zu bieten: Es sieht sich selbst als »die Guten« und alles andere als böse – und propagiert diese Schwarz-weiß-Sichtweise auch ungeniert. Hören Sie sich nur eine beliebige Rede eines beliebigen Politikers an. Und das zieht: Die Menschen wollen nun mal mehrheitlich zu den Guten gehören.

Die Herde selbst ist kein Wesen und hat keinen kollektiven Willen. Sie kann ihre Befindlichkeit über demokratische Prozesse zum Ausdruck bringen, aber sie hat kein Bewusstsein und kann nicht abstrakt denken und ein System initiieren. Das können nur die Individuen. Darum gibt es innerhalb eines demokratischen Systems keine Anschlussfähigkeit für den libertären Gedanken. Die Diskussion hört ganz schnell auf und schließt sich nicht an die bisherige Kommunikation an.

Deswegen existiert diese Idee nur in Blasen, in Zirkeln und Kreisen, die gar nicht so klein sind, die aber öffentlich nicht anschlussfähig sind. Das zeigt sich daran, dass Libertäre üblicherweise entweder ausgelacht oder in eine extreme Ecke gestellt werden.

Ja, man könnte Libertarismus zum Thema machen. Aber wer sollte das tun? Die Medien sind genauso wie die gesamte Parteipolitik Teil des kollektivistischen Hirtensystems und betrachten libertäre Gedanken als gefährlich bis böse. Es gibt zwar durchaus libertäre Initiativen, vielleicht kann man sogar von einer Bewegung sprechen, aber Libertäre sind eben nicht so anschlussfreudig: Sie kämen nie auf die Idee, eine Partei zu gründen, denn gerade das widerspricht ja ihrer Idee. Sie wollen ja eine vollständige Entpolitisierung des Zusammenlebens. Sie können also am Politikbetrieb nicht teilnehmen, was aber Voraussetzung dafür wäre, ihre Idee zu verwirklichen.

Die Voraussetzungen für eine Gesellschaft, die auf individueller Freiheit basiert, sind also denkbar ungünstig.

Hinzu kommt: Die Befürchtungen sowohl der Hirten als auch der Herden, dass die Menschen für eine libertäre Gesellschaft möglicherweise doch nicht gut genug seien, könnten ja durchaus zutreffen! Möglicherweise ist der Mensch weder schlecht noch gut, sondern beides. Weder faul noch fleißig, sondern beides. Weder dumm noch intelligent, sondern beides. Und wenn der Mensch in diesem Sinne zu allem fähig wäre, dann könnte so ein komplexes System wie eine Gesellschaft jederzeit in jede Richtung kippen. Einzelne Player könnten die Gesellschaft destabilisieren – sogar ganz ohne böse Absicht. Oder einfach nur zufällig.

Es gibt nicht wenige, die behaupten, dass derzeit das übergeordnete, unregierte, libertäre Weltsystem aus Nationalstaaten in eine ökologische Weltkatastrophe abkippt: Wenn es wahr ist, dass die Menschheit das Weltklima so verändert, dass die eigenen Lebensgrundlagen beeinträchtigt werden – und vieles spricht dafür –, dann wäre das ein Beleg dafür, dass unregierte, libertäre Systeme kippen können. Und auf dieser Ebene sehen wir leider auch, dass keineswegs alle nationalen Staatsführungen moralisch integer genug sind, um sich gegenseitig in Frieden zu lassen. Und dass manche Länder keineswegs so intelligent agieren und fleißig genug sind, sich selbst zu erhalten.

In kriegerischer Hinsicht ist die Weltordnung schon ein paar Mal gekippt, gerade im 20. Jahrhundert haben wir diese leidvolle Erfahrung machen müssen. Natürlich kann man das auch durch eine andere Brille betrachten und die Behauptung aufstellen, dass gerade extrem kollektivistische, sozialistische Hirtensysteme wie Kommunismus und Nationalsozialismus den Weltenbrand entfacht haben.

Dem kann ich viel abgewinnen. Aber wahr ist eben auch, dass es eine Ebene darüber keine Instanz gab, die das verhindern konnte.

Und im Kleinen, in selbstorganisierten Unternehmen, gibt es erfahrungsgemäß Ähnliches: Manchmal beschäftigen sich solche Teams nicht mit der Lösung des Kundenproblems, sondern mit sich selbst – und zerstreiten sich komplett, bis zum totalen Kollaps. Genau genommen passiert so etwas, wenn es für das Team keine externe Referenz für Erfolg gibt. Oder anders gesagt: Wenn sich niemand von außen für diese Gebilde interessiert, weil sie keine echten Probleme lösen, dann können sie sich in kolossalen ideologischen Diskussionen selbst zerlegen. Ich habe das schon mehr als einmal erlebt.

Bei einem Staat gibt es ja tatsächlich keine externe Referenz. Es gibt keinen Kunden, bei dem der Staat eine Problemlösung abliefert. Die Menschen organisieren lediglich ihr Zusammenleben. Das ist ein völlig anderer Existenzgrund als die Lösung eines externen Problems.

Wenn die Abwesenheit einer externen Referenz ein selbstorganisiertes System kippelig macht wie ein Segelboot ohne Schwert, und wenn in unregierten Systemen solche schlimmen Sachen ganz offensichtlich vorkommen, wenn es nichts Stabilisierendes gibt, dann wäre das Risiko eines solchen Experiments gigantisch!

FREIHEIT!

Murrays Welt geht zu Bruch. Letzte Woche ist er vom Sicherheitsdienst des Straßenanbieters aus dem Auto gezerrt und verprügelt worden.

Außerdem hat er herausgefunden, dass sein Abgeordneter mit den Abgeordneten der umliegenden Gemeindegruppen ein Kartell gebildet hat und den größten Teil der Zahlungen der Gruppenmitglieder veruntreut. Beim Versuch, den Vertrag zu kündigen, stand in wenigen Sekunden ein stiernackiger Schlägertrupp im Raum und legte Murray nahe, die Kündigung zu zerreißen, statt zu unterschreiben. Seitdem hat sich die monatliche Politikgebühr in eine Schutzgelderpressung verwandelt und glatt vervierfacht.

Zu allem Überfluss hat sein Arbeitgeber den Vertrag gebrochen und sein Entgelt um die Hälfte abgesenkt. Die meisten haben keine Versicherung gegen ihren Arbeitgeber abgeschlossen, er auch nicht. Irgendwo gibt es ja immer Lücken. Und jetzt ist er hilflos. An wen kann er sich wenden?

Er verhandelt mit dem Arbeitgeber. Der argumentiert mit der aktuellen Wirtschaftslage und beugt sich nicht. Entweder Murray akzeptiert das reduzierte Gehalt bei vollem Arbeitseinsatz, oder er fliegt raus.

Murray kündigt und geht sofort. Aber er findet keinen Job. Auch seine Jobversicherung kann ihm nicht weiterhelfen, gegen so eine Wirtschaftskrise ist sie machtlos.

Er muss nun auf seine Ersparnisse zurückgreifen, um das Schulgeld für seinen Sohn weiterzuzahlen und sich durchzuschlagen, bis er wieder irgendwo Arbeit findet. Doch dann marschiert Russland in die baltischen Staaten ein. Der estländische Fonds ist weg, er kommt nicht mehr an sein Geld heran.

Er wendet sich in seiner Not an den Abgeordneten, aber der lacht ihn aus – und droht, ihm die Knochen brechen zu lassen, wenn er nicht weiter das Schutzgeld bezahlt. Das Schiedsgericht, das er anruft, ist Teil des Kartells des Abgeordneten geworden und lässt ihn abblitzen.

Als Nächstes kommt die Mahnung des Stromanbieters. Murrays Konto ist nicht gedeckt und die Zahlungen können nicht abgebucht werden. Als er die letzte äthiopische Kaffeekapsel in die Kaffeemaschine legt, bemerkt er die Nachricht seiner Frau auf seinem Handy: Sie ist in Berlin, ihr Sohn ist bei ihr … und sein Musiklehrer. Sie hat das Schiedsgericht angerufen und die Vertragsauflösung beantragt. »Lebe wohl!«, schreibt sie.

Murray hat noch seine Waffe und Munition. Er geht zurück zur Firma, die Waffe im Anschlag. Er will seine sofortige Wiedereinstellung mit Gewalt erzwingen.

Der Arbeitgeber wird von der Pforte gewarnt und verschanzt sich im Safe Room. Er alarmiert seine Privatarmee, die rückt schwer bewaffnet an. Es kommt zu einer Schießerei. Murray wird verwundet. Er ergibt sich und bittet darum, den Rettungshubschrauber zu rufen.

Aber sein Konto ist leer und seine Krankenversicherung deckt solche Rettungsfälle nicht ab. Die Rettungsleitstelle lehnt ab.

Murray blutet stark. Er presst noch ein letztes Wort hervor, bevor er stirbt: »Freiheit!«

EINE ANDERE TÜR

Was wollen Menschen? Das ist sehr individuell, aber klar ist: Menschen sind Einzelwesen und wollen ihr Ding machen, ja, sie müssen ihr Ding machen, um Menschen zu bleiben und nicht zu Robotern zu werden. Sie sind aber AUCH Herdenwesen und wollen nicht jeder für sich sein. Menschen leben mit anderen Menschen zusammen und unternehmen etwas gemeinsam. Stellen Sie sich ein Fußballspiel vor, bei dem 22 Spieler auf dem Feld jeweils einen eigenen Ball erhalten.

Das ist furchtbar langweilig! Selbst wenn Sie alle Regeln wegnehmen, bleibt nur übrig, dass alle 22 Spieler mit ihrem eigenen Ball ein wenig rumdribbeln und träge durcheinanderlaufen. Das ist kein Spiel, sondern nur Zeitvertreib. Niemandem macht es Spaß, weder den Spielern, noch den Zuschauern.

Es ist eben schlau, nur einen einzigen Ball in die Mitte des Felds zu legen, um den die 22 Spieler dann kämpfen. Ab dem Moment kommt es sowohl auf jeden Einzelnen als auch auf die Mannschaft als Kollektiv an. Es braucht Freiheiten und Zwänge. Und es braucht nicht zu viel und nicht zu wenig Regeln.

Noch mehr Hirtensystem als heute – nein, das kann es nicht sein. Denn so laufen wir ins *Hirtenversagen*. Aber die individuelle Freiheit alleine scheint auch nicht der Generalschlüssel zu sein. Radikaler Libertarismus ist zu gefährlich. So laufen wir ins *Herdenversagen*.

Die Denkfigur der individuellen Freiheit ist eine Denkfalle. Es ist nicht genug, einfach nur zu sagen, wir bräuchten mehr individuelle Freiheit und weniger Kollektivismus. Das ist nicht die richtige Skala, auf der wir unsere Gesellschaft neu justieren müssen.

Wir können nicht alleine nebeneinander auf eigene Rechnung existieren und wir können nicht alle zusammen in einem großen Schwarm wie die Borgs in totaler Abhängigkeit voneinander existieren. Die Entscheidung zwischen Hirtenprinzip und Selbstbestimmung, dieses Entweder-oder ist die falsche Entscheidung.

Wir brauchen einen anderen Eingang, eine andere Tür.

Wir müssen eine andere Frage beantworten …

KAPITEL ACHT

DAS GEHORCHEN IST VORBEI

Doch! Individuelle Freiheit ist sehr wohl der Schlüssel! Aber eben nicht *statt* Kollektiv, sondern *mit* dem Kollektiv. Das ist der Schalter im Kopf, den wir umlegen müssen: Sowohl-als-auch statt Entweder-oder. Über der Tür, durch die wir sofort jetzt gehen können, wenn wir wollen, steht: »Beides!«

Wir Individuen müssen nicht die Macht und die Verantwortung an Hirten abgeben. Menschen brauchen keine anderen Übermenschen, die sie zu Untertanen machen. Aber das heißt nicht, dass wir auf uns alleine gestellt sind. Am Kollektivismus ist nichts grundsätzlich falsch, es kommt eben darauf an, in welchem Kontext wir ihn verwenden. Kollektivistische Lösungen bei allem und jedem Problem anzuwenden, so wie wir das derzeit versuchen, ist eine dumme, durch die Geschichte längst widerlegte Idee. Aber das heißt nicht, dass wir nie und für nichts kollektivistische Lösungen gebrauchen können. Wir müssen nur verstehen, wann. Und wann nicht.

Das heißt: Für manche Aufgaben brauchen wir Ämter und Hirten. Für andere Probleme brauchen wir hierarchiefreie, selbstorganisierte Teams. Was individuell gemacht werden sollte und was kollektiv: Es kommt auf das Problem an!

Also: Wie können wir das differenzieren? Wann nutzen wir besser individualistische und wann nutzen wir besser kollektivistische Lösungen? Und wenn wir als Kollektiv genau diese Differenzierung einüben – was für eine Gesellschaft bekommen wir dann?

DARF'S EIN STÜCKCHEN VERANTWORTUNG SEIN?

Es gibt Aufgaben, die so statisch, so überraschungsarm, so wenig von Aktualität beeinflusst, so wissensbasiert und von so grundsätzlicher Natur sind, dass wir sie besser mit kollektivistischen, staatlichen, macht-hierarchischen Systemen lösen – weil das der sicherste und effektivste Weg ist. Und es gibt Aufgaben, die so individuell sind, so dynamisch, so komplex, deren Lösung von Ideen und eben nicht von vorhandenem Wissen abhängen und so einmalig sind, dass wir sie auf gar keinen Fall kollektivistisch lösen dürfen – sondern individualistisch mit der Zauberhand der Selbstorganisation.

Das heißt aber nicht, dass Sozialismus und Libertarismus integrierbar wären. Sowohl-als-auch bedeutet nicht gleichzeitig und irgendwie miteinander verschwurbelt. Diese beiden Denkweisen sind so grundsätzlich verschieden, dass eine Verbindung aus beiden unmöglich ist. Sie können kein Problem mit einer Mischung aus beiden Herangehensweisen lösen. Aber Sie können frei entscheiden, welches Denkwerkzeug, welche Sichtweise, welche Herangehensweise bei einem Problem, das Sie lösen möchten, angemessen und verantwortlich ist.

Und wer entscheidet dann, für welche Aufgabe kollektivistische Organisationen und für welche Probleme individualistische Organisationen verwendet werden? Die Hirten? – Nein, natürlich nicht! Denn die Hirten leben vom Kollektivismus wie Pflanzen vom Sonnenlicht. Solange wir den Hirten die ganze Gestaltungsmacht geben, solange wir ihnen unsere Stimme überlassen, solange wir ihnen unser Geld geben, solange wir von ihnen verlangen, für uns Verantwortung zu übernehmen, werden sie immer ein Amt einrichten, ein Budget verlangen, zentrale Pläne machen und diese von oben nach unten hierarchisch und autoritär durchexekutieren, sie werden uns immer zu Untertanen machen. Der Zäunreflex wird immer anspringen, sie werden immer die Hunde loslassen, sobald wir den Kopf zu weit aus der Herde strecken.

Nein, der Schlüssel ist, dass Sie und ich und alle anderen die Verantwortung für die grundlegenden Entscheidungen, welche gemeinsamen Aufgaben auf welche Weise erfüllt werden, nicht mehr abgeben! Wir behalten die Verantwortung! Unsere

Verantwortung! Der dritte Weg jenseits vom ewigen Streit Individualismus versus Kollektivismus ist die *Verantwortungsgesellschaft*.

Wenn Sie die Verantwortung behalten, bleiben Sie der Souverän. Eine Konsequenz daraus wäre, dass wir Menschen endlich den notwendigen, aber bislang vollkommen versäumten, womöglich absichtlich vergessenen Evolutionsschritt vom Kaiserreich zur Republik machen: die Umkehrung des Geldstroms.

Die Machtbasis der Hirten sind die Steuereinnahmen. Geld verwandelt sich in Macht. Und nur, weil der Staat jedes Jahr Hunderte Milliarden Euro Steuern von den Bürgern vereinnahmt, können sie ihre Macht ausüben, indem sie das Geld vom Zentrum aus nach außen in die Peripherie verteilen. Folge dem Geldstrom flussaufwärts und du findest die Macht!

Die Macht wird in unserem Hirtenstaat generell vom Zentrum ausgeübt. In Organigrammen und in Grafiken, die politische Systeme visualisieren, finden Sie die Machtposition immer oben an der Spitze einer Pyramide. Das hierarchische Denken, also das Denken in Oben und Unten, ist hier bereits implizit vorausgesetzt. Aber lassen Sie uns mal ein anderes Modell nehmen, um neuen Ideen Raum zu geben: Stellen Sie sich eine Zwiebel vor mit vielen Schichten von Schalen. Manche Schalen sind klein und weit innen – sie liegen im *Zentrum* der Zwiebel, einen echten Kern gibt es ja nicht. Andere Schalen haben eine sehr große Oberfläche und liegen weit außen, an der *Peripherie* der Zwiebel. Und wir schauen nun auf Aufgaben und Rollen, nicht auf Stellen und Ämter, wie es in Organigrammen so üblich ist.

In einem Hirtensystem gilt: Je weiter außen in der Peripherie, also je weiter weg vom Machtzentrum Organisationen und einzelne Menschen ihre Rollen wahrnehmen, desto machtloser sind sie. Ganz außen sind Bürger und die Unternehmen darauf angewiesen, dass die Hirten in den Machtzentralen sie gut behandeln und sie hier und da mit Wohltaten versorgen, die sie zuvor aber über die Steuern selbst bezahlt haben.

Wer ist in einem solchen System der Souverän? Das Volk ist es nicht, jedenfalls so lange nicht, wie es sein Geld, damit seine Macht und damit seine Stimme abgibt. Staatliche Institutionen müssen aber in einer Republik die Diener des Volkes sein, nicht ihre Herrscher!

Das heißt, wir müssen eigentlich wieder zurückkehren zu den Wurzeln der Ideen von Demokratie und Liberalismus. Demokratie ist nicht das, was uns der Staat gnädigerweise anbietet, sondern das, was das Volk sich als sein natürliches Recht nimmt! Das heißt nicht, dass es keine staatlichen Institutionen mehr braucht, so wie es die Anarchokapitalisten fordern. Aber der Staat muss vom Volk mit bestimmten Aufgaben ausdrücklich beauftragt werden. Ein Auftraggeber bezahlt die Rechnung, wenn der Auftrag erfüllt wurde. Und braucht es eine staatliche Institution nicht mehr, weil der Auftrag erledigt wurde, dann wird die staatliche Institution geschlossen. Sie hört auf zu existieren, weil sie überflüssig ist. Wir brauchen nicht so viele staatliche Ämter wie möglich, sondern so wenige wie möglich – und nur so viele wie unbedingt nötig. Die Verantwortung, ob ein staatliches Amt existiert und bezahlt wird, hat derjenige, der es bezahlt: Sie!

Verantwortung ist endlich. Sie können sie nicht nehmen, wenn sie schon jemand hat. Sie ist wie eine Torte. Wenn sich einer ein großes Stück genommen hat, dann ist weniger da. Und wenn der Staat so gut wie alle Verantwortung übernommen hat, dann bleiben für Sie nur noch Krümel übrig. Zynisch wird es dann, wenn Politiker, mit den Backen voller Macht, sich dann noch über fehlende Verantwortungsbereitschaft in der Bevölkerung beklagen.

Das ist in Unternehmen auch nicht anders: Da gibt es Chefs, die die ganze Verantwortung an sich reißen und sich dann wundern und beschweren, dass sonst keiner Verantwortung übernimmt. So funktioniert es eben nicht.

DIE UMKEHR DES GELDSTROMS

Wie also funktioniert es? Nun, wie ein solches System im Kleinen funktioniert, kenne ich aus Unternehmen sehr genau. Das lässt sich beobachten und beschreiben. Aber wie wir die Gesellschaft transformieren können, wie wir aus dem aktuellen hypertrophierenden und irgendwann kollabierenden Hirtenstaat herauskommen und die Gesellschaft in eine Verantwortungsgesellschaft transformieren können, das weiß ich auch nicht so genau. Es wurde ja noch nie gemacht und derjenige möge das Buch bitte noch einmal von vorne lesen, der zunächst ein von einem Hirten fertig zu Ende gedachtes Konzept vorliegen haben möchte. Es entspricht einer weit verbreiteten Hybris zu glauben, komplexe Entwicklungen vom Beginn aus bis in die Zukunft detailliert durchdenken zu können. Das mute ich mir und Ihnen definitiv nicht zu. Aber deswegen müssen wir ja nicht aufhören zu denken oder zu handeln. Es ist eben so: Sie müssen ein Spiel erst spielen, um es zu gewinnen!

In Unternehmen jedenfalls findet die Transformation durch die Überzeugung der Mächtigen statt, die dann freiwillig ihre Macht abgeben. So wie der Fürst von Liechtenstein. Formale Macht ist ja ein Narrativ, so wie Geld auch ein Narrativ ist – es ist nur etwas wert, weil wir ihm Wert zuschreiben. Macht wird manchmal so beschrieben wie ein Zepter, das man halten und weiterreichen kann. Aber Macht ist ja im Kern ein sozialer Mechanismus. Macht wird Menschen zugesprochen. Eine Transformation hin zu einer Verantwortungsgesellschaft kann genau dann beginnen, wenn sich ein Mächtiger – ja, es reicht oft schon einer – dem Zuspruch von Macht verwehrt. Konsequenterweise würde er dann sagen: Ich will euer Geld hier im Zentrum nicht! Entscheidet bitte lieber bei euch in der Peripherie, wofür ihr es ausgebt!

In einer Verantwortungsgesellschaft fließt die Macht gekoppelt an das Geld von außen nach innen! Das würde bedeuten, dass beispielsweise die Gemeinden die Steuerhoheit haben. Die komplette Steuerhoheit! Die Gemeinde als die äußerste Schale an der Peripherie dürfte sich überlegen, welche Steuern sie erheben will und in welcher Höhe. Sind die Steuern zu hoch, ziehen die Bürger weg. Sind sie zu niedrig, können weniger öffentliche bzw. gemeinschaftliche Aufgaben erfüllt werden. Damit würde ein dezentraler Marktmechanismus wirken, der dazu führte, dass so wenige und so niedrige Steuern wie möglich, aber so viele wie nötig erhoben würden (Sie können sicher sein: Es wären deutlich weniger als heute!). Einen großen Teil der Steuern würde die Gemeinde vor Ort ausgeben, zum Beispiel für die Verkehrswege oder die Energieversorgung oder die Hilfe in sozialen Notlagen. Sie löst einfach alle Probleme und erfüllt alle Aufgaben, die sie in ihrer Sache lösen und erfüllen kann.

Aber dann bleiben auf jeden Fall noch Probleme und Aufgaben übrig, die in der Gemeindeschale nicht gelöst werden können. Die gewählten Bürgermeister der Gemeinden würden sich im Kreistag oder einem vergleichbaren Regionalrat zusammensetzen und überlegen, welche gemeinschaftlichen Aufgaben in der nächst tieferen Schale der Region zu lösen sind. Zum Beispiel Tourismus, größere Verbindungsstraßen, ein Verkehrsverbund des öffentlichen Nahverkehrs, ein gemeinsames Umweltschutzproblem wie der Eintrag von Nitraten durch die Landwirtschaft in ein großes Gewässer oder der Bau eines zu den Umweltbedingungen der Region passenden gemeinsamen Großkraftwerks. Der Preis wird verhandelt, die Finanzierung durch die Gemeinden getragen. Die Gemeinden bezahlen so viel wie nötig und so wenig wie möglich, denn bei Verschwendung der Steuermittel der Bürger hätten sie schlechte Chancen auf Wiederwahl. Deswegen werden in der Regionsschale zum einen Ämter für die dauerhaften, mit vorhandenem Wissen zu lösenden Aufgaben aufgestellt und finanziell ausgestattet, zum anderen werden temporäre, selbstorganisierte Teams gestiftet und finanziert, die sich nach Erledigung der Aufgabe wieder auflösen. Aber auch die Regionen können nicht alle Probleme in ihrer Schale lösen.

Darum entsenden sie einen gewählten Abgeordneten in den Landtag. In der Landesschale sind dann nicht mehr viele Aufgaben und Probleme übrig. Aber fast alle übrigen, überregionalen Aufgaben werden von den Regionen gemeinsam in Angriff genommen und aus den Mitteln der Regionen finanziert, die sie von den Gemeinden für diesen Zweck erhalten. Möglicherweise verhandelt das eine Land mit dem anderen über einen Autobahnanschluss oder über ein Naturschutzgebiet im Grenzbereich der beiden Länder oder über ein gemeinsames Endlager für Atommüll.

In der Bundesschale würden dann nur noch wenige Aufgaben übrig bleiben. So wenig wie eben nur irgendwie möglich. Diese inneren Schichten müssen so klein wie möglich sein. Und gerade so stark, dass sie Aufgaben wie das Militär oder den Bundesgrenzschutz, die Spionageabwehr oder das Verhandeln internationaler Bündnisse lösen kann. Auch hier werden zum einen Ministerien

und Ämter eingerichtet, wo es zur Aufgabe passt, zum Beispiel die Operationalisierung von Steuerabkommen oder die Vergabe von Visa, vielleicht auch die ständige Diplomatie, also das Bereitstellen eines Ansprechpartners für andere Länder. Zum anderen werden temporäre Task Forces aus Spezialisten eingesetzt, wo es zum Problem passt, zum Beispiel für die Bekämpfung von Cyberangriffen aus Russland oder China oder die drohende Einwanderung von zwei Millionen Finnen an der Außengrenze von Mecklenburg-Vorpommern.

Auch ein Handelsregister, ein Standesamt oder ein Grundbuchamt sind zentrale Aufgaben, natürlich, und zudem solche, die mit vorhandenem Wissen gelöst werden können, für die also Ämter sinnvoll sind. Hier bräuchten wir nichts ändern. Nur ließe sich so ein Register vermutlich wesentlich manipulationssicherer und effizienter mit der Blockchain-Technologie führen. Das sind genau die Aufgaben, bei denen Digitalisierung greift.

Wirtschaft in allen Sektoren, insbesondere auch die Energiewirtschaft ist zu komplex, zu dynamisch, um sie zentral steuern zu können. Zentralplanungswirtschaft erzeugt Armut und Mangel für die breite Bevölkerung und unanständigen Reichtum für wenige parasitäre Hirten. Wir sollten die katastrophalen Sozialismen des 20. Jahrhunderts studieren oder ganz aktuell das Trauerspiel in Venezuela, daraus lernen und davon endlich die Finger lassen!

Staatszugehörigkeit regeln, das ist natürlich eine zentrale Aufgabe. Bildung dagegen sicher nicht. Das Normwesen ist bestens zentral zu lösen. Eine Zentralbank braucht es dagegen eigentlich nicht. Ein zentrales Patentamt zum Schutz des geistigen Eigentums, ja gerne! Also im Grunde bräuchten wir Ämter bei den ganzen langweiligen Sachen, die es schon im Kaiserreich gab oder die Gerhard Schröder schon mal gerne »Gedöns« nannte. Natürlich modernisiert, aber die Aufgabe selbst bleibt die alte.

Die Frage, welche Schale welches Problem löst, ist aber nie: Wer ist zuständig? Wer bündelt Entscheidungsmacht? Sondern immer: Wer kann es am besten erledigen und wer kann helfen? Wen braucht es dazu?

Was ich also meine, ist echte Subsidiarität, die nur dann funktionieren kann, wenn die Finanzmittel von außen nach innen strömen, statt von innen nach außen. Menschen entscheiden sich, gemeinschaftlich Geld auszugeben, damit eine hoheitliche Aufgabe erledigt werden kann. Nicht umgekehrt: Dass hoheitliche Institutionen entscheiden, Geld für die Menschen auszugeben, ist im Kern nicht republikanisch, nicht demokratisch, nicht liberal, sondern ein Widerhall der Monarchie. Das mit der Volkssouveränität wird eine Farce bleiben, solange wir wie kranke, unmündige Menschen die Verantwortung für unser Leben an andere abgeben, die sich dadurch uns überlegen und übermächtig fühlen. Ihr Abgeordneter ist als Vertreter streng genommen Ihr Dienstleister, nicht Ihr Dienstherr oder Manager, er müsste in einem Organigramm nicht über Ihnen, sondern unter Ihnen stehen, denn Sie finanzieren ihn.

Um diese Idee zu verwirklichen, brauchen wir keine Revolution. Wir könnten jetzt anfangen. Und dort, wo wir wollen. Und natürlich wäre es am einfachsten, bei neuen oder neuartigen Problemen anzufangen, die auf uns einprasseln. Also nicht gleich das Gesundheitssystem. Aber vielleicht würde das Auftreten eines neuen Typs von Krankheit, den wir noch nicht kannten, eine Chance bieten für ein kleines Stück Verantwortungsgesellschaft und Selbstorganisation. Oder eine neue Technologie. Oder ein neuer Feind. Die Flüchtlingskrise wäre ein solcher Fall gewesen. Oder die nächste Wirtschaftskrise, die ohne Zweifel demnächst über uns hereinbrechen wird.

Gut. Wer fängt an und wo genau? Mit was genau?

ENERGIE FREISETZEN

Die Erfahrung lehrt: Um etwas in einem stabilen, gelernten System nachhaltig zu verändern, braucht es formale Macht. Zuerst müsste in einem bestimmten Politikfeld ein Amtsträger einsehen, dass das autoritäre, hierarchische Hirtensystem mit seiner Aufgabe überfordert ist und wir den Bereich transformieren müssen. In der Folge würde er die Strukturen verändern, indem er Macht abgibt – und das heißt: Die zugehörigen Geldmittel würden nicht mehr aus der Peripherie abgezogen werden, sondern in der Peripherie verbleiben, um vor Ort zu Lösungen kommen zu können. Also: In einem bestimmten Feld müssten die Steuern drastisch reduziert und die Strukturen von oben verändert werden. Nehmen wir zum Beispiel den Energiesektor. Er wäre zwar vielleicht zu groß für einen Anfang, aber er hätte es nötig.

Die Zuständigkeit für Energie ist aus historischen Gründen (Kriegswichtigkeit!) derzeit auf einer zu hohen Ebene in der althergebrachten Machthierarchie der Bundesrepublik angesiedelt – was unweigerlich zu ideologischen, planwirtschaftlichen Eingriffen führt. Nehmen wir an, der bislang zuständige Bundesminister würde zur Einsicht kommen, dass er den Energiesektor völlig ungeachtet seiner Kompetenz nur kaputtregieren, ihn aber prinzipiell nicht steuern kann. Das Vernünftigste, was er tun könnte, wäre, die Energiesteuer ersatzlos zu streichen und auf Macht in Höhe von rund 40 Mrd. Euro zu verzichten, sowie die Verantwortung für die Energieversorgung abzulehnen und an die Länder, die Regionen und die Gemeinden abzugeben.

Die zu nutzende Energieform würde dann nicht mehr zentral gesteuert werden. Stattdessen entschiede sich jede Gemeinde, ja jedes Individuum selbst, welche Energieform sie nutzen wollten. In der Folge würde es viele verschiedene Energieerzeugungsformen geben, in verschiedenen Größenordnungen, und verschiedene Finanzierungsformen. Vielleicht erhöhen manche Gemeinden oder Regionen Steuern und Abgaben auf Energie, andere vielleicht nicht. Tendenziell würde es viel mehr kleine Einheiten geben, die zu den jeweiligen Rahmenbedingungen passen. An der Nordseeküste gäbe es Gezeitenkraftwerke und Windenergie, im Breisgau Photovoltaik, am Bodensee, am Oberrhein und im Schwarzwald Wasserkraft, manche Städte hätten kleine Atomkraftwerke, manche Gemeinden nutzten Hackschnitzel-Fernwärme, andere Geothermie. Manche Städte bräuchten viel Energie, weil sie Aluminiumindustrie vor Ort haben, andere bräuchten wenig, weil sie mehr Betriebe im Dienstleistungssektor haben. Jede Gemeinde, jede Region würde selbst entscheiden, was sie braucht. Und die Bürger und die Unternehmen hätten auch die Mittel, das zu finanzieren, weil sie der Staat nicht abzieht.

Natürlich bildeten sich Kooperationen zur Investitionsbündelung, denn für manche Kraftwerkstypen muss viel Geld in die Hand genommen werden. Für das Stromnetz wird möglicherweise eine koordinierende Stelle in einer weiter innen liegenden Schale erforderlich, vielleicht in der Landesschale. Aber diese Instanz liefert nur Koordination, sodass zum Beispiel angrenzende Regionen sich gut verbinden könnten, sie beauftragt keinen Netzum- oder -ausbau.

Das Netz wäre vielgliedriger, der Aufbau wäre fraktaler, redundanter, es entspräche mehr dem Netz aus Land- und Gemeindestraßen und weniger dem der Autobahnen, es wäre eben nicht zentral geplant.

Vor großen Monopolisten hätte ich wenig Angst, denn Größe macht auch immer sklerotisch. Die großen Energieversorger von heute, die ja halbstaatliche Quasimonopolisten sind, würden vermutlich zusammenklappen, sobald sie nicht mehr Nutznießer des Hirtensystems wären. Oder sie würden sich transformieren. Die Energieerzeuger wären zahlreicher, kleiner und unterschiedlicher als heute. Auch die Lobbyisten im Energiesektor fielen weg, denn es gäbe niemanden mehr, bei dem man zentrale Lobbyarbeit verrichten könnte.

Stattdessen gibt es Käufer und Verkäufer. Vertragsfreiheit. Die Preise würden sich entwickeln, wie sie sich entwickeln. Vielleicht wären sie stellenweise höher als heute, weil Deutschland kein rohstoffreiches Land ist. Vielleicht müssten manche Industrieunternehmen internationale Energielieferverträge abschließen, um einen besseren Preis zu bekommen. Tendenziell vermute ich aber, dass die Energiepreise im Durchschnitt weit niedriger lägen als heute. Und ich glaube, dass es einen gewaltigen Modernisierungsschub gäbe und sich schnell neue Technologien entwickeln würden. Vielleicht ein großes Elektrolysekraftwerk, das überschüssige Wasserkraft in Wasserstoff speichert. Vielleicht kleine Fusionsreaktoren. Vielleicht mobile Blockheizkraftwerke in Standardcontainergröße. Vielleicht erschwingliche und in der Produktion umweltfreundliche Stromspeicher für den Privathaushalt.

Energie würde keine Frage von Versorgung durch Vater Staat mehr sein, sondern Wettbewerbsfaktor und Handelsgut. Das würde das Land stark verändern. Weil die Preise sehr verschieden wären, würden energieintensive Unternehmen überlegen, sich in bestimmten Regionen anzusiedeln. Gemeinden und Regionen mit zu hohen Energiepreisen oder schlechter Netzstabilität müssten investieren, um bessere Bedingungen für Unternehmen und Bürger anbieten zu können. Sonst würden sie mittelfristig Steuerzahler verlieren. Die Marktmechanismen würden für einen viel moderneren, besseren, aktuelleren Energiesektor sorgen als heute.

Jeder könnte sich aussuchen: Wie umweltfreundlich will ich meine Energie erzeugen lassen? Auf Produkten würden sich freiwillige Angaben herausbilden: Dieselfrei erzeugtes Nahrungsmittel. 100 % Wasserkraft. Für dieses Produkt wurden X Kilowatt eingesetzt. Die anerkannten Qualitätssiegel, die diese Angaben überprüften, würden sich ebenfalls am freien Markt ausbilden.

Der Wettbewerb zwischen den Energieformen wäre ein echter Wettbewerb, da es keine staatlichen Subventionen mehr gäbe. Wer weiß, ob dann die Kernenergie überhaupt noch profitabel wäre, denn wenn die Risiken nicht vom Staat und damit vom Steuerzahler übernommen würden, wären die Versicherungsprämien und die Darlehenszinsen möglicherweise so hoch, dass sich Atomkraftwerke nicht mehr wirtschaftlich betreiben ließen.

Der Betreiber eines Großkraftwerks müsste nicht mehr denken: Wie überzeuge ich die Landes- oder Bundesregierung davon, mein Kraftwerk zu subventionieren, sondern: Wie und wem verkaufe ich die erzeugte Energie? Denn eine Einspeisevergütung gäbe es nicht mehr.

Das gilt auch für Privatpersonen. Da Vertragsfreiheit herrschte, könnte jeder Käufer seinen Preis aushandeln. Und jede Privatperson könnte zum Energieverkäufer werden. Es würden sich neue Dienstleister herausbilden, zum Beispiel dezentrale Energievermittler, die eine App für das Smartphone herausgeben. Dort könnte jeder an Strombörsen teilnehmen und Strom kaufen und verkaufen.

Bei Lebensmitteln geht das. Ich kann in der Nachbarschaft auf dem Hofladen oder auf dem Wochenmarkt Eier aus der Region kaufen. Warum sollte das bei Energie nicht auch funktionieren? Mit einer entsprechenden App ließe sich das tagesaktuell entscheiden. Ich fordere gezielt Strom vom Nachbar an. Er stellt gezielt ein, dass er mir Strom abgibt. Er ruft einen Preis auf, ich akzeptiere – und schon läuft das Geschäft. Ich könnte in der App aber auch einen Automatismus einstellen und die günstigste Energie in der Region kaufen. Oder die günstigste Wasserkraft im ganzen Land. Oder Sonnenenergie aus dem sonnigen Traunstein. An der Technologie würde es nicht mehr scheitern.

FREIWILLIG SOZIAL

Nehmen wir an, mein Nachbar wäre nicht so findig und könnte mit der App nicht so gut umgehen, weshalb er die guten Preise und die CO_2-armen Anbieter nicht fände. Dann könnte ich ihn davon überzeugen, sich an meinen Einkauf dranzuhängen. Denn gemeinsam hätten wir eine bessere Verhandlungsposition und bekämen einen noch besseren Preis. Weil ich das vielleicht gut kann und Freude daran habe, würde ich Hunderte Bürger aus der Nachbarschaft werben und wir würden eine Einkaufsgemeinschaft bilden. Ich könnte einen Teil des Skalierungsgewinns an meine Mitglieder weitergeben und einen Teil behalten – und davon leben. Es würden sich neue Berufe herausbilden.

Natürlich würde auch Unfug getrieben werden. Einer verspricht seinen Kunden saubere Energie und verkauft eigentlich Atomenergie. Hier könnten die Medien was Vernünftiges tun und mal wieder einen richtigen Betrug aufdecken, anstatt sich immer nur am amerikanischen Präsidenten abzuarbeiten!

Ach, ja, und einer käme in eine Notlage und könnte seine Stromrechnung nicht mehr bezahlen. Wie gut, dass es in der App eine Funktion gibt, mit der der Nutzer ein Kontingent zum Mitbenutzen freigeben kann. So werden anonyme Spenden möglich, um Menschen in Not zu unterstützen, ohne dass jemand beschämt werden muss. Das wäre echte Solidarität, nämlich freiwillige. Und der erniedrigende Gang zu einer obrigkeitlichen Behörde, wo er um Unterstützung betteln müsste und ihm dann ein überheblicher Mitte-20-Jähriger erzählt, in welchem Normraster er zu leben hätte, bliebe ihm erspart.

Und wenn diesem Menschen keiner in der Gemeinde etwas spenden will? Das wäre ein seltener Fall, wohl mit einem konkreten Grund. Ja, dann muss er nachfragen. Und wenn er nachfragt, aber noch immer will ihm keiner etwas geben, dann muss er die Konsequenzen seines bisherigen Lebensstils tragen und wird künftig die Nachbarskinder in Ruhe lassen.

Ja, in einer Verantwortungsgesellschaft müsste jeder auch auf sich selbst achten und müsste jeder auch die Konsequenzen seines Verhaltens tragen. Aber manche Probleme kann das Individuum eben nur gemeinsam mit anderen lösen. Das geht nur, wenn wir gegenseitig auf uns aufpassen und uns um uns kümmern. Auch das können wir nicht mehr einfach an den Staat delegieren. Eine Verantwortungsgesellschaft wäre dichter, aber auch überschaubarer. Verantwortungskollektive würden sich nicht nur regional oder auf Gemeindeebene bilden, genauso wenig wie heute schon: Die Hayek-Gesellschaft, der Rotary-Club oder der Angelfischerverband sind überregionale Magneten für Identifikation und Verantwortungsbündelung. Dennoch würde sich mein Blick vermutlich mehr als heute auf meine Gemeinde und meine Region richten, die Identifikation mit meiner jeweiligen Region wäre höher als heute und meine Bereitschaft, am Wohlergehen der ganzen Region mitzuwirken, wäre höher als heute, denn die Macht würde nicht weit entfernt von mir in Berlin oder gar Brüssel ausgeübt, weit weg von meiner Einflusssphäre, sondern hier vor Ort, wo ich mich besser auskenne als jeder Ministerialbeamte in seinem Büro mit Blick auf die Spree, und wo ich persönlich Einfluss nehmen und handeln kann. Ich würde nicht mehr sagen: Die da oben müssen sich darum kümmern! Sondern ich würde fragen: Wo und wie kann ich mich engagieren? Jedenfalls wenn es mir wichtig wäre.

Ich würde auch viel mehr lernen, würde noch aufgeklärter die Welt erkunden. Denn man lernt ja nur in Gegenwart von echten Problemen, wenn man Verantwortung übernimmt, wenn man also auch hinfallen oder verlieren kann. Wenn es also um was geht.

Das fühlt sich in meiner Vorstellung deutlich verantwortungsvoller an. Ja, auch irgendwie schwerer. Ich würde mir um mehr Sachen Gedanken machen, die näher an mir und meinem Wohnort dran wären. Ich könnte niemandem mehr den Schwarzen Peter rüberschieben. Ich müsste lernen, mich besser zu erkundigen, umsichtiger zu sein. Aber Umsicht, Achtsamkeit, Engagement – ist das nicht genau das, was wir brau-

chen, genau das, an was es uns in der Gesellschaft mangelt?

Ich hätte die Chance, echt solidarisch zu sein, wenn ich will. Und ich könnte mir aussuchen, für wen ich solidarisch sein will und für wen nicht. Wirklich schlimme Menschen hätten eine schwere Zeit.

Es gäbe deutlich mehr individuelle Freiheit. Aber es gäbe auch mehr auszuhalten. Es gäbe aber auch die Chance, sich mit anderen Zusammenzutun und dort wieder mehr Verantwortung in eine Gemeinschaft meiner Wahl abzugeben. Ja, in einer freiheitlichen Gesellschaft ist gruppenweise Sozialismus möglich. Während in einer sozialistischen Gesellschaft gruppenweise Freiheit unmöglich und verboten ist. Sie hätten in einer Verantwortungsgesellschaft natürlich auch die Chance, sich mit ein paar Tausend Gleichgesinnten zusammenzuschließen und sich ein *Bedingungsloses Grundeinkommen* auszuzahlen. Sie müssten sich nur überlegen, wie Sie es finanzieren, denn zwingen dürften Sie niemanden dazu.

LASSEN SIE UNS DEBATTIEREN

Die Lebensstile würden sich immer weiter ausdifferenzieren. Das ist nun Ausgangspunkt dieses Buches und Endergebnis zugleich. Die Individualisierung wird weiter zunehmen. Doch künftig bestimmen wir hoffentlich den Grad des Kollektivismus, den wir bereit sind einzugehen, selbst.

Das alles ist möglich, weil es heute die technologischen Voraussetzungen dafür gibt. Schon immer war es so, dass die vorhandenen technischen Mittel den Lebensstil der Menschen und die Gesellschaftsformen beeinflusst haben. Während wir die Möglichkeiten des Feuers, des Rads, des Pflugs, der Metallbearbeitung, des Buchdrucks, der Dampfmaschine, des Flugzeugs und des Automobils ausgereizt haben, was jeweils eine völlig verwandelte Gesellschaft erzeugt hat, sind wir beim Internet doch erst noch ganz am Anfang.

Manche Lösungsbestandteile, die ich in diesem Buch beschreibe, sind ja schon viel früher benannt und durchdacht worden – aber bis heute fehlten die technischen Mittel zur Realisierung. Die liberalen Vordenker der Österreichischen Schule wären heute vermutlich begeistert und elektrisiert und würden darüber nachdenken, wie Smartphones und das Internet und Social Media mit der individuellen Freiheit zusammenwirken. Die Technologien, über die wir heute verfügen dürfen, sind ein Segen und eigentlich eine Grundvoraussetzung für dieses ganze Buch: Sie ermöglichen neue Formen der Kommunikation und damit neue Formen gesellschaftlicher Organisation. Kein Wunder und verständlich, dass die etablierten Politiker und Journalisten Angst vor der Veränderungsdynamik der Social Media haben und das freie Internet regulieren, womöglich gar zensieren und in ihren Herrschaftsbereich einverleiben wollen.

Das alles ist realistisch, weil die Verantwortungsgesellschaft in kleineren Einheiten, nämlich in den Unternehmen, seit wenigen Jahrzehnten bereits so gut funktioniert, dass die Ökonomielehrbücher und die Lehrpläne allesamt neu geschrieben werden müssen.

Das alles ist aber auch notwendig, weil uns sonst die komplexen Probleme der globalisierten Welt schlichtweg über den Haufen rennen. Die Hirtensysteme kollabieren. Wir müssen einfach als Gemeinwesen besser werden beim Lösen derjenigen Probleme, bei denen wir nicht auf vorhandenes Wissen zurückgreifen können. Wir brauchen dafür neue Kulturtechniken. Seit Platons »Der Staat« bis heute glaubten viele Generationen über viele Jahrhunderte, dass Gemeinschaften von Menschen jeweils von einem Übermenschen regiert werden müssen. Dass es keine andere Möglichkeit gäbe, eine Gemeinschaft zu organisieren, als durch Herrschaft. Seit Kurzem, seit etwa dem 18. Jahrhundert, wissen wir aber zweifelsfrei, dass große Gemeinschaften von Menschen sich auch ganz ohne Regierung ordnen können und dass sie so in

einem Maße prosperieren können, wie es vorher unvorstellbar war: Die Marktwirtschaft hat gezeigt, dass Selbstorganisation jeder zentralen Planung überlegen ist, sobald die Komplexität ein bestimmtes Level überschreitet. Wir müssen diese Wahrheit nur endlich annehmen und die Konsequenzen daraus ziehen.

Eine Konsequenz daraus ist: Hören Sie auf zu glauben, dass es einen Menschen bräuchte, der *alles im Griff* hat. Der die *Fäden in der Hand* hält. Der deshalb Ihr Chef oder Ihr Präsident oder Ihr Kanzler ist. Hören Sie auf, Menschen Schuld oder Heldenstatus zuzuschreiben. In den Sagen und Mythen und Märchen und Romanen und Hollywoodstreifen ordnet sich die Welt nach Helden und Versagern, nach Guten und Bösen. In der wirklichen Welt sind das Zuschreibungen, die nur dazu führen, dass Sie selbst am Ende von jemandem beherrscht werden, der systemimmanent als Hirte unweigerlich dümmer und unfähiger agiert, als es die Gruppe wäre, die von ihm beherrscht wird.

Lassen Sie uns debattieren, wie unser bestehendes gesellschaftliches System uns einengt, wie es Fortschritt und Lebensglück erschwert. Lassen Sie uns nach einer Lösung suchen, in der wieder mehr Menschen als heute Verantwortung übernehmen – und nicht nur ein paar Hundert Parteibonzen, Chefredakteure und Wirtschaftsbosse.

Lassen Sie uns alle erkennen, dass immer mehrere Lösungen gleichzeitig möglich sind. Das Entweder-oder-Denken ist einfach. Zu einfach. Die Welt ist komplexer und darum müssen wir uns darin schulen, zu differenzieren und komplexere Lösungen zuzulassen. Wer so naiv ist zu glauben, das dynamische Problem Armut ließe sich einfach dadurch lindern, dass ein statischer Geldtransfer von Reich zu Arm erzwungen würde, hat die komplexe Natur der Gesellschaft noch nicht gut genug verstanden und muss nachsitzen. Lassen Sie mich das den linken und rechten Populisten ruhig so unverblümt vor den Latz knallen!

Lassen Sie uns die zunehmende Zentralisierung von Macht mit der Macht des Wortes bekämpfen. Dass der Bundeshaushalt seit Jahrzehnten stärker wächst als das Bruttoinlandsprodukt ist ein großes Problem, das den Geist der Demokratie aushöhlt. So lange aushöhlt, bis am Ende nur Autoritarismus übrig bleibt. Lassen Sie uns die Demokratie und den Liberalismus erneut von den Wurzeln her denken, dann werden wir erkennen, dass es niemanden braucht, der dem Volk hier und da ein wenig Freiheit zugesteht. Denn wenn wir die Republik ohnehin in ihrem Kern nicht ernst nehmen, dann wäre es ehrlich gesagt schicker, wir beförderten den sympathischen Georg Friedrich Ferdinand von Preußen vom Bierbrauer zum Kaiser und hätten dann wenigstens ein bisschen Pomp und Gloria.

Was ich Ihnen also vorschlage, ist keine Utopie. Ja, es ist nicht einmal ein Konzept. Wie sollte es das auch sein, es gibt ja kein vorhandenes Wissen darüber. Es ist eben eine Idee. Und ich bin sicher, dass es eine gute Idee ist. Vor allem auch deshalb, weil es zu ihrer Verwirklichung keine Revolution, keinen Umsturz und keine Gewalt braucht.

Auch deshalb, weil ich sie in Teilbereichen der Gesellschaft schon verwirklicht gesehen habe. Und das, was ich da sehen konnte, war sehr, sehr gut! Ein echter gesellschaftlicher Fortschritt.

Und auch deshalb, weil jeder in seinem Einflussbereich damit anfangen kann. Und genau dazu möchte ich Sie auffordern.

Im Grunde lässt sich die ganze Idee der Verantwortungsgesellschaft auf wenige Prinzipien herunterbrechen. Wenden Sie sie einfach an und schauen Sie, was passiert!

Auf den folgenden Seiten fasse ich diese Prinzipien noch einmal zusammen. Für mich sind sie eine Art Manifest. Interpretieren Sie sie bitte so, wie Sie es wollen.

DIE VERANTWORTUNGSGESELLSCHAFT

Die Verantwortungsgesellschaft löst echte Probleme, statt den Vorgaben der Hirten zu folgen. Sie organisiert sich in Teams statt in Herden. Sie kultiviert Führung statt Führer. Sie ermöglicht Teilhabe, statt Gleichheit zu erzwingen. Sie stellt Prinzipien auf, statt Regeln zu befolgen. Sie hält jede Information für jeden verfügbar, statt Wissen zur Sicherung von Herrschaft zurückzuhalten. Sie bereitet sich gut auf Eventualitäten vor, statt zu planen.

Echte Probleme: Für jede Gesellschaft gibt es echte, reale Bedrohungen – auch für unsere. Ob das nun feindliche Nachbarn sind oder Krankheitserreger, Erdbeben, Cyberattacken, Treibhauseffekt, moralischer Zerfall, verfassungsfeindliche Predigten, Kinderlosigkeit, organisierte Kriminalität, verseuchte Böden, ausufernde Staatswirtschaft oder die angeblich drohende Übernahme der Weltherrschaft durch Künstliche Intelligenzen. Nicht der Hirte gibt in einer Verantwortungsgesellschaft vor, ob eine Bedrohung eine Bedrohung ist oder nicht, sondern die Realität, die externe Referenz. Unsere Gesellschaft braucht die innere Freiheit, passende Antworten auf Herausforderungen finden zu können, die sich nicht aufdrängen. Das heißt, sie braucht nicht: die Problemdefinition und den 10-Punkte-Plan eines Hirten. Eben gerade ohne die Vorgaben und Pressekonferenzen des Hirten finden gesellschaftliche Einheiten die Lösungen selbst – und zwar die mit großem Abstand wirksameren Lösungen.

Die Mannschaft: Sie ist der Gegenentwurf zur Herde. Gesellschaftliche Aufgaben mit hoher Komplexität werden in einer Verantwortungsgesellschaft nicht von Behörden, sondern von sehr kompetenten, temporär existierenden, hierarchiefreien Teams bewältigt. Nach Erledigung der Aufgabe gehen sie auseinander. Alleine die Passung zur Aufgabe ist das Kriterium ihrer Zusammensetzung. Die meisten Behörden und Ministerien passen zu dieser Vision nicht. Sie sind überflüssig. Die wenigen verbleibenden wickeln Aufgaben geringer Komplexität ab.

Ämterlosigkeit: In Mannschaften und Taskforces mäandert die Führung, es wechseln Rollen und Aufgaben. Es gibt keine Posten. Es geht nie um Gehorsam und Konsistenz, sondern um Problemlösung. Um *Führung on demand,* um gesellschaftliche Probleme zu lösen. Anstatt zu beschließen, wer einer Gruppe vorsitzt, der die Leitung bei der Lösung eines Problems übernimmt, löst die Gruppe die Probleme selbstorganisiert.

Teilhabe: Eine Verantwortungsgesellschaft ermöglicht für jeden Teilhabe, ohne dass die Einzelnen den Spielraum der individuellen Voraussetzungen, Wünsche und Möglichkeiten verlassen müssen. Menschen dürfen so sein, wie sie sind, müssen nicht verzichten oder sich einer Norm unterwerfen, um teilhaben zu dürfen, sondern die Früchte des gemeinsamen Handelns werden gemeinsam geerntet. Was nicht bedeutet, dass wirtschaftlich alle gleichgestellt sind. Im Gegenteil. Individuelle Voraussetzungen, Wünsche, Möglichkeiten und auch immer der Zufall führen natürlich zu unterschiedlichen Ergebnissen. Da Ergebnisgleichheit immer eine Form von Diskriminierung erfordert, gibt es aus prinzipiellen Gründen nirgends Quotenvorgaben.

Deregulierung: Weil eine hohe Anzahl von Regeln Vielfalt reduziert, Innovationen verhindert und Spielräume verkleinert, wird in einer Verantwortungsgesellschaft größter Wert auf die Formulierung von Prinzipien gelegt, um so wenige Regeln wie möglich zu erlassen. Jede Aufhebung eines Verbots erleichtert den technologischen, wirtschaftlichen und gesellschaftlichen Fortschritt. Lieber wird die Verfassung ernster genommen und strenger angewendet, als dass allgemeines Laissez-faire und Anything-goes bei gleichzeitig Tausenden von Regeln herrscht. In allen Bereichen, nicht nur bei der Staatsordnung, sondern auch in allen anderen Organisationen unserer Gesellschaft, gelten mehr Verfassungsprinzipien, die bestimmtes Verhalten prinzipiell ausschließen, ohne innerhalb dieser Grenzen etwas zu determinieren.

Volkswissen: Jeder darf alles wissen. Informationen dürfen nicht zurückgehalten werden, um die Hirtenfunktion ausüben zu können. Es gibt kein Herrschaftswissen, keine Wissensherrschaft. Stattdessen gibt es allgemeine Verfügbarkeit von allen Informationen von gesellschaftlicher Relevanz. Wenn Sie wissen wollen, wie viele Panzer in den letzten zehn Jahren wohin geliefert worden sind, dann brauchen Sie nicht zwei Jahre, um formale Anträge zu stellen und die Informationen sukzessive mit viel juristischer Schlagkraft freizupressen. Sie können sie stattdessen einfach abrufen. Die Verfügbarkeit von Informationen ermöglicht schnelle, spontane Problemlösungen von Kollektiven.

Vorbereitet: Der Trend zu immer mehr Planwirtschaft wird gestoppt und umgekehrt. Die Energiewirtschaft beispielsweise wird vom Mehltau der Planwirtschaft befreit, es gibt keine Vorgaben der Politik mehr, welche Technologien zu nutzen oder nicht zu nutzen sind, um irgendwelche willkürlichen Grenzwerte oder Ziele zu erreichen. Ergebniskonflikte wie beispielsweise der Wunsch nach kleineren Budgets der Polizei kombiniert mit dem Wunsch, einen G20-Gipfel in einer Großstadt sicher austragen zu können, würden dadurch verhindert. Statt schlecht zu planen, sind gesellschaftliche Gruppen gut vorbereitet auf Eventualitäten.

EPILOG

IN BRIGHTON MIT MARK

Als ich noch Chef eines Unternehmens war, fühlte es sich nie gut an, die Arbeit mit der Freizeit zu verbinden. Mich mal mit meinem Kompagnon abseits des Büros zu treffen für ein Strategiemeeting und dabei vielleicht sogar noch gemeinsam ein wenig Spaß zu haben, fühlte sich irgendwie verräterisch an. Die anderen ackern jetzt im Büro oder beim Kunden, dachte ich. Und ich mache mir hier einen schönen Tag auf deren Kosten. Die anderen erarbeiten das Geld, das wir hier zum Vergnügen ausgeben ...

Jetzt ist das anders. Ich bin nur noch mir selbst verpflichtet. Ja, ich habe immer noch einen Kompagnon. Der ist jetzt ein anderer und heißt Mark. Und ich habe immer noch ein Unternehmen, das ist jetzt ein ganz anderes als früher, in einem ganz anderen Marktsegment. Aber eben immer noch ein Unternehmen. Und es wächst. Dennoch ist es völlig anders. In meinem Kopf hat sich etwas geändert. Irgendwas ist anders. Nur was?

Na, jedenfalls konnte ich es einfach genießen, mich mit Mark in Brighton zu treffen und mit ihm ziemlich cool in der Sonne vor einer Kaffeebar zu sitzen und über alle möglichen Sachen zu quatschen. Auch übers Geschäft natürlich. Oh ja, wir waren sogar sehr produktiv an diesem Tag! Wir hatten einen Fototermin für das Festival im Herbst, das wir veranstalteten. Wir bereiteten die Ausgründung eines Unternehmensteils vor und sprachen drei oder vier wirklich wichtige Themen durch.

Aber wir hatten keinen Plan, keine Agenda, es fühlte sich nicht wie Arbeit an, wir trieben einfach zu zweit durch den Tag, in Gedanken durch unser Geschäft und körperlich durch Brighton. Wir spazierten ein wenig durch die Downs. Wir quatschten. Wir strukturierten einen Ablauf. Wir erholten uns. Wir trafen eine wichtige Entscheidung. Wir tranken Kaffee. Alles floss ineinander.

Es war sowohl Freizeit als auch Arbeit. Nicht entweder Freizeit oder Arbeit. Wir konnten es nicht trennen. Arbeiten wir jetzt oder haben wir gerade Freizeit? Unmöglich zu sagen! Wir taten einfach, was wir tun wollten.

Als wir gerade im Straßencafé saßen und eine Idee für ein neues Seminar hatten, brachte ich ins Spiel, dass um 15 Uhr Ortszeit der letzte Gruppenspieltag der Fußball-WM begann: Spanien gegen Marokko. Und Iran gegen Portugal. Das Spanienspiel wollte ich schon gerne sehen. Mit der Seminaridee waren wir noch nicht ganz durch. Und wir brauchten auch mehr Platz, um unsere Laptops aufzubauen, das Kaffeetischchen war zu klein.

Ich ging rein, um den Barista zu fragen, wo wir die Fußball-WM gucken könnten. Er schickte uns die Straße runter in einen Pub. Wir gingen also die Straße runter, in den Pub hinein, schlugen unsere Rechner wieder auf, stiegen von Kaffee auf Bier um und machten weiter mit unserer Idee, während wir parallel Fußball guckten. Zwischendurch mussten wir immer wieder über die Engländer im Pub lachen, weil deren einziges Thema war, welches Team besser oder schlechter als England war.

Als das Spiel zu Ende war, stand unser Konzept. Das Spiel war Mist – das Konzept ist gut, denke ich.

Ach, und ich weiß jetzt, was sich in meinem Kopf geändert hat: Ich bin kein Hirte mehr. Und ich gehöre keiner Herde mehr an. Und das fühlt sich verdammt gut an.

ÜBER DEN AUTOR

Lars Vollmer hat etwas zu sagen. Und was er sagt, findet Gehör. Denn seine Kritik ist unverblümt, seine Thesen haben Relevanz, seine Ideen inspirieren.

Was ihn dabei antreibt ist Fortschritt: gesellschaftlicher wie individueller. Über Missstände und ihre Ursachen aufzuklären ist für Vollmer geradezu ein Reflex. Dabei nimmt er kein Blatt vor den Mund, weder auf der Bühne als Redner noch in seinen vielfältigen Publikationen wie z.B. dem Wirtschaftsbestseller „Zurück an die Arbeit“ (2014).

Seine jahrelange Erfahrung als Unternehmer hat ihm zu einem so tiefgründigen Verständnis für unsere Wirtschaft und Gesellschaft verholfen, dass seine Meinung ebenso nötig wie weitsichtig erscheint.

Nachdem der promovierte Ingenieur und Honorarprofessor der Leibniz Universität Hannover seinen Fussabdruck in der Wirtschaft hinterlassen hat, setzt er heute zunehmend gesellschaftspolitische Impulse. Damit spricht er nicht nur vielen Menschen aus der Seele, sondern liefert stets substanzielle Begründungsmodelle und Lösungsideen für eine modernere, aufgeklärtere und fortschrittlichere Gesellschaft.

Lars Vollmer, Jahrgang 1971, ist Gründer des Think-Tanks *intrinsify*, dem größten deutschsprachigen Netzwerk für die neue Arbeitswelt und moderne Unternehmensführung. Er lebt in Barcelona, ist leidenschaftlicher Jazzpianist und Musikkenner, liebt Wortwitz, schlichtes Design und guten Kaffee.

Mehr über den Autor unter www.larsvollmer.com.

Wie sich Menschen organisieren, wenn ihnen keiner sagt, was sie tun sollen

»Im Gegensatz zu vielen anderen Beratern und selbst ernannten Gurus hält sich Vollmer nicht für allwissend und diskutiert die Chancen und Risiken. Gerade dieser Aspekt macht das Buch für den Praktiker so wertvoll.«
Hamburger Abendblatt

86 Seiten, gebunden: 978-3981918007
Auch erhältlich als Kindle-Edition und Hörbuch.

Zurück an die Arbeit!
Wie aus Business-Theatern wieder echte Unternehmen werden

»Eine fulminante Abrechnung mit gängigen Managementmethoden – und ein Manifest für echte Arbeit.«
DER SPIEGEL

192 Seiten, gebunden: 978-3709306123
Auch erhältlich als Kindle-Edition und als Hörbuch.

Wrong Turn – Warum Führungskräfte in komplexen Situationen versagen

»Er nennt beim Namen, was in den meisten Firmen nicht ausgesprochen werden darf, obwohl es gelebt wird.«
Berliner Morgenpost

224 Seiten, gebunden: 978-3280055274
Auch erhältlich als Kindle-Edition
und als Hörbuch.

Wirf den Frosch –
Ein Business Roman

»Der Autor Lars Vollmer gehört zu Europas Vordenkern, die für ein neues Führungssystem einstehen. In diesem Roman entführt er den Leser auf eine kurzweilige Reise in die Welt des Lean Management. Und zeigt auf, wie es trotz Rückschlägen gelingen kann, Lean wirkungsvoll und nachhaltig im Unternehmen zu verankern.«
Business-Wissen

128 Seiten, gebunden: 978-3932298493